怒りの人類史

ブッダから
ツイッターまで

バーバラ・H・ローゼンワイン
高里ひろ 訳

青土社

怒りの人類史

目次

序文　リチャード・G・ニューハウザー＋ジョン・ジェフリーズ・マーティン　6

序論　9

第一部　（ほぼ）完全に否定された怒り　19

1　仏教　20

2　ストア学派　37

3　暴力と新ストア学派　59

4　平和の王国　76

5　怒りの言葉　94

第二部　悪徳として、そして（ときには）美徳としての怒り　111

6　アリストテレスとその後継者たち　112

7　地獄から天国へ　129

8　道徳感情《モラル・センティメント》　155

第三部　自然な怒り　175
9　初期の医学的伝統　176
10　実験室のなかで　188
11　社会の子供　211
12　称賛される怒り　232
結論　わたしの怒り、わたしたちの怒り　260

謝辞　266
訳者付記　267
註　270
参考文献　286
関連文献　294
索引　(1)

リッカルドに

怒りの人類史

ブッダからツイッターまで

序文

リチャード・G・ニューハウザー
ジョン・ジェフリーズ・マーティン

あなたは今日、何に怒っただろうか？　何かしらあるはずだ。なにしろ最近、怒りは我々にあらかじめ備わっている悪徳あるいは美徳だといわれている。中絶問題？　ブレグジット？　気候変動？　民主主義の死？　環境悪化？　ファシストの行進？　昨今は怒りのネタには事欠かず、怒りはいたるところに潜み、我々の短気をかき立てて焚きつけたり、我々の心の奥の声を勢いづかせたりする。歴史上にはほかにも怒りに特徴づけられる時代があるかもしれないが、現在、一歩さがって、我々にとって怒りが何を意味するのかをじっくり見極めることはとくに重要だ。

悪徳と美徳（怒りはどちらにもなりうる）の研究は数多くの分野に隣接している。倫理学、法学、哲学、神学、比較人類学、行動社会学、心理学等にとどまらず、バーバラ・ローゼンワインが本書で示すとおり、情動の研究にも。彼女の重要な洞察のひとつは、我々がこれまで多くの様々な情動と行動に「怒り」というラベルを貼ることで、非常に複雑なものを単純化してきたということだ。さらに、さまざまな人々のグループが、さまざまな刺激に対して、彼らが怒りと呼ぶもので反応する。そうした

「感情の共同体《エモーショナル・コミュニティ》」は、ある情動に高評価または低評価を与え、共通した情動表現の規範を守る。

怒りはよく、ある種の情動的基層の過剰または欠如とみなされる。「基本情動説」の論者らは、怒りは表情で検出・測定可能な、人間の自然な要素だと考えた。一方、心理学的構築主義者らは怒りを、感情の過程の一部だと考えている。エナクティビストらの考える人の脳にもともと備わっている回路は、それが表出される社会によっては「怒り」と呼ぶことが可能だ。社会構築主義者らにとっては、怒りは社会で行動する個人と社会が提供する道具（言語、社会環境など）が相互につくりだすものだ。

さまざまな感情の共同体が、怒りの道徳的誘発性をさまざまに評価している。怒りは道徳的によくないことだろうか？　仏教徒は苦しみやストレスを避ける一歩として、怒りを取り除こうとする。ストア学派（セネカら）は、怒りがこみ上げてきたら積極的にそれに抗するべきだと勧める。新ストア主義の一部（デカルトら）は、怒りを認めて、理性的に分析し、怒りを軽蔑する道徳的態度の土台にすべきだと考えた。これらの有害な怒りという考察が、この危険な情動の影響を緩和することを目的とするセラピーを誘発した。仏教徒セラピストのC・ピーター・バンカートから新ストア主義者まで、アンガーマネジメント・セラピーで同調している。だがそれなら、神の正義の怒りはどうなのか、それに怒りは美徳だと主張する人間はどうなのか？　キリスト教の共同体は、道徳を正すのに役立つ場合は怒りを正当化する。聖アウグスティヌスは、怒りは罪人ではなく罪に向けられるべきだと言った。ヒュームのようなオートノミストらには、怒りは誰かの悪徳に対する非難として行使される場合には、道徳の源となる。ルソーは社会不正義に対する怒りを美徳へと変えた。

我々の一生で怒りを避けたり、制御したり、転換したり、マネジメントしたりすることはまだ可能なのだろうか？　怒りの歴史の新たなるフェーズに入り、そこでは政治的、国家的、民族的、宗教的なアイデンティティー喪失のおそれがあるのだろうか？　そして怒りの表出はつねに爆発だったり無分別だったり自己正当化するものだったりでなければならないのだろうか？　ひょっとしたらそうなのかもしれない。だがバーバラ・ローゼンワインによる本書は、我々が情動や倫理の歴史を学ぶことで、より深い洞察をもって現在の情緒的、倫理的、政治的生活を送れるようになり、よりよい結果を期待できるはずだという希望を提示している。

序論

ホメロスの『イーリアス』は、ムーサ（詩神）への祈りで始まる。「怒りを歌ってくださいⅰ女神よ。アキレウスの怒りを！」つまりある意味で、「怒り」は西洋で初めて書かれた文芸の最初の言葉だった。それなら『イーリアス』は、怒りについての本を書き出すのにふさわしい題材なのだろうか？　現代の評論家の多くがそう考えている。エミリー・カッツ・アンホルトは、我々が怒りへの偏愛を克服するためには、『イーリアス』のようなギリシア神話を題材とした作品を正確に読む必要があると述べた。ホメロスによる、アキレウスの怒りから生じる恐怖の描写は、我々が生きるこの暴力的な時代に抗うことを我々に教えてくれるだろう。[1]

しかしアキレウスの怒りは、研究に役立つとはいえ、我々の怒りとは異なる。古代ギリシア人のすべての怒りとも同じでもない。というのも、古代ギリシア人の怒りには少なくとも二つの言葉、二つの意味、したがっておそらく二つの感覚が存在したからだ。我々自身の怒りは歴史の産物だ。ホメロスが歌ったような怒りを含んでいた可能性はあるが、その他に多くの感情の伝統を包含していた。本書ではそのなかの重要なものをいくつか取りあげている。

だからわたしは『イーリアス』から始めることはしない。わたし自身の話から始めて、それから振り返っていくことにしよう。

三歳くらいのとき、わたしはあるソフトビニール製の人形がお気に入りだった。水を飲み、よだれを垂らしておしっこをする――すごくおもしろかった。わたしはその人形を大好きになった。でもソファーの裏に隠れて、げんこで人形をひどく叩くこともしていた。わたしは叩くのをやめた日のことをはっきりと憶えている。母が来客にこう言っていたのだ。「あの子のはいっぱい怒りをためている」わたしのことを言われているのだとわかった。わたしは叩くのをやめた。恥ずかしくなって。わたしがいっぱいためている怒りとはなんなのだろう？

子供の頃のわたしには、怒りのお手本がたくさんあったが、人形にしたことは何かを倣ってしたことではなかった。わたしの家で叩かれていたのはその人形だけだった。でも両親はよく口論していた――それでわたし（と妹）はよくソファーの後ろに隠れていたのだ。口論以外に、父は自分の仕事と上司に憤慨していた。一方、アーティストの卵だった母は、自分の母親と夫から、働くべきではないと言われていた。家にいて子供の面倒を見るために。母は（そのことについてだけではないが）毎日、祖母と電話で口論していた。怒りながら家事をしていた。家事をひどく嫌っていた。毎日家具の埃を拭いていたので、母はほとんどいつも怒っていた。

わたしが周りじゅうにある怒りを見聞きしていたから「いっぱい怒りをためていた」と言うのは簡単だ。今日、わたしが怒ったときのことを子供時代の経験のせいだと説明することもできるだろう。ほとんどの人は、少なくとも時々はそうしている。自分がどのような人間なのかを親のせいにするのだ、とはいうものの、わたしは両親を責めるよりは、自分が「いっぱい怒りをためている」のは、人間が生まれつきいっぱい怒りをもっているからだと考えたい。つまり怒りはもともと人間に備わった回路の、普遍的な情動であり、霊長類はみんなもっていて、生存に役立ち、理性とは別で、DNAによって人間の子孫に受け継がれている。

これは、わたしの怒りについての考察だ――そしてたぶんあなたも、同様に考えているだろう。でもそれらの洞察は不十分なのだ。手始めにDNA説を見てみよう。なんといっても、もしそれが本当で、我々は怒りを感じるように「プログラムされている」としたら、この本で扱っているそれ以外のことを知る必要はなくなる。だが「怒り」は、人間の心にあらかじめ組みこまれているものではない。生まれたときには、そんな言葉も、そのようなはっきりした感情ももっていない。怒りに相当する概念をもたない文化があるという事実は我々に、この疑似進化論的アプローチには問題が内在することを気づかせてくれる。なにしろ現在では、DNAは変わるものであり、進化は非常に急に、ときには一世代のうちに起きるということが、科学者によって突きとめられている。もともと人間に備わっていて変化しない回路など、存在しない。

神経心理学者のリサ・フェルドマン・バレットによれば、我々人間にあらかじめプログラムされているものがあるとすれば、それは学ぶプログラムだ。我々の脳は仲介者であり、かつ温度調整器だ。つねに内側および外側の感覚を監視して、それらの意味を理解し、我々の生存につながる身体的状態をつくりだそうとする。我々は赤ん坊のときには、さまざまな感覚をどう理解したらいいのかわからなかった。だが周囲の人々が、「怒り」だと呼ぶ方法で話したりふるまったりするのを見て、いろいろな感情や行為をその単語の下にまとめはじめる。このような知識から、我々の本物の「回路」がつくられる。特定の家庭、学校、地域で生きていくなかで手がかりを拾いながら、回路をつくっていくのだ。我々と同じ環境にいる人々がある感情を怒りと呼び、ソフビの人形を叩いたり上司に憤慨したりすることを「怒り」と分類することで、我々は自分や他人の感情の名前を知るようになる。しかし異なる言語をもつ社会では、感情や行動は違ったふうに評価され、別の節で切られて、人々は脳というモニターが観察したまったく異なるものに名前をつけるかもしれない。我々が怒りと呼ぶ感情は、我々が恥または悲しみ、あるいは恥および悲しみと合わさっているかもしれないし、それは英語で感情を表すどの言葉ともあまり対応しないかもしれない。怒り（anger）は英米の言葉であって、世界共通語ではない。

とりあえず怒りがDNAによるとする説についてはそれで否定できる。養育によるとする説はもっと複雑だ。確かに子供時代の環境は、のちの情緒的生活を説明するのに役に立つ。だが我々の親たちは彼らの親に養育され、その親たちもまた自分の親に養育された。我々も先祖たちも自分たちだけで育ったわけではない。誰もがいわば感情の共同体のなかで生きているのだ。ここでわたしのいう感情の共同体という言葉の意味を略述する。本書を読み進めるうちにその意味は次第にはっきりしてくるはずだ。

感情の共同体とは、情動的な行動について、さらには感情そのものについて、同じか非常に似た規範および価値観を共有するグループだ。あるベン図（図1）を考えてみよう。この図の円は同時期に存在する異なる感情の共同体を示している。それぞれの共同体では一部の感情を好み、一部の感情を避ける。それぞれ特徴的なやり方で情動を表現する。しかしあるとき、共同体どうしが交わる。

次にこのベン図のことを考えるのはやめよう。なぜならこの図には少なくとも四つの欠点があるからだ。第一にすべての円が等しくなっている。第二に、それぞれの円は閉じているが、実際の感情の共同

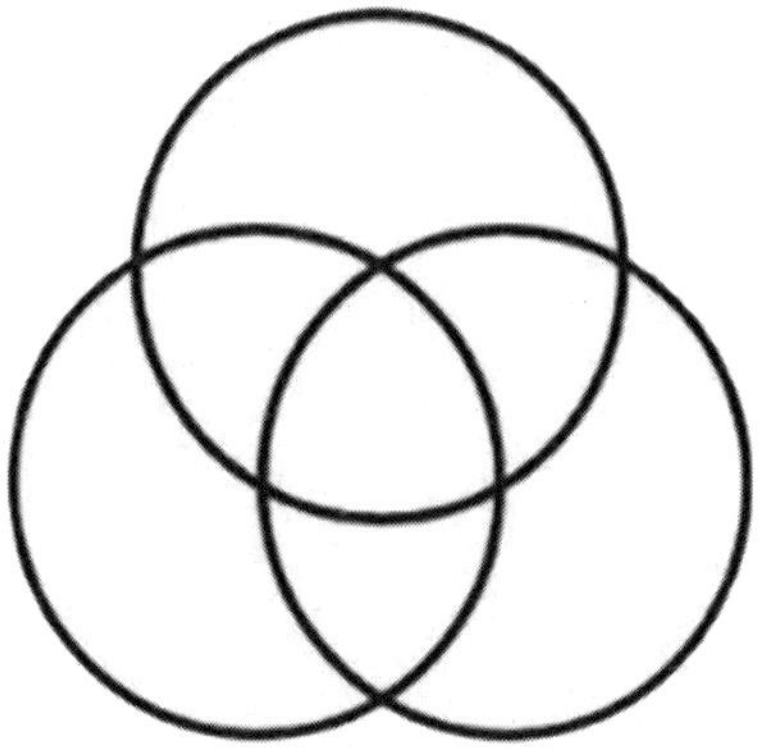

図１　感情の共同体のベン図

体は開かれて穴だらけであり、適応したり変化したり、ときには融合さえすることもある。第三に、共同体は完全に離れていたり、極力離れていたりするかもしれない。第四に、このベン図はすべての――少なくとも大部分の――円をつつみこむ大きな円が描かれていない。わたし自身の家族を例に取ろう。わたしが子供のとき、うちは生活が苦しいローワーミドルクラスで都市住まいのユダヤ人の感情の共同体に属していた。うちはユダヤ人共同体のなかでも完全なマイノリティだった。シナゴーグに基盤をもつ宗教組織を拒絶していたからだ。同時に、うちの家族はより大きな感情の共同体、とりわけテレビで観られる家族の団結を理想とする共同体に感心をもっていた。なおかつ、わたしの両親はどちらも包括的な知識人共同体の一部でもあった。その共同体の象徴はなんといっても、ふたりが通い、当時は高尚な思考の砦とみなされていたシカゴ大学だった。

母がわたしを「怒っている」と言ったとき、母は理性的であると同時に情動的であった。客観的な「観察」をおこなっていたのは確かだが、その裏にはある感情――この場合は非難が存在した。理性と情動のあいだには明確な境界は存在しない。我々がはあることについて話したり、考えたり、参加したりするのには、なんらかの動機がある——そうしたかったり、そうするのがいやだったり、そうせざるをえなかったり、そうする必要があったり。そうしたケースにおいて我々の情動はあまり活発に見えない。隠れていることもある。だがじつは休みなく働きつづけている——そのはずだ。というのも、情動はつねに監視と仲介をおこなっている脳の産物なのだから。

それに我々の脳だけではない。最近は脳が流行っているが、情動との関連が認められたのはほんの最近のことだ。昔の思想家たちの考えでは、情動は〝心〟、つまり魂に相当するもののなかにあり、魂と情動はしばしば肝臓、胃腸、（そしてどこよりも）心臓（heart）に宿るとされていた。現代の科学者の一部がそうした古い考えの正しさを再発見しつつある。我々自身も、日常生活のなかで、感情がある場所は心臓だと何の気なく口にしている。「My heart is heavy（心臓が重い）」、「My heart is full of love（心臓が愛でいっぱいだ）」、「My heart skipped a beat（心臓が一瞬とまった）」。我々の全身が、情動と情動をどう考えるかにかかわっている。怒りについてはたとえば、「I blew my top（怒り心頭に発する）」、「She is getting on my nerves（彼女は神経を逆なでする）」、「He was ready to have a cow（彼はキレそうになっていた）」。ヴァレンタインデーに脳の絵のカードを送る人はいない。愛の絵文字が脳の像ではなく、❤と😉なのには理由がある。

我々は体と心でできている。黙祷するときは頭をさげること、マラソンを走ること、学校では静かに席に座っていることなどを体に教えこまれるように、心もある種の情動にどのように反応するか、どれを認めるか、どれを非難するかを教えこまれている。わたしは母から、母が何を怒りだと思っているのか学んだ。人形を叩くことは怒りの表現として正しいこと――認められること――ではないと理解し、うちの感情の共同体ではどのように表現すべきかを考えた。すなわち口達者かつ大げさに、悲しみを混ぜて表現するということだ。

結婚後、夫の感情の共同体における怒りの概念がまったく異なることに気づき、ほかの表現方法を学んだ。その怒りの概念は個人的ではなく政治的、自己憐憫ではなく正当な怒りだった。怒りは個人にではなく「システム」に向けるべきだということを学んだ。わたしの感じ方は変わっただろうか？　答えはイエスだ。でもこれはわたしだけの話ではない。誰でも考えによって導かれる。その考えとは哲学者が提唱することだけではなく（ひょっとしたらそれは、一番ありえない）自分にとって大事な人たちが言うことも含まれる。多くの人は、自分の怒りが理にかなうものかどうか、自分が愛する人たちに対して表明してもいいのか、表明するべきなのか、さかんにクラクションを鳴らしてくる後続車の運転手に対して怒りを爆発させてもいいのかどうかといったことを気にしている。これは「許容できる」怒りはどんな種類のものかという問題であり、ピーター・スターンズとキャロル・スターンズが三十年以上前に示したとおり、そうした問いへの答えは時代によって変わる。スターンズ夫妻は変化する基準の研究を「エモーショノロジー」と呼んだ。怒りが万人に共通だとしても（そうではないが）、それを表現したり、抑えたり、消したり、昇華させたり、何かに向けたりするやり方はつねに変化していくしかない。とはいえ、人々が本で読んだり（説教で聞いたり、セラピストに教わったり、ラジオやブログで知ったり）して新しいやり方に興味をもっても、それが「現実の生活」で実行されるには時間がかかる。しかしいずれは効果が出て、重大な影響を及ぼす。本書では全篇を通じて怒りについての考えや理論と、日常生活における怒りの相互作用について論じている。

エモーショノロジーでわたしの母の「あの子はいっぱい怒りをもっている」という言葉を説明すれば、それは母のDNAによるものではなく、母自身の感情の共同体、考えと基準と東欧のユダヤ人村出身のユダヤ人移民の習慣が混じり合ったもの、さらには第二次世界大戦後にアメリカで盛んになり、うちの家族が改宗者にありがちな熱心さで固執したフロイト派の精神分析、テレビドラマにおける家庭の描き方などに由来するということになる。わたしが自分の怒りを――あなたがあなたの怒りを――理解するには、その多くの可能性を掘りさげる必要がある。その可能性には、「それ」が単に、さまざまな感情を包む便利な言葉として存在するという可能性も含まれている。だからこそ、わたしはここで、怒りのお手軽な定義を示すことはしない。

我々は自分のとは異なる感情の共同体において、怒りがどのように機能しているのか、これまでも機能してきたのかを理解する必要がある。それらの感情の共同体が、文書で、意識で、一部のグループの教えと実践のなかでどのように盛衰をたどったのか、あるいはいまも存続しているのかといったことだ。

怒りを理解することは簡単に思える。我々の誰もが、自分が怒っているときはわかるし、他人の怒りも見ればわかるとも考えている。しかしそれは、まったく真実とはほど遠い思いこみだ。我々の（そして彼らの）怒りのなかには、さまざまな意味の領域がひそんでいる。本書では、さまざまな種類の怒りと、怒りについての多様な態度見ていく。我々がそれらを用いることも可能だ。じっさい、さまざまに異なる怒りの概念――激怒、いらだち、義憤、不満といったさまざまな感情――は、我々の、家族の、地域の、さらに広範な領域のなかで押し合いへし合いしている。なかには、我々の怒りの多くがあまりにも愉快だったり、不愉快だったり、おそろしかったり、強力だったりするので、それが繊細な社会機構を壊してしまうのではないかと心配する人もいる。だがそれは、我々が、さまざまな異なる感情や行動を「怒り」に分類することで、非常に複雑なことを単純化しているせいでもある。本書はそれらを解きほぐし、そうすることで、我々自身と今の時代について新たな視点を与えることを目指している。

第一部

（ほぼ）完全に否定された怒り

1　仏教

わたしは自分がソファーの裏でしていたのは悪いことだったと知った。母の口調でわかった。二千五百年ほど前、ブッダもわたしの怒りは悪いと同意し、頑迷で自滅的だと言っただろう。他者に有害だ指摘したかもしれない。ここでの他者は人形で、わたしはそれに愛着をもっていたのだから二重に自滅的だった。人間は誰でも（ブッダによれば）、憎んでいる相手にさえ、互いに愛着し合っている。

パーリ語で書かれた仏教の聖典である三蔵（ティピカタ　三つの籠）によれば、ブッダはわたしの怒りを非難することに同意したとしても、わたしが怒りを、その他の苦――つまり毒――から切り離すことは認めなかっただろう。そうした苦は、「悟りを」妨げ、果てしなく生をくり返す（より正確にいえば死をくり返す）永遠の苦である輪廻からの離脱を阻む。生は、どのような生でも、誰の生でも苦を意味する。快楽が皆無ということではない。快楽はたくさんある。怒りにさえ、快楽はある。しかし怒りのよろこびは、ほかのすべてと同様に、はかなく、頼りなく、したがって満足いかないものだ。

怒り（パーリ語でkodha、サンスクリット語でkrodha）は、より大きな精神的カテゴリーである「憎しみ」に含まれるいくつかの精神の苦痛のうちのひとつだ。我々の社会では、憎しみと怒りは注意深く分けられている。アメリカの司法システムにおける「憎悪犯罪《ヘイトクライム》」は、その他のほぼあらゆる動機による犯罪よりも悪い。対照的に、かっとなって犯した犯罪は、ほかよりも非難に値しないとされる。犯人は我を「忘れ」、おのれの激情に直面して何もできなかったということだろうか。

しかしブッダはそうした区別には関心がなかった。彼が目指したのは、人々を世界とそのはかない快楽と永続的な苦から引き離すことだった。ブッダは怒りは憎しみ（瞋）のひとつとして、その他、人を悩まし害する精神作用をふたつ特定した。貪りと痴だ。それらの分類でも多すぎるほどだ。どれも作用は同じで、我々をこの世に執着させる。我々は欲するものに縛りつけられている。ものはいずれ朽ちて塵と化すとわかっているのに。我々は自分の考えにとらわれているが、その考えもじつは、善悪にかんする無知と誤った思いこみであり、不完全ながら確固とした現実の概念だ。最終的に我々は、自分についての利己的な考えから生じるみずからの憎悪に束縛される。我々は高慢で、みずからの傷をなめ、自分が生けとし生けるものの一員であることに気づかない。怒りは我々の利己心の苦い実なのだ。

我々はそうしたものに縛りつけられるが、一方ではそうされる必要はない。束縛は自分のつくりだしたものだ。我々はまるでそれが貴重品ででもあるかのように、欲望、無知、他者への敵意にしがみつく。本当は、それらは不幸のもとだ。そして我々が所有しているのだから、我々が捨てることも可能だ。「怒りを捨てよ」とブッダは言った。怒りはみずからの主張を押し通したがる欲望であり、我々と世の中との関係から生じる悩みだ。「怒りを捨てよ」という勧告は絶対だ。怒りが正しかったり適切だったりすることは一切ない。怒りは他者を傷つけると同時に自分も傷つけるから、正しいはずがない。怒る人は苦しむ。それは心がひどい苦痛でいっぱいになっているからだ。我々もそのような考え方をして、その怒りに自分の怒りをぶつけたら、我々も苦しむ。怒っているときには、人の苦しみを心配する機会を失っているのだ。自分のエゴに対する激しい戦いに負け、他者への慈悲というやっと手に入れた貴重なものを失う。

怒っている相手に
かっとならない者は誰でも
厳しい戦いに勝つ[1]

忍耐で戦いに勝つ。表面上、これはキリスト教の忍耐とパラレルの関係にあるように思われる。キリストは「左の頬を差しだせ」と言ったのではなかっただろうか？　しかしふたつの宗教では、忍耐の意味がかなり異なっている。キリスト教徒にとっては、キリストはアダムとイブによる人類の原罪を贖うために忍耐強く苦痛を受けいれた。キリスト教徒にとっては、左の頬を差しだすことはキリストの例に倣い、神から永遠の命を受けることだ。仏教徒にはそれとは違う目的がある。忍耐強く痛みに耐えることは、自分と苦しめる人間、両方の苦悩を和らげることを意味する。ヴェーパチッティ・スッタ（sutta、サンスクリット語でsutraは、ブッダによる経典）で、ブッダは悪魔と神々の古い戦争について話している。阿修羅の王であるヴェーパチッティがとらえられ、神々の支配者の前に引きだされたとき、彼は立て続けに悪罵を吐いた。支配者は動じなかった。その従者のひとりは、支配者が忍んでいることに不満をもち、弱腰だと非難した。それに対して神は、忍耐は強者の徳であると述べた。忍耐には治癒力があり、怒る者と怒られる者の両方を同時に癒すのだと。

誰かに命を脅かされているとき、怒りは理にかなうことだろうか？　その場合でも違うと、ある仏教の寓話は答えている。もし「山賊に、取っ手が二本ついたのこぎりで手足を一本一本切られたら」怒るべきだろうか？　まさか。欲と苦悩を捨てる修行をすれば、怒って何かを言うことはなくなる。むしろ山賊を思いやり、心は善意で満たされるはずだ。自分と山賊とのつながりを意識して、仁愛を彼らにも、さらには全世界にまで「広げつづける」。[2]仏教の「五戒」の最初は、殺生をしないということだ。これは犯してはならない教えとされているが、あとで見るように回避策はある。

ブッダが生きて教えを広めた紀元前四、五世紀のインドの状況では、その教義はかなり穏やかだった。じっさいその教えは、当時、力を増して既得権益を得ている政治・宗教エリートにブッダと同様に、反抗した多くの宗教放浪者たちが主張していた過激な規律とくらべると「中道」だった。そうした宗教家たちの不満は、道徳的な生活よりも儀式の専門家と化した司祭階級バラモンへの暗黙の批判になった。反対する者は離反し、家を出て普通の愛着を捨てて世捨て人となり、施しもので生活し、互いに論じ合った。彼らは今生と来世についてさまざまなアプローチを試みた。ブッダとなるゴータマ・シッダールタは、食べものも睡眠もとらない厳しい苦行をおこなったが、それでも解脱できなかった。そのやり方をやめたあとで、ブッダとなった（buddha は、妄想から覚醒する、理解するという意味で、完璧という意味の bodhi- とも近い、budh- という言葉からきている）。新しい中道の生活には、健康な体と穏やかでよろこびに満ちた心が重要だった。その理解を得たブッダは初期に彼に従った五人の僧のところに戻り、中庸によって苦行をやわらげることを強調する教え一式を説明した。

一般に、仏教徒——在家と出家僧の両方——が洗練させた修行にはさまざまな形式の瞑想が含まれている。読経もそのひとつだ。低い声で、音程やリズムをかすかに変化させながら、仏教の重要な経文をくり返し唱える。また、通常は師匠の指導を受けながらおこなう精神の訓練もある。単に息を吸って吐くことから始め、息の短さや長さを意識しながらその行為に集中する。次に仏教徒の言葉では「全身を感じながら」呼吸する。「感じながら」というのは、焦点を広げて、呼吸にきわめて集中しながら同じ集中を体の「なかと体そのもの」に向ける。この最後の段階はきわめて重要だ。自分の体がどのように動き、感じるかに焦点をあてるが、その外見は気にしない。その集中を保つことでマインドフルな状態になる。体を感じ、呼吸を続けながら、瞑想者は感情、心、精神的特性といったほかのことに焦点を向ける（ひょっとしたら数週間、数か月かかるかもしれない）。そうしたものすべてにおいて、焦点は「熱心で、鋭く、マインドフルであることで――この世にかんする欲や苦痛は脇に置く[3]」

そうした修行は一般仏教信徒もおこなえる。僧や尼僧には詳細で具体的な規則がある。尼僧はとくに規則で制限されている。その多くに、お辞儀をすることなど、男の僧に敬意を払うやり方が書かれている。なかには僧と尼僧が同じ敷地内に住んでいた場所もあれば、別々の共同体に住んでいた（住んでいる）場所もある。僧や尼僧が怒ったときには、その非を完全に認めることを期待される。ひとりでブッダやその像を前にしてでもいいし、月に二度ある式典の際でもかまわない。従って、「僧は怒ったり、不機嫌になったり、別の僧を殴ったりしたときには、告白することになっている[4]」。話すことは悪魔を祓うのに役立つ。

怒りを捨てよという教えに戻ろう。長い韻文のスッタの冒頭部分だ。一行目はこのように始まる。

怒りを捨てよ
慢心を除き去れ。
いかなる束縛をも超越せよ。
名前と形態とにこだわらず、
無一文となったものは、
苦悩に追われることがない。[5]〔『ブッダの真理の言葉　感興の言葉』中村元　岩波文庫〕

この文章を読み解くことで仏教の哲学と眼目を概括できる。「怒りを捨てよ」は命令や願いごとというより、約束の半分だ。もしあなたが怒りを捨てれば、そうしたら苦悩に追われることはなくなる。次の行、「慢心を除き去れ」は、怒るということがどういうことかを詳しく説明している。慢心はプライド、エゴの虚栄心であり、我々を、一般に認められている分類の先入観に閉じこめる。我々はものごとをありのままに見たり考えたりするのではなく、この人生だけでなく永遠にくり返される輪廻のあいだにそう考えるべきだと学んだ方法で、ものごとを考えてしまう。次の行でいわれているように、我々は、複雑にもつれた自分たちの考えに「束縛」されている。それらは我々の一部、我々の（誤った）アイデンティティー意識の一部なのだ。

我々は煩悩を脱けだせる。だがそのためにはまず、新たなやり方で感じたり考えたりしたものごとをとらえ、それらがどのように現れ、去っていくのかを観察し、その魅力とその難点を見極め、それらに絡めとられることを拒否しなければならない。[6] 瞑想の修行を通じて、我々は「無愛着」を実現する。全員が今生で実現できないかもしれない。ひょっとしたら我々は何度も生まれかわり、ひょっとしたらもう一度生まれかわれば、完全に「覚醒」するのかもしれない。それは究極の成果であり、「苦悩に追われることはない」。涅槃だ。

仏教の洞察でもっとも重要なのは、人生とは苦だという認識だ――数えきれないほどの死と再生のなかの終わりのない悲惨――それは新たな知覚、考えや感情への新たなアプローチ、新たな生活の実践によって輪廻のサイクルを離脱することでしか終わらない。怒りは完全に拒絶される。山賊に切り刻まれそうになっても、けっして怒らず、「善意の心で、内心憎悪もなく、慈悲を示す」[7]。仏教の五戒の最初は、殺生をしないことだ。一切衆生、虫さえも殺してはいけない。

＊

しかしこれらの教えによって、多くの仏教の宗派が、しばしば「慈悲の暴力」という形で戦争と殺人をおこなった。最初からブッダは多くの王たちの支援を受けており、当時から仏教徒の王たちはほとんどの場合、暴力を厳しく禁じる教えを免除されていた。たとえば、初期のシンハラ人の年代記には、六世紀の仏教徒の王による、侵略軍に対する血なまぐさい戦争の勝利が記録されている。王は後悔したが、八人の悟りを開いた僧たちは王に、そのおこないは解脱への歩みの「なんの支障にもならない」と進言した。王が殺した男たちは、「邪悪な命であり［……］けだものと同等だ」と[8]。道徳には二面があった。つまり、敵は非仏教徒だからほとんど徳はない。いっぽう王は支配下の仏教徒を守るという「純粋な目的」で行動している。

また、「正しい目的」での殺生は支配者だけの特権ではなかった。目的が立派なら、仏教徒は人を殺してもよかった。東アジアおよび南アジアで盛んな大乗仏教では、仏教徒は心に悪い考えや感情がなければ、人を殺してもいいとされた。もっといいのは慈悲で殺すことだ。「巧みな手だて（善巧方便）」の考えが、邪悪なおこないの口実になった。善巧方便の経典には、ブッダは前世で船長だったと書かれている。ブッダの夢のなかに海の神々があらわれ、船に乗っている邪悪な強盗が五百人の乗客の強盗殺人を計画していると告げた。神々はブッダに、「この五百人の商人は最高の正しく完全な悟りに向かっている。［……］もし（強盗が）（彼らを）殺せば、その妨げ――おこないによって生じる障害――で（強盗は）大地獄で、ひとりひとりの商人全員が悟りを開くのにかかる時間を連続して焼かれることになる」一週間後「深く物思いに沈んだ」船長のブッダは、商人たちに自分の夢を教えたら、「彼らは怒りに駆られて強盗を殺し、全員が地獄で責め苦を受けることになる」。だが自分が強盗を殺せば、自分ひとりが地獄の責め苦を受けることになる。ブッダは「大きな慈悲と方便をもって」強盗を刺し殺した。その結果、強盗は楽園の世界に生まれ、五百人の商人はやがて悟りを開き、船長は地獄で永劫に苦しむのではなく、足に棘が刺さっただけですんだ。[9]

悪人を殺すのは慈悲の一形態だという考えは、密教の経典でさらに発展し、殺生は道徳にかなわない人間をさらなる悪行（カルマ）から「解放」することだとされた。八四一年、チベットのラン・ダルマ王が仏教徒に暗殺されたとき、その行為はダルマ王支配下の仏教徒を苦しみから解放しただけでなく、王自身をさらなる悪行から解放したとして正当化された。こうした考えが、邪悪な悪魔が殺されて仏教の保護者になるという神話によって補完された。

密教は、ひとたび悪意の感情が抑えられるとなれば、とりわけ暴力に寛容だった。男神と女神両方の、緻密に練りあげた緻密万神殿をつくりだし、人々が精神コントロールを学び、一度の人生で仏教の悟りを開けるようにした——これはひじょうに急速なコースだ。怒りで動揺している密教の信徒には、「忿怒」尊（男神のヘールカ、女神のダーキニー）がいる。怒りに満ちた恐ろしい顔をしているが、この神々は怒りとは無縁だという（図2参照）。密教の修行者を不安、無明、精神の混乱から解放し、身の毛のよだつ怒りの力をあらわしている。死体を踏みつけて、勝利の栄光を喚起する。カーラチャクラとして知られる聖典は、菩薩とイスラム軍の宇宙戦争を称えている。菩薩の軍は野蛮人を皆殺しにしてイスラムを破壊し、仏教を再建する。十一世紀にまとめられたこの話は仏教徒にとって、北インドに侵入したイスラム教徒に対する復讐ファンタジーだ。こうした暴力的な伝統は現在も続いており、国粋主義の熱情や西側の民族純化の虚構に強化されることもある。現在、ミャンマーの村人たちが軍に入隊し、ロヒンギャのイスラム教徒たちを殺したり、レイプしたり、故郷から追いだしたりしていると明らかになっている。本書の最後の章で、現在のミャンマーの状況について詳しく論じる。

＊

現在の西側では、ふさわしく適応した仏教が取り入れられている。たとえばヴェトナム出身フランス人の僧、ティク・ナット・ハンは、西側の指導者向けに、通常の週間労働時間に組みこむことが可能な

図２　ヤマーンタカ（大威徳明王）、死神を降伏《ごうぶく》する者（チベット、18 世紀初め）。牛に似た頭部、遠くまで見通す三つ目、白い牙、青黒い肌をもつ神で忿怒の顔をしているが、憎悪をもたないと考えられている。死の起源である人間の自己愛をあらわす死体を踏みつけている。大きな布に描かれたこの絵は密教の儀式で使用された。

形の仏教を紹介する本を執筆している。怒りについての本の冒頭では、カトリックの女性の例を紹介している。彼女はごく短期間でマインドフル瞑想と慈悲を学び、怒りといさかいによって乱されていた結婚を修復した。[10] テナット・ハンは、「健康的な食べものを食べよう」とか「フェイクニュースを広げないようにしよう」などと一般の人々に助言し、怒りを捨てる手順を示している。怒りの原因になった相手に、怒りを告白するため、会う約束を取りつける。そのあいだに瞑想し、自分も自分の「敵」も苦しんでいることに気づく。やがて、謝罪したいと思うようになる。これが「怒りを世話する」やり方だ。

今日の西側の経済共同体では、ある種の怒りは許容され、称賛されることさえあるが、その他の怒りは遠ざけられる。これから見ていくように、これまで歴史上ほとんどの時代において、間違った種類の怒りが自制によって解決すべき問題だとされてきて、ブッダのように現実の解釈を見直すことはしてこなかった。しかし最近になって、「不適切な」――つまり社会的に許容できない――または慢性的な怒りは、外部からの介入や治療が必要な心理的問題だとわかってきた。

C・ピーター・バンカートのような仏教徒のセラピストは、仏教の考えを、現代人が怒りを克服するのに役立てている。エヴァ・ファインドラーが編者の、アンガーマネージメントのさまざまな治療的アプローチを集めた本の一章で、バンカートは「アンソニー・Mさん」の怒りをどのように治療するか考察した。[11] 本書のなかで治療方法を比較する際、何度か取りあげるアンソニーの症例をここに紹介する。

アンソニー・Mの症例

「四十八歳の白人男性で、イタリア系、形式的なローマ・カトリック教徒」であるアンソニーは、どんどん激化する怒りのせいで妻や娘たちと疎遠になりそうになって受診した。自分の怒りはとりわけ愛する人々に向いているという自覚はあったが、人々やできごとが彼の希望や期待を妨げるときにも激高した。彼は治療を受ける直前に、「ばつの悪いできごと」があった。娘の所属するソフトボールチームのコーチをしているときに、女の子たちの「競争心」のなさに腹を立て、怒鳴りつけ、バットをバックネットに投げつけ、何人かを泣かせてしまった。そんな彼の行動を目撃した親たちが、コーチを辞任するように求め、彼自身も「恥ずかしく」思った。

アンソニーが若いとき、彼の母はよく彼を叩き、いつも何もしてくれず、よそよそしかった。七歳のとき、叔父が彼に性的虐待を始め、それは五、六年続いた。十代になった彼は（彼自身の言葉で）「超マッチョ」になった。水泳の大会で優勝し、才能あるフットボール選手だった。しかしバーで十代相手に喧嘩したせいで、運動選手に与えられる大学奨学金を失った。大学には通ったものの、学位は取らなかった。長期間失業中で、アンソニーは妻が家族の大黒柱であることに憤慨していた。

西側の仏教徒として、バンカートはアンソニーのような男性をたくさん見て、彼らの問題に仏教の考えを応用する方法を検討した。バンカートは死と生まれかわりを強調することはせず、生そのものに内在する苦ではなく、精神疾患による苦痛に焦点をあてた。ファインドラーの本に寄稿したほかの人々と同様に、バンカートはアンソニーと面識はなく、その議論は純粋に理論上のものだ。それでも、仏教がどのように治療のツールになるのかはわかる。

バンカートはまず、アンソニーの苦しみは彼の欲望と愛着に関係していることに気づいた。アンソニーは自分の怒りが理にかなう思いこんでいる。彼はこのように言うだろう。ソフトボールの試合で女の子たちに立腹したのは、あの子たちがどうでもいいかのようにふるまったからだ、あの子たちの「無関心」は「ひどく間違っている」。しかしバンカートはアンソニーに、「彼は世界を自分の思い通りにしたいという欲望に、見境なく身勝手に愛着している」と指摘する。バンカートによれば、それはアンソニーのより大きな問題、すなわち「正しく、尊敬され、従われたいという欲望」の一部なのだ。バンカートの見たところアンソニーは、認められたいという欲にとらわれ、自分はほかの人々とつながっているのだから彼らと自分の両方に慈悲を施さなければならないということに気づいていない。

バンカートの役割は、なによりも、この慈悲の「手本」を示し、アンソニーとともに苦しみ、よろこぶことだ。アンソニーに対して、絶望も自分に言い訳もするなと言い、怒りは毒であり、彼の心をつむ「腐食性の外層」だと気づくように勧める。アンソニーのなかには「ブッダの性質」(愛と慈悲)があり、エゴイズムの硬い殻を破るだけでいいと。しかしどうやって？　バンカートは仏教徒の修行を瞑想の実践プログラムに組みこんだ。日中の数度の短いセッションで始める。最初は単に呼吸に集中する。それから体にも集中する――体の動き、バランス、伸びる力、感覚、視覚、味覚など。瞑想はしだいに考えを取りこんでいく。アンソニーがそうしたものすべてを意識し、とくに自分が道徳的に正しいという間違った思いこみをしっかりと意識したところで、バンカートはアンソニーに、日記をつけて電話やメールで自分と密な連絡を取るように指示する。こうしてアンソニーは、ゆっくりと古い愛着を捨てる。バンカートは、アンソニーをとらえている文化的価値観をよくわかっている。アンソニーが所属するアメリカの下位共同体にいる怒れる男たちは、「善悪の絶対的な規範」にしがみつき、それを正当化するために数々の理論的原則を発動させる。彼らは、男らしさの基準を満たさなければならないと思いこんでいる。そしてその基準は、アメリカの文化に従えば、暴力を免責しがちだ。アンソニーの感情の共同体にいる男たちは、自分たち以外のあらゆる権威に不信をいだき、厳しい個人主義、英雄的な正しさ、そして「正しいことのために立ち向かう」スーパーマンを重要視する。彼らはほかの人々が自分に賛同しないと、被害者意識をもち、腹を立てる。たいてい、実際にはコントロールする必要がないものをどうしてもコントロールしたがる。彼らの怒りは三つの毒のミックスだというのがバンカートの結論だ。支配と服従に貪欲で、自分に従おうとしない、従えない人々に敵意をもち、現実が見えていない。

治療の場という「聖域」で、バンカートはアンソニーに、マインドフルネスの訓練に、十ステップのプログラムを加えるように求める。そのプログラムはアンソニーが、これまでに自分が身につけてきた権威主義的なレトリックを振り返ることから始まる。「セラピーでは男性の怒りというジェンダー問題全体を明らかにして、処理していく必要がある」。その次にアンソニーは、自分の癖になっているパターンを理解する。具体的には、断固同意せず、異議を唱え、失望し、腹を立てるといったパターンだ。アンソニーは、少なくとも頭では、(ブッダの言ったように)怒りは他人だけではなく自分をも傷つけるものだということを、受けいれる必要がある。セラピーの残りでは、新たな癖をつくりだす。アンソニーに、対決ではなく親切なおこないを練習させて、その結果である他人のよろこびをうれしく思わせる。最後には、アンソニーは自分の子供時代に戻り、その痛みを自分が愛する者を守るものに変える。彼を虐待した人々を赦すことで、自分自身も癒される。

怒りは役立たずで正当化できないとバンカートは考えている。彼はブッダの「怒りを捨てよ」という言葉をくり返す。怒りは人間の性質の一部だという意見に対しては、人間の——本当の——性質は「ブッダの性質」だと反論する。我々がふつう自然だと考えているものは変わらなくてはならないし、生は苦だという洞察とマインドフルな瞑想をおこなうことによって変わるかもしれない。

＊

怒りとは何か？　通時的な定義には意味がない。あらゆる情動と同じで、怒りも顕微鏡で見たり道具で操作したりできない。その存在は、人々がそれをどのように定義するのか、その原因と結果は何だと思っているのかを観察することによってしかわからない。ひょっとしたらそれは侮辱だったり、荒げた声だったり、血圧の上昇だったり、脳のある部分への酸素供給だったりなのかもしれない。怒りに「見なされる」ものは感情の共同体によって変わる。怒りがどう評価されるかも。わたしの母はわたしが人形を叩いたから、わたしが「怒っている」と判断した。口論しているときの両親も怒っていたのは確かだ。母はわたしの行動を非難したし、わたしは両親の行動におびえ、気まずかった。しかしわたしの感情の共同体には、「怒りを捨てる」べきだと言う人はだれもいなかった。実際、口論が「誤解を解く」という考え方もあり、わたしが人形を叩くことさえ「怒りをおもてに出す」という意味ではいいことだとされた。怒りがまるで吐きだすべきガスか、有害な食べものであるかのように。怒りを表現することは「抑圧」するよりずっとましだった。抑圧は、フロイトによって有名になった言葉だ。フロイトは抑圧が精神疾患の原因だと仮定した。

しかしブッダには、気まずさも、非難も、承認も、胸にたまったものを吐きだすことも――そんなことはまるでどうでもよかった。怒りは苦を意味する。「吐きだす」ことや「抑圧する」ことをすべきではなく、超越すべきだ。つまりエゴの問題なのだ。我々はみな相互につながっているのだから、この「エゴ」を放棄しなければならない。ヴェーパチッティの話で、ブッダの手本は傷つけることも傷つけられることも拒否する〝テフロン〟神だった。ふたつの取っ手があるのこぎりの寓話では、手本は同情と善心をもって切り刻まれる。

現在のアメリカにおける怒りに取り組む場合、バンカートのようなセラピストは、怒りを称賛し、「男らしい」正当なものだと見なすサブグループには、仏教の哲学を応用することが必要だと考えている。しかしバンカートは、怒りはどんな形であれ、怒った人と怒られた人の両方を苦しめるという仏教の立場からはずれることはしない。

九世紀にラン・ダルマ王を殺した仏教徒は、自分たちが怒っているとは考えなかった。彼らは怒らない暴力という古い伝統の一部だった。しかしさまざまな仏教の宗派が、さまざまな仏教の感情の共同体が存在する。殺生が正当化されると考える人ばかりではない。現在、ミャンマーでは、ロヒンギャに対する迫害が続いているが、一部には、仏教徒とロヒンギャの協力関係を育てている村もある。二〇一四年、仏教僧院長であるU・ウィトゥダは、ミャンマー中央で武力衝突が起きた際、僧院の門を開けて暴力から逃げてきたイスラム教徒数百人をかくまった。まもなく逆上した人々が僧院のそとに集まってきて、避難民の引き渡しを要求した。僧院長は答えた。「わたしは困った人たちを助けている。[……]あなた方が彼らを殺したいのなら、まずわたしを殺さなければならない。わたしは彼らをそとに出すことはしない」人々は引きさがった。

＊

さまざまな仏教がある。ある仏教は、殺生は怒りが原因であり、悪いことだという。別の仏教は、仏教の存続のための怒りと暴力は理にかなうとする。また別の仏教では殺生は、怒りなしでおこなわれるなら、慈悲の一形態だと教える。ミャンマーでは、U・ウィトゥダの事例が示すとおり、人々は仏教のなかに共存する相反する信念や矛盾する情動の規範に直面すると、ためらいを覚える。「怒りを捨てよ」は仏教の絶対的な原理だが、ある状況においてそれが何を意味するかは、解釈の余地がある。

2 ストア学派

多くの著述家が、ストア哲学と仏教とのあいだに類似点を見いだしてきた。だが、古代ローマの政治家であり、ストア哲学者でもあったセネカ（紀元六十五年没）がもしブッダのことを知っていたら、かなり変わった楽観主義者だと思ったことだろう。セネカの考えでは、きちんと育てられ、正しい哲学を教えられたとしても、怒りをもたない人間になれるのはごく少数（おもに男性、ひょっとしたら女性がひとりかふたり）だけだ。それはだれもが目指すべき目標だが、達成されることはない。人間の性質について、そして自然の摂理についてのセネカの見方は、ブッダのそれとはまったく異なっていた。

何よりセネカ自身が、怒りを捨てることができたとは言わなかった。じっさい、晩年に友人ルキリウスに宛てた手紙の中で、最近こんなことにかっとなったと書いているほどだ。田舎の領地から戻ってきたところだが、家が荒廃した状態だったという。「私は怒った」セネカは認めている。「それで、怒りを吐きだせる手近なはけ口に飛びついた」。この「手近なはけ口」とは、領地の管理人だ。ところが、管理人はこう言った。家が古すぎて修繕は不可能なのです。そこにセネカはユーモアを見いだした。家を建てたのは自分だ。そして自分たちは一緒に年を取った。セネカ自身も同じように、古すぎて修繕は不可能なのだ。[1] ちょっとした良質なユーモアは、セネカ流の怒りの避け方の一部だ。

このときはどうにか怒りを爆発させずにすんだ。この不運な使用人と対決する十年ほど前、セネカは怒りについての本を三冊書いていた。対話形式の説話で、怒りにまつわるすべてを誤った恥ずべきこととし、完全に避けねばならないと説いた。あらゆる大げさな表現を用いて、セネカは怒りがどれほど醜く、下品で、人の絆をないがしろにし、苦痛しか生みださないかを説いた。相手を打ち負かすばかりか、怒っている当の男もしくは女をも破滅させると。

セネカの書いたラテン語では、怒りに当たる言葉として「イラ」[ira]が使われている。他の多くのラテン語(イラータス[iratus]、イラクンドゥス[iracundus]、イラクンディア[iracundia])のもとになる言葉で、古くは英語の「イレ ire」、「怒りっぽい[irascible]」、「立腹した[irate]」とも遠いつながりがある。ラテン語にはほぼ同じ意味を持つふたつの言葉があった。英語の「憤慨」のもとになった「インディグナチオ[indignatio]」と、「癇癪」のもとになった「ビリス[bilis]」で、後者は肝臓から分泌されて胆嚢にたまる黄褐色の苦い体液を指す。怒りについて語るとき、セネカは穏やかなものを思い描くことはなかった——おそらくできなかったのだろう。彼の「イラ」はとても強い感情だった。この事実から怒りの歴史をうかがえる。多くの場合、怒りには同じか似た言葉が使われているが、それでも文化によって、時代によって、それがあらわす「感じ」は異なっていたし、今でもそうだ。

怒りという情動を徹底的に軽蔑していたのにもかかわらず、セネカはなぜ手紙のなかで自分の怒りをあっさり認めたのだろうか。じつは彼は矛盾に満ちた人物だった。豊かでありながら富を軽蔑し、帝国に仕える身でありながら権力を疑い、怒りっぽい人間でありながら、断固として怒りを批判した。怒りについての論文を書いたのは、兄ノウァトゥスに「怒りを鎮める方法を指南してほしい」と頼まれたからだと述べている。[2] しかしじっさいには、彼は「鎮める」方法についてはほとんど触れていない。かわりに、そもそもなぜ怒りを避けなければならないか、そしてそれを可能にする方法は何かということを書いた。怒りに対する彼の「ゼロか百か」の姿勢は、ストア哲学の基礎をなす思想であり、セネカはこちこちのストア哲学者だった。若い頃、彼はストア学派の教師に学んだ。そのうちのひとりに従い、夜ごと内省の儀式を行っていたという。「わたしは自分の一日をふり返る」。ふり返ったあとで、同じ過ちは二度とくり返さないと誓うのだった。[3]

ストア哲学はもともと、アレクサンドロス大王による征服の余波が残る（つまり紀元前三二三年以降の）ギリシアで生まれた。そして、それまでこの地を支配していた、プラトンやアリストテレスなどが説くギリシア哲学の伝統を根本から覆した。プラトンの対話はつねに少しあいまいで結論がなかったが、それでも人間の魂が三つに分かれ、階層をなしているという理論は明確だった。不滅の部分は一番上――文字通り頭にある。その下にある心臓と肝臓は情動のあるところ。より高尚な情念である男らしさと怒りは心臓に宿り、もっと下の方にある肝臓には飢えと欲望が満ちている。のちにプラトン主義者は、頭を理性のあるところ、心臓を感情的で激しやすい情念を収めるところ、肝臓を欲望や情欲などの感情が住むところとした。プラトンにとって怒りは、（ほかのすべての情動と同様に）理性の命令に従っている限り、よいもの――人を活気づかせ、大胆にするもの――であった。ただ彼は、激しやすい情念は往々にして暴走しがちで、なだめるのが難しく、つねに理性の支配のもとにあるとは限らないと警告している。

アリストテレスは一時プラトンの弟子だったが、もろ手を挙げて彼に賛同していたわけではない。アリストテレスは情動を魂の「知的な」部分——理性を重んじる部分——にあると考え、情動それ自体はその非論理的な半分にふくまれるが、この半分と対をなす論理的な半分はともに働くことが可能だし、またそうあるべきだと説いた。正しいときに、正しい理由と正しいやり方で感じる情動は有用で、善につながる。

プラトンやアリストテレスと異なり、ストア哲学者は魂を分割したりしなかった。彼らにとって魂（心といってもいい）は、体内にある一つの「指令センター」だ。[4] 都合のいいことに心は胃や心臓や肺のあたりにあるとされ、精神でありながら身体性もある。大人にとっては、心は合理的だ。ソファーの後ろに隠れてしまう小さな女の子には、選択や決断をする能力もなければ、ある目的と別の目的の後先もわからなかった。だが大人にはその能力が備わっている——理性が汚染されず純粋である限りは。情動は理性の病気であり、理性が暴走し、乱れた状態だ。プラトンやアリストテレスが思い描いたような形で怒りを理性の支配下に置くことは不可能だ。なぜなら、いったん怒りに汚染されれば、理性そのものがおかしくなり、取り乱してしまうからである。セネカは怒りに感染した心を、がけから落ちる人間の体になぞらえている。「体は落下を途中でとめることはできない。自分の重みと、悪徳の下方へ向かう性質によって、かならず——確実に——深みに引きずりこまれることになる」[5]。ここで悪徳（ウィティウム［vitium］）という言葉が出てくる。この言葉はその後長く存続することになる言葉だ。ほかのストア哲学者同様、セネカもこの言葉を、人間の「外在的な事柄」——金、食物、はては健康や命——への傾倒をあらわすのに用いた。外在的な事柄には、わたしたちの支配は及ばない。対して美徳——寛容、外界を適切に扱うこと、友人を愛すること——はわたしたちがなんとでもできる。

怒りに身をゆだねることは理性を失うことであり、しかも、人間の性質はもともと理性的なので、怒ることはそのまま自らを失うことを意味する。怒っているときほど、わたしたちが醜く見えることはない。これほどまでに、自分の性質とは異なる何かにとらわれ、よこしまで危険でみっともなく見えることはない。怒りはわたしたちの血管を破裂させ、体を病でむしばみ、心を狂気に向かわせる。つまり怒りは、それによって傷つけようとする他者と同じくらい、怒っている本人をも傷つける。セネカの考えは、仏教のように、人生は苦に満ちており、苦しみを超越するためにはおのれの愛着を捨てなければならないというものではなかった。むしろ、我々は人生が与えるものを用い、与えられないものは諦め、自分の支配の及ぶ範囲にあるもの、とりわけ自分自身を支配するよう努力すべきだと考えていた。

わたしたちは生まれつき理性的で、判断もすれば決断もする。たとえば食べ物が必要ならば、店へ行って食料品を買うのは理性的なことだ。だが理性がけっして間違わないというわけではなく、ときには——たびたび——わたしたちは判断を誤る。情動は悪い判断の結果なのだ。セネカいわく、怒りは、誰かに意図的かつ不当に傷つけられたから、何か——罰を与えたり、復讐したり、仕返ししたり——して相手にやり返す必要があるという間違った考えだ。

アリストテレスは怒りについて、表面的には同じような定義をしている。セネカ同様、怒りは、そんな権利もない誰かに侮辱されたと感じたときに復讐したいと思う欲求であると言っている。ただし、セネカと違うのは、そうした欲求が非常に理性的であると彼が考えていたことだ。もちろん、そうする権利がある人間に攻撃された場合——たとえば奴隷が主人に罰されたとき——怒るのはばかげたことだし、道徳的に間違っている。だが、正当な権利のない人間に傷つけられたら、怒ることは当然だし、道徳的な義務でもある。アリストテレスの考えでは、怒りは体と心の自然な機能であり、怒りがふさわしい社会的・政治的な状況が存在することは明白だった。その反対にセネカとストア哲学者は一般に、怒りは自然のものではないと考えた。「人間の精神状態がゆがんでいないとき、これ［人間の性質］ほど穏やかなものがあるだろうか?」[6]。セネカは、怒りを引き起こすような場面はそれこそ無数にあるが、どれひとつとして怒りを理にかなうとすることはできないと考えていた。

たしかに、戒めるべき人は存在する。だがセネカは、「理性に基づいた罰」と歯止めのきかない怒りとは別だとした。間違った行動に対して怒ったふりをすることはあるかもしれないが、真の目的は「咎めるふりをして治癒する」[7]ことでなければならない[7]。人を裁くものはまず、優しい言葉で訓告しなければならない。それが功を奏しないときは、軽い罰を課す。死刑はごくまれに、社会全体と同様に罪人にとっても恩恵である場合のみ行われるものとする。

セネカはまた、怒りには人を活気づける有益な効果があるとしたプラトンの考えを嘲笑した。逆にセネカはこう言った。怒りに燃えた敵に対して冷静に計画を練ったローマ軍が勝利したことは、怒りが兵士の力を妨げることのあかしだ。戦時に不要なものが、どうして平時にふさわしい機能を発揮する?だがもし彼が、「父が殺され、母が強姦される場面に遭遇したら?」。怒りを覚えるべきではない、とセネカは答えた。それよりも「正しい献身の気持ち」を持つべきだと。そして続けてこうも言った。「父が殺されそうになっていたら、私は父を守る。父が殺されてしまったら、ふさわしい結果を求めるだろう——それが正しいとわかっているからで、苦悩を感じるからではない[8]」。

この点でセネカは、ストア哲学者の「強硬路線」からわずかに外れている。ギリシア世界がローマ人に征服される以前、創成期のストア哲学は、けっして復讐を「ふさわしい結果」とは認めなかっただろう。セネカの主義はそれと一致しない。彼が暮らしていたのは、権力——家族であれ、軍であれ、帝国の法廷であれ——のゆくえが、自分の思い通りにすることに慣れている少数の豊かな特権階級たちの気まぐれによって変わる社会だった。もしセネカが、復讐を根本的に不道徳であるとして退けたのであれば、彼の言葉に耳を傾けるものは誰もいなかっただろうし、彼自身も自分の信念に疑いをもったかもしれない。セネカは、自分の書物の読者と同じ特権階級の一員だった。怒りについての説話を編んだとき、彼はクラウディウス皇帝に命じられた追放生活から戻り、ふたたび廷臣の地位に就いたところだった。いまや、ネロ皇帝となるべき（あるいはもうすぐそうなる）少年の師である。ネロが権力を握ると、セネカはその助言者となり、ときには弁護者ともなった。たとえば、ネロが自身の母を殺害した正当性を主張するために元老院に送った手紙はセネカが書いた。セネカは復讐に満ちた空気の中で暮らしていたのである。

だからこそ彼は、復讐が間違っている場合について書き、そのなかの怒りの役割を懸念した。ストア哲学者全般と同じく、彼は、怒りはたまたま起きる理性のはき違えではないと説いた。それは常習的な判断ミスであり、しつけや教育や社会的立場、文化的な背景などによって地ならしされる。こうした経験は、なぜたいていの人は怒るのか、そしてなぜ性質そのものが怒りっぽい人がいるのかを説明するのに役立つ。セネカは、人間には生まれつき怒る傾向があるのかもしれないと認めていた。いってみればDNAの古代版であるが、セネカは、人間が四つの要素——火、水、空気、土——と、熱、冷、乾、湿というそれぞれに対応した性質から構成されているという説を支持していた。いろいろな人がいるのは、その組み合わせが異なるからだというのである。たとえば、湿った水の要素から成る人は怒りにくく、熱い火のような気質の人は怒りやすい。

たとえそうであっても、人は単純にもって生まれた性質の産物ではない。人生経験が人をつくる。人は、病気、働きすぎ、睡眠不足、見込みのない恋のようなつらい体験のせいで心が弱り、判断を誤ることがある。しつけも同じくらい重要だ。ソファー後ろに隠れた女の子は生まれつき怒りっぽい性質だったのかもしれない。だが母親が、娘がその穴にはまりこまないようにした。子育てというのは、その子の弱点を補い、長所を伸ばすことだ。セネカは、子どもが怒りをあらわにしたときは叱責し、その代わりに精神的な強さを示したときは褒めてやるべきだと考えていた。これはなかなかややこしい。というのも、称賛はよい自己イメージにつながるが、ともすると傲慢さを助長することにもなるからだ。何よりも悪いのは、子どもをちやほやして甘やかし、望みをすべてかなえてやることだ。あらゆる欲求が邪魔されることなく、「だめ」という言葉を聞いたことがない場合、怒りは習性となる。セネカは同時代の政治家を観察していて、これが真実であるとわかっていた。自分自身もそのひとりだったので、気をつける必要があった。というのも、領地の管理人との一件が示すように、彼でさえ怒ってしまうことはある。しかし、ちやほやするよりも悪いのは、子どもたちを野放しにしすぎて、その怒りが固まって残虐になるのを許すことだ。残虐な人間は怒っているのではない。ひどくゆがんだ性質のせいで、他人をむち打ち、傷つけ、殺すことによろこびを覚えている。「これは怒りではない。獣性だ[9]」。

習慣としつけが悪徳と美徳、両方の鍵となる。そのふたつが人を極悪人に変えることもある。ほとんどの場合、弱気で、一貫性がなく、性急な判断をくだす人間をつくりだす。ごくまれに、しっかりして節操があり、思慮深い人間が生まれる。セネカが古代世界の社会病質者を、その血への渇望によって非難されるべきだと考えていたのかどうかは不明だ。しかしほかのあらゆる事例で彼は、人は自分の判断と意見に責任を負うと主張した。誰でも自分の情動とその結果に個人として責めを負うべきだと。人はしばしば一貫性がない――人の心は多くの矛盾する判断を肯定するものだ――だからさまざまな情動にとらわれる。揺れ動き、コントロールを失ったように見える。だがそうではない。揺れ動くことを自身がよしとしているのだ。完璧に整えられた信念一揃えを有し、寛大なおこないによろこびを覚えたり恥ずべき行為に眉をひそめたりといった、美徳に沿った「正しい情動」だけを感じるのは空想上の賢人だけだ。

凡人の情動は誤った判断だというのであれば、セネカは生理学上の変化をどう考えていたのだろうか？　現在では一般に、動悸や手の発汗などは情動の重要な一面だと考えられている。だがセネカはそう思わなかった。震え、紅潮、頭痛の前触れなど、これらはすべて、我々にはコントロール不可能なことだ。セネカはこれを「最初の運動」、もっと個性的な言い方では「衝撃」とか蛇の「咬みつき」と表現した。それらはどんな判断よりも先に起きる。この最初の運動は情動ではないが、危険を知らせて、人々にその重要性を判断させる。

怒りが湧いたとき、動悸が激しくなるのを第一の運動と考えてみよう。すぐに「第二の運動」が始まり、この最初の衝撃を抑えるべきか否かを心が考える。侮辱されたのではと思いめぐらし、復讐したいという考えが芽生える。だが、身体的な反応と同じく、この考えもまだ情動とは言えない。別の判断で止めることができるからだ。

わかりやすい例を挙げてみる。妥当なスピードで車を運転しているとき、突然後ろから誰かにクラクションを鳴らされたとしよう。とっさにまず衝撃を覚える。これが第一の運動だ。次に第二の運動が起こる。自分がクラクションを鳴らされた、これはいわれのない攻撃だと考える。仕返しに何か嫌なまねをしてやろうという気持ちにかられる。この第二の運動は「怒り」だろうか？　いや、「これを怒りとは呼ばない」とセネカは書いている。「怒りとは理性を飛び越えていくもの、理性をひっつかんでさらっていくものである[10]」。この「ひっつかむ」というのが第三の運動である。わたしたちは何があっても報復してやりたいと思う。だから第三の運動は、復讐しようという、よく考えた上での判断だ。クラクションの話でいえば、それを鳴らされたのが本当に悪意からだと判断したら、スピードを緩めてのろのろ運転し——自分の利益に逆らってでも——後ろのドライバーを挑発する。だが多くの場合、クラクションは単に、マフラーを引きずっているよと知らせるためだけだとわかったりして、第三の運動が起こることはない。わたしたちは頭を切り替え、冷静になる。

三つの運動のうち、自分がコントロールできるのは第二の運動だけだ。最初の衝撃を止めることはできないし、第三の段階で情念を止めることもできない。

現代の認知心理学者の中には、セネカの理論におおむね賛同している者もいる。たとえばナンシー・スタインとその同僚はこう記している。「大人でも子供でも、ある種の刺激に対しては自動的に、かつ情緒的に反応する。体の自動的な反応は、情報を精査することなく、定まった行動パターンから生まれる[11]」。セネカの言葉を使えば、こうした反応が第一の運動となる。セネカにとって、またスタインにとっても、これは情動ではない。それでも我々の注意を情動へと向ける身体的な変化を生みだす。我々はそれから、こうした変化が自分の幸福度にどれほど影響するかを推しはかる。セネカのいう第二の運動に近い。最後に、スタインが言うには、刺激に応えてわたしたちが取るべき行動についての信念が発動する。これはセネカのいう第三の運動だ。セネカにとってこの段階はコントロール不能だったが、スタインの公式では逆に、これはまだ評価の一環だという。怒りの場合、スタインのあげるステップは次の通りだ。（1）引き金となる事態、たとえばクラクションの音がしてバックミラーをのぞきこむこと、それが（2）「大事な目標が実現できない、あるいは嫌悪感を回避できない」（誰かに意図的に攻撃されたと判断すれば）ことにつながり、そして（3）「究極の目的をどうにか取り戻し、嫌悪感を振り払い、目的を見失った原因を取り除くことができる」という信念につながる。この最終ステップをスタインは「情動のエピソード」と呼び、一見するとセネカの最終ステップである復讐よりも一般的で「分別がある」ように思える。だがセネカもまた、頭の中で思い描く報復の形はさまざまで、その中には傷つけたいと単に願うことも含まれる。このふたりの理論家にとって、この一連の流れがなければ情動ではない。

さらに、セネカも現代の認知学者（評価理論学者）も、価値観と目的を重視している。両者とも、しつけや教育、知的習慣などを通じて長い時間をかけて形成される信念が、情動には混じっていると主張する。しかしセネカが、怒ることはどんなときでも間違っていると述べたのに対し、スタインのチームは特定の価値判断をいっさい支持していない。単に「個人的に重要な目的」について述べるにとどめている。そしてまた、セネカが怒り――すなわち、誰かに侮辱的な行為をされたという認識――はつねにひとつの欲求、復讐したいという欲求につながると述べたのに対し、スタインのグループは、抽象的であるにせよ別の可能性も示唆している。

わたしたちが攻撃されたと考え、しかしそれは思い過ごしだったと気づいたところを想像してみよう。これは倫理的な局面である。「攻撃」が故意ではなかったことを知る。あるいは、いわゆる攻撃者に理があることがわかる。攻撃してきたのが子供であれば、年齢を考慮してやらねばならない。女性であれば、もともと過ちを犯しがちだからと思う必要がある（これは女性に対する典型的な古い考えだ）。それに、誰かの命を受けて動いていたり、その人自身の命が脅かされたり（セネカは両方とも経験していた）すれば、その立場で物事を見る必要がある。わたしたちは誰ひとり完璧ではない。みな人間なのだから、他の人の身になったらどうか理解しなければならない。

「ほかのすべての情動と異なり、怒りという疫病は集団全体を感染させることがある」そう論じたセネカの時代は現代とはまったく異なっていた。すべての人間が一度に恋に燃えたことはない、と彼は述べた。社会全体がもうけに夢中になったり、全員が他を蹴落とす競争に参加することもないと。セネカは「ハイル・ヒトラー」と叫ぶナチスドイツや、集団で涙をふりしぼる北朝鮮で生まれる独裁者への賛美など想像できなかったはずだ。彼にとっては、ほかのどの情動でもなく怒りだけが、集団全体を感染させられる情動だった。「すべての人が一丸《アン・マッス》となって怒ることもしばしばだった」と彼は述べた。彼は戦争の暴力性さえも怒りのせいだとし、その「残虐性と中毒性によって、［……］市街は破壊され、国そのものが滅び、［……］家に火がかけられた」と言った。[12]

「怒りを捨てよ」とブッダは言った。「怒りを完全に滅ぼせ」とセネカは言った。ここに違いがある。前者では、我々は新しい現実に「目覚めて」怒りを捨て去る。後者では、まだ俗世と怒りを駆りたてる誘惑から抜けだせていない。我々はずっと戦いつづけなければならない戦闘のなかにいる。

だがセネカは、自分の書いた戯曲のなかで、怒りの誘惑を抑えこむよりも復讐の甘さに身を任せる方を選ぶこともあった。たとえば彼の描くメディアは、熱い忿怒のエネルギーを積極的にあおっている。「怒りの鎧で身を固めよ！」彼女はみずからにそう命じた。[13] アルゴナウテースの英雄であり、彼女の二人の子の父でもある前夫イアソンは、彼女を捨て、クレオン王の娘である別の女性と結婚した。だがイアソンが説明した通り、それには相応のわけがあり、そうしなければ彼も家族も復讐に燃えたアカストゥス王の手にかかって死ぬことになってしまうからだ。こうして彼と子供たちは新たな義理の父親、クレオン王の庇護のもとに入った。メディアの心は変わらなかった。その魔力でイアソンの新妻を死に至らしめたうえ、イアソンにとっては息子たちが何よりも大切であると知っていたため、二人を殺してイアソンに非常な悲しみを味わわせた（図3参照）。自分自身の息子を殺したことで、セネカが説話の中で述べているように、彼女が自分の身にも破滅を招いたことは明らかである。だが戯曲は「羽のついた戦車で風に乗って」天国へと駆けていく彼女の勝利で終わっている。

だからセネカの『メディア』は一見、怒りについての彼の議論と矛盾しているように思える。だが近年になって彼の戯曲を編訳したA・J・ボイルは、この二者がどのように両立するかをこのように説明している。セネカの議論では個人それぞれの怒りの結末について述べているが、劇では怒りと復讐の繰り返しによってもたらされた長年にわたる破滅を描いている。この異なる怒りについては、劇中の登場人物がみずから言い訳しているのでそれとわかる。たとえばクレオンは、メディアのたくらみによって父を殺されたアカストスの怒りからイアソンを守っているのだと言う。また神々にもそれぞれ復讐の理

図３　『剣を抱くメデイア』（ディオスクロイの家、ポンペイ、１世紀）。メデイアの子供たちがゲームに興じているのを家庭教師が見守っている。離れて立つメデイアは剣の柄に手をかける。セネカが戯曲を書いたのと同時期のこの絵では、メデイアの怒りは憂鬱に変化している。家庭の平穏を破壊しようとする女性にふさわしい感情だ。もともとこのフレスコ画は私邸の装飾として描かれ、向かいには完璧な妻・母親であるアンドロメダを描いたフレスコがあった。

由がある。イアソンのアルゴ船は、多くの海を行き来した初めての船だった。彼の航海以前、海と陸とはたがいに独立した世界を作っていた。イアソンが「風についての新しい法則を作り」、自分の航海でその力をうまく操れるようにしたために、自然界にもともとあった調和は崩れてしまった。神々はイアソンを罰するのをよしとしなかった。ストア哲学者にとって自然の法則は讃えるべきものなのに、イアソンの傲慢によってひどく損なわれてしまった。メディアの復讐は神々の意図するところだった。セネカはすべての復讐を咎めたわけではなかった——それが「ふさわしい結果」である場合には。

＊

セネカは彼が生きていた時代にとくに人気や影響力があったわけではなかった。彼が大きな影響を及ぼしたのは、ルネッサンス以降、ヨーロッパの特権階級の人々が心酔した新ストア哲学運動の一環で取りあげられてからのことだった。しかし怒りについてのセネカの見解は、ローマ帝国における怒りの位置づけを理解する上で重要だ。彼が「典型」だったからではない。ローマ社会でも、現代社会と同様に、さまざまな感情を共にする共同体がそれぞれのやり方で気持ちを体験し、表現し、評価し、あるいは貶めていた。セネカはそのうち比較的小さな——だが影響力の強い——共同体の典型だった。それは社交グループではなくむしろ文学グループだった。怒りについてのストア哲学の聴衆たちだ。なかでも高名なのがキケロとカエサルである。

古典研究者ウィリアム・ハリスは、ローマ人が都市の基盤を怒りと結びつけていたことを示している。[14]

カインとアベルの物語のように、ローマの物語にも兄弟殺しの話が出てくる。ローマの歴史家であるリウィウスが語った、ロムルスが怒りに任せてレムスを殺した話である。ローマの共和政時代——皇帝ではなく特権階級が国を治めていた時代（紀元一四年に終わりを告げる）——には、政治上の問題を怒りのせいだとしたローマ人はほとんどいなかった。人々はむしろ不正や野心を敵視した。我々なら怒りに目を向けるところだが、ローマ人は貪欲と堕落に目を向けたのだ。

　それが変わろうとしていた。ギリシア人の思想に触れるようになると——ギリシアが紀元前一四六年にローマ帝国に組みこまれてから次第にそうなっていた——ローマの元老院議員たちのなかには少しずつ、しかし確実に、怒りを倫理上致命的な問題とみる者があらわれた。雄弁家であり、政治家であり、哲学者でもあるキケロは、ギリシアの属州総督に就任する弟クィントゥスに宛てた手紙で、おまえの欠点は怒りっぽさだと忠告した。[15] クィントゥスは自分の短気を抑えることができなかった。「おまえの心が怒りにとらわれ、冷静な考えがそれを防ぐことができないからだ」とキケロは書き、対処法は「事前によく自分を律しておくこと［……］口をしっかりつぐんでおくように気をつけることだ」。口をしっかりつぐんでおくとは、怒りを打ち壊せというセネカの訓戒とはかけ離れている。だがこれは、この問題に対するキケロの慎重さを表している。

　クィントゥスが兄の忠告をきいたかどうかはわからないが、歴史家のサルスティウスは同じころカエサルが、怒りのもたらす有害な影響について強い言葉で語ったとしている。ローマの執政官に立候補したカティリナが敗れ、不満を募らせて謀反を起こした後のことである。元老院議員が謀反人たちの処分を決める際、カエサルは死刑に反対した。ローマの原則——法そのもの——では、市民を殺すことは禁じられている。カエサルは、死刑は情動的な――怒りに満ちた――対応だと述べた。彼は情念について警告している。「すべての人は」彼は言っている。「憎しみや友情や怒り、哀れみなどから自由であるべきだ」。そうした感情は理性を曇らせる。感情が揺れ動くなかで正しい判断ができる人間はいない。取るに足りない人間ならば、怒りに任せて行動してもさして問題にはならない。だが、公的な立場にあり深謀遠慮と決定が求められる人間には、そのような自由はない。彼らは冷静に見える必要があり、「とくに怒りは彼らにふさわしくない。他の人間であれば怒りっぽさですまされる性質は、力を持った人間にあっては、傲慢や残虐と呼ばれてしまうからだ」[16]。この演説によって納得した者もいたが、それもいっときのことだった。最終判断をするキケロが下した判決は死刑だった。しかし彼は、その判断が怒りにかられてのものではないと主張した。逆に「純粋な人間愛と慈悲の心に」駆り立てられたのだと言った。怒ったのではなく、ローマを救ったのだと。「我々を、我々の妻を、子どもたちを殺そうと」たくらんだ男たちを厳しく処遇することが、ひいては真の慈悲に通じるのだと説いた。それが彼の提案だった。これが受け入れられて、謀反人たちは処刑された[17]。

つまり、紀元前五〇年前後のローマの特権階級には、怒っているように見えないこと、自分を慈悲深く演出することが政治的に役立つと認識していた人々が少なからずいたということだ。ローマ初期におけるこうした怒りに対する弾劾で、大切なのは演技――たとえ実際の感情は別であっても怒っていない「ふり」をすること――だった。しかし演技であっても、怒りから完全に解き放たれるのは、広く称賛されることではなかった。権力をもつ人間が攻撃されれば行動を起こすだろう、また起こすべきだという考えが一般に認められていた。キケロでさえ一般の見方を認識していて、マルクス・カエリウスの弁護にあたった際にはこう言っている。「［力のある男性が］傷つけられれば苦しみ、怒れば我を忘れ、攻撃されれば戦う」。だが彼がそうした男性たちの例を挙げたのは、相手方の証人としての彼らの役割を貶めるためだった。「裁判官どの、あなた方の判断から、彼らの行きすぎを除外してください[18]」。

キケロやセネカが代表した少数派の立場は、その後何世紀にもわたって、少数派のままだった。四世紀の終わり、キリスト教がローマ帝国の公式の宗教となった。五世紀から六世紀にかけて起きた蛮族による征服もその事実を変えることがなかったのは、蛮族自身もキリスト教かその一派を信奉した――あるいはすぐに信奉するようになった――からである。キリスト教徒はローマの価値観を根本からひっくり返した。すなわち、「神の兵士」とは殉教者のことで、戦場での兵士ではなかった。家族や肉体、富――古くからローマの良き人生の土台となってきたすべてのこと――はふるいにかけられ、多くは却下された。だが怒りについてのローマ人のアンビバレンスはそのまま残った。

これはひとつには、キリスト教そのものにも、怒りにかんする矛盾した考えがいくつもあったからだった。旧約聖書に書かれた神はしばしば――正当な理由で――怒っていた。新約聖書では逆に、イエスはめったに怒らない。マルコによる福音書三章五節で、イエスは怒りと失望をこめて、安息日に手の不自由な男を助けようとしないシナゴーグのユダヤ人たちを見回した。山上の垂訓（マタイによる福音書五章二十二節）では、「自らの兄弟に怒りを覚えるすべての者」を咎めた。四つの福音書のすべてに、イエスは神殿の商売人を追いだしたと書かれ、版によっては両替商のテーブルをひっくり返したとされている。だがこの神殿での一件についての記述のどこにも、イエスが怒っていたとは書いていない。この一件について教父たちが書いた文章でも、このときイエスがどう感じていたかは考察されていなかった。
旧約聖書の神の重要性に鑑みて、キリスト教を信奉しこれを実践する人々で、完全に怒りを否定する者はいなかった。それでも、少数の人々はセネカの伝統を守り続け、それをキリスト教の教義に当てはめていった。早くからセネカの論文の熱狂的な信者となったのは、六世紀に現れたブラガの司教マルティンである。セネカが自身の弟や他のローマの特権階級の者たちのために書いたのに対し、マルティンはイベリア半島に住む仲間の修道僧たち、自分と同様にキリスト教信者たちの救済について苦悩していた司教たちに向けて書いた。
このような司教たちの苦悩は、教父としてのもので、哲学的なものではなかった。だからマルティンは、言葉の大半をセネカから借りていたが、思い切って編集し直し、短くしていた。怒りの恐るべき影響——その醜さ、狂気、御しがたさなど——について短くまとめた後、彼は実践的な三つの救済法を述べ、簡単な自助のための手引きを与えた。「怒りに抗う」には三つの方法がある。まずは単純にノーということ。怒りに身を任せるのを拒む。二番目として、怒りが「押し寄せてくる」のを許してしまった場合は、「しばらくじっとする。[……]待てばおさまる」。三番目に、他人の怒りを取り除く。彼らの怒りの高まりを抑える道を考え、「同じ被害者として共感する」ふうを装うためにみずからも怒っているふりをするか、あるいは彼らが恥じ入り恐れるように仕向ける。[19]
マルティンの忠告はある種の影響を及ぼした。わたしたちがもつ未開のヨーロッパというイメージ——激怒する王や怒りに燃えた市民たちの内乱、残虐な仇討ちなど——の多くは、六世紀の司教、トゥールのグレゴリーによって書かれたフランク史の記述に基づいている。[20] だがグレゴリーの描く歴史は客観的ではなく、その時代の悪はすべて、怒りがその最も有害な姿を現した結果であるという彼の信念に影響されていた。『十巻から成る歴史書』［フランク史のこと］の序文で彼は、その時代の災難を人民の残虐性と王の怒りに帰している。また、仲間の司教たちにも、その責めの矛先から逃れることを許さず、怒りは最も重い罪であると断定した。自身では、風刺やユーモア、皮肉などを巧みに使って怒りに抗った。グレゴリーはブラガのマルティンに傾倒していた。ある意味で、他人の怒りを鎮めるのにマルティンの忠告を使ったとも言える。彼の『歴史書』は、同時代の王や司教や教養のある俗人たちが、怒りを恥じ、同時に恐れることを狙ったものだ。

しかし六世紀以降、怒りに関するセネカの考えは、ストア哲学全般とともに、長く日の目を見なかった。十一世紀から十三世紀のあいだ、怒りについてのセネカの論文が読まれたり、書き写されたりしたのは南イタリアでのみ――しかもその地の修道士によってのみ――だった。しかし十三世紀、フランシスコ修道会士がこれを「再発見」すると、彼らはブラガのマルティンと同じように、教徒を導くという目的で用いた。大きな違いは、聴衆である修道会員がマルティンのときよりはるかに多岐にわたり、ヨーロッパの都市部に住む男性も女性も――俗人も信徒も――含まれていたことである。ところがまもなく、キリスト教の独占体制は崩されることになる。そして宗教上の違いに端を発した戦争が、怒りを憎む新たな理由とその大義の支持の先駆けとなる。

＊

ストア哲学についての一般的な理解とは異なり、この古い哲学の要点は冷淡な無関心でもなければ、従順な忍耐でもない。その目的は理性的であることと、我々が完全にマスターしたいと望む唯一のもの、つまり自分自身を掌握することだ。怒りは自然なものでも必要なものでもない。ねじまがった有害なものだ。誰でも一度や二度、怒りに咬みつかれて、一瞬復讐したいという思いに駆られた経験があるだろう。だが人々は、すぐに正しい判断をすること、感情を観察すること、ふだんの行動をふり返ること、愚かさを笑うこと、過ちから学ぶことなど、我に返るための方法ももっている。

3　暴力と新ストア学派

わたしが人形を叩いたとき、母はわたしが怒っていると言った。どうしてわたしの気持ちがわかるのだろう？　叩きながらわたしが何か言っていたとすれば、おそらく「悪い子ね、まったく」といった言葉であって、「わたしは怒っているのよ」ではなかったはずだ。人形に加えた暴力は単に、わたしが下した正しい判断、つまりセネカ言うところの「理性に基づいた」罰でしかなかったはずだ。（おそらくわたしの頭のなかで、人形は何か悪さをしたことになっていたのだろう）。だが母はわたしの行為が気に入らず、それを「怒り」だと解釈した。怒りはよく、咎めるべき暴力と同義に扱われる。ひるがえって、暴力を認める――誰かを監獄に閉じこめたり、死刑に賛同したり、得意になって戦争に赴いたりする――とき、それが怒りに誘発された行為だとは、ほとんどみなされないことになる。

怒りとはつねに暴力をはらむものだろうか？　後に述べるように、必ずしもそうではない。だがふたつを関係づける感情の共同体は多い。十六世紀から十七世紀にかけて、宗教改革に端を発した激しい宗教戦争が、オランダ、ドイツ、フランス、英国を巻きこんで起きた。その時代を生きた人々の多くにとって、そうした暴力は不条理で理解しがたいものだった。ストア哲学、特にセネカに教えを求める者もあらわれ、新ストア学派と呼ばれた。しかしここで、混乱した時代を怒りのせいにした新ストア学派と、敵の略奪や戦争状態によって強奪を受け、国を追われ、打ちのめされてもなお穏やかでいるよう諭す教えとしてストア哲学を頼った人々とを区別しなければならない。怒りを賛美した近世にも、まったく対極的な感情の共同体があったのだ。

「打ちのめされる」という言葉はユストゥス・リプシウス（一六〇六年没）の生涯をよく表している。最初の新ストア学派とみなされている人物だ。リプシウスはベルギーの、またのちにはドイツの自宅を去ることを余儀なくされた。怒りについての随筆を含めたセネカの文献の校訂版を作成する際、そこに書かれている怒りと暴力の相関関係を参考にしたとしても不思議はなかったが、彼はそうしなかった。むしろ、ストア学派の冷静さをキリスト教的忍耐と融合させたのである。彼は「恒常性」を「正しく不動の心の強さ」であると定義して支持した。この強さは、世界を覆う苦しみには信仰上の目的があるとする彼の信念からくるものだ。[1] 怒りと暴力に対する真にセネカ的な考えについては、リプシウスのさらに先を見なければならない。

それはヴィルヘルム富裕公（ユーリヒ＝クレーフェ＝ベルク公）の侍医の一人だったヨーハン・ヴァイヤー（一五八八年没）に見出すことができる。北ドイツとオランダにまたがる地域にあり、そのため戦争の要衝となった連合国家の統治者として、ヴィルヘルム公は絶えず、多くのプロテスタントの民衆と、たびたび自身の領土をその軍に占領されたカトリック国スペインの皇帝カール五世〔スペイン皇帝としての称号はカルロス一世〕との間の折衝を務めなければならなかった。争いのさなかに暮らしたヴァイヤーは、セネカの「殺戮と毒薬」の模倣を見た。あまつさえ、この言葉が自身の時代を指しているかのように、そのまま引用してもいる。[2]

ヴァイヤーはセネカに同意した。たしかに暴力は人の怒りから生まれるものである。ただし、怒りは理性のタガが外れた結果だとするセネカと違い、ヴァイヤーはこれを、はやり病だと考えた。治療法は多方面からのセラピーで、それについて彼は詳しく記している。体液――当時広まっていたガレノス派医学によれば身体の健康を決定づける四つの要素――は、食事、運動、音楽によってバランスを取らねばならない。同時に、日々の新たな修練を通じて、怒りのチェックを怠ってはならない。セネカは、夜になったらその日に自分がどういう場面で怒りを覚えたかすべて思い返すことが、健康のためだと考えていた。これに対してヴァイヤーは、朝のチェックもつけ加えている。朝にも晩にも、自身にこう問うてみるべきだとヴァイヤーは言った。「わたしが正した過ちは何か?」「わたしが抗った悪徳はどんなものか」「わたしは怒りを抑えたか」。重要な点は、「自分自身を征服する」ことである。[3] それに日中も、ヴァイヤーの仮想「患者」(つねに男性であり、妻は夫が怒りのセラピーを受けている間はおとなしくしていなければならなかった)は、おびただしい数のつとめを果たさなければならなかった。患者は怒りがもたらす恐るべき結末について、役に立つさまざまな格言を繰りかえし自分に言い聞かせなければならない。また、歴史上の啓発的なできごとについて瞑想し、自分のなかに怒りの兆候が見えれば自らを叱り、自らの行為を見守るべく個人的な教官――よい友――を入れねばならない。

こうしてあらゆる手段を講じても、賢い人間が怒りに身を任せるのに抵抗できるとは、ヴァイヤーには思えなかった。セネカとは違い、ヴァイヤーは原罪というキリスト教の古い伝統を考慮しなければならなかった。それが彼に、人間は本質的に堕落した存在であり、悪習に染まりやすいと教えた。我々人間のうちで最も賢い者でさえも、怒ることは避けられないのだとヴァイヤーは考えた。そのようなときは、すぐさま鏡の前に駆けていって自分の姿を見るがいい。自分の怒り顔ほど忌まわしく醜い、嫌悪の情を催させるものは他にないだろう。[4] ストア学派もまた、前に述べたように鏡をのぞきこむように勧めている。だがその目的は怒りを退けるよう自らを律することであった。一方でヴァイヤーの目的は、わたしたちがすでに受け入れてしまった怒りに対処することだ。なにもヴァイヤーは現実の鏡を思い浮かべていたわけではなかろう（十六世紀には希少な品だったに違いない）。わたしたちは心の目で自分を見つめ、外見だけでなく内側で起きている動き、すなわち脈の乱れや動悸、いらだつ神経をも観察することができる。怒りに出合ったときは、改悛によってこれを克服するのだ。

ヴァイヤーはこのときセネカを引いたが、人間の状態についての認識は、セネカと同じではなかった。ストア哲学では人間を理性的で独立した存在ととらえている。ヴァイヤーのようなタイプのキリスト教徒は、人間が自分の生活をコントロールできるのは、神の加護がある場合のみで、理性そのものは脆弱なものだと考えていた。多くの人間は完全に怒りを根絶できるとセネカが考えたのに対し、ヴァイヤーは、人にはせいぜい怒りを止めることしかできず、それも生涯にわたってつねにセラピーに参加している人だけだと考えた。怒りは、ヴァイヤーにとっては暴走する理性のひどい誤判断ではなく、病気、つまり体と同様に心にも影響を及ぼす上に他人に感染してしまう疫病であり、結果として戦と暴力によるあらゆる痛みと荒廃をもたらすものだった。

ヴァイヤーはほんとうに自分の「治癒法」が受け入れられると思っていただろうか？　これには九つもの実践課題があり、その多くは終わりがなく、非常に時間を食う場合もあり、すべて一生を通じて毎日行わねばならない。おそらく彼は実行したのだろう。倫理的な鍛錬を一日のなかに挟み込むのは、この時代には当たり前のことだった。カトリック教徒の貴族たちは時祷書を使って日々の活動のなかに祈りを取り込んでいた。修道士は一日を数時間ごとに区切って、日に七回、一列になって教会に入り、詩篇を詠唱し、聖書を読唱し、祈りを唱えた。ヴァイヤーが自身の作業に丹念に取り組んでいたのとほぼ時を同じくして、イグナチオ・デ・ロヨラが、一日三度の内省とその他さまざまな活動を説いた『霊操』を著している。

その時代の情動についての哲学の第一人者、ルネ・デカルト（一六五〇年没）もまた、ストア哲学に触発され、怒りを制御する試みを行っていた。著作『情念論』では、あらゆる情念について全般的な論を述べている。だが、強い怒りはそのなかでも最悪で、徹底的に避けなければならないものであるため、デカルトの立場にとって一種のシンボル的なものになった。

簡単に彼の理論をまとめてみよう。手始めは有名なあの言葉、「われ思う、ゆえにわれあり」。デカルトにとって、疑いのない真実はただひとつ、自我であり精神であり、思考する実体であった。しかしここでは、何人かの解釈にあるように精神を身体と分離してはいない。精神は身体を通じて「知った」ことについて考え、それによってつねに内側の世界と外側の世界を感じとり、観察しているからである（ひとつ例外がある——疑いは、身体に依存することなく精神に宿ることができる唯一の考えである）。

精神は身体のあらゆる場所にまんべんなく（デカルトの言葉によれば）「宿る」。松果体が主に脳をつかさどる場所であり、身体と精神の交流が行われる場所でもある。外界についての表現（色、音、形）も、身体内部の状態（渇き、熱、寒さ、痛み）と同様、神経から精神にやってくる。こうしたものが思考の原材料となる。

思考のなかには「能動的」なものもある。たとえば、背後でクラクションの音を聞いたとき、音は耳から入って神経を伝い、精神にたどり着く。そして理性と判断力（精神の能動的な機能のなかでも特にこのふたつ）で、認知したものを評価する。そこでクラクションがたいしたことではないと判断されれば、自由意志（また別の能動的な機能）は当然、注意を別のものに向けるため、その音を気に留めることはほとんどない。だがクラクションがおおごとだと判断し、それが自分に向けた「他者の悪意ある行為」で、仕返ししてやろうと思うとき、わたしたちは怒りを覚える。[5] 怒りは「受動的な」種類の思考なのである。わたしたちの心はこのような思考、このような「情念」に、他の思考よりはるかに大きく揺さぶられる。クラクションを聞いてそれが何であるか、どうして鳴らされたのか、音が大きいか小さいか、その結果どうなって、他のこととどうつながるのかといったこと――いずれも能動的な種類の思考――と違い、怒りの感覚は「混乱してあいまい」である。[6] それでも受動的な思考は能動的な思考と同じように強力だし、身体的な反応につながることもある。怒りについていえば、顔が独特のしかめ面になり、頬が青ざめたり赤らんだりし、血がたぎる。片手を挙げて後続車の運転手に卑猥なジェスチャーをするかもしれない。

また別の可能性もある。怒りを覚えたとき、自由意志、もしくは理性の助けを借りて状況を見直し、それに応じて感情と反応も修正する可能性だ。もっとも単純に見直せば、クラクションが、自分の車や運転に何か異常があることを教えてくれた親切のしるしだということに、理性のおかげで気づく。もっと奥深く重要なのは、わたしたちがさまざまな怒りの経験を判断に取りこんだ結果、たとえクラクションに正当な理由などなく、とても苛立たしいものだったとしても、仕返しは他人にとっても自分にとってもためにならないと悟ることだ。こうした判断は怒りを克服するのに役立つ。怒りを覚え、正当な理由でそれに対抗できる場合であればあるほど、わたしたちは倫理の上でまさっていることになる。こうして回りまわって、怒りそのものによってわたしたちはそれを克服することができ、社会生活や周りの環境について広い視野を持つことができるようになるのである。[7]怒りがもたらす暴力や後悔や痛みを幾度となく経験することによって、わたしたちは怒りではなく「雅量」（寛大さ《ジェネロシテ》）を手にする。そうしてわたしたちは「自身に対する絶対的な支配」を手にできるのだ。なぜなら「奪われる可能性のあるもの――プライドや社会的地位や他者への権力など――をほとんど重んじなくなる」からだ。[8]雅量によって克服された後の怒りには何が残るだろう？　新たな倫理上の意識、すなわち「ほかの者であればふつうは怒る過ちに対する軽蔑か、せいぜい義憤」だ。[9]デカルトのいう雅量とは、奇しくも、あらゆる情動のなかで最も平穏を乱すものを経験することから生じた平穏であるといえる。

　デカルトは三〇年戦争（一六一八～一六四八）のただなかを生き、情念に関する彼の著述は戦争が終わった翌年に著された。自分は争いから距離をおいているという虚像を演じてはいたが、じつのところはどっぷりと政争にはまっていた。[10]怒りを排除するための九項目のプログラムこそなかったが、長い目で見るとデカルトはヴァイヤーとほぼ同じことを言っている。つまり怒りを根絶することはできなくても、それを経験することによって怒りに抗う術を見出せるのだと。怒りを感じ、怒りが何の意味も持たず、それどころか自分にも他人にも害をなすものであるあらゆる理由を考え、習慣的にそれを克服することができれば、ついには怒りを覚えることすらほとんどなくなる。

　ヴァイヤーやリプシウス、デカルトの考えは、その時代に人々が怒りをどう「感じ」、どうこれに対処したかということに重要な意味を与えたか？　たしかに、ヨーロッパ全土のその時代の学者たちは、情動は抑制し克服しなければならないという新ストア哲学を熱心にほめそやした。だが、どの情動を重んじ、どれを抑制すべきかということで一致した「新ストア的感情の共同体」は存在しなかった。いうなれば、「新ストア哲学」のなかにもいくつかの流儀があったのだ。リプシウスは、怒りはなだめることができると考えた。ヴァイヤーは病気としてこれを扱い、治療法を提案した。デカルトは、人間が肉体の萎縮を防ぐために筋肉に負荷をかけ、重力を受けなければならないのと同様、道義心を鍛える手段として怒りを擁護した。

一部の歴史学者の主張によれば、新ストア哲学は、近世国家体制における支配者たちが、あらゆる種類の情動を含む社会行動を統制するために利用した大義名分のひとつである。一方で、（その主張によれば）中世の「情動に左右される信仰心」が終わりを告げ、ルターのような宗教改革者が「ある種の強烈な「情動」表現を抑え、あるいは完全に鎮圧し、他のもっと落ち着いた感情をふさわしいものとして認め」るようになっていたプロテスタント教会で力を発揮したとみる向きもある。[11]この理屈によれば、他の情動と同じように怒りについての論も、一六世紀と一七世紀の、特にプロテスタントの地域では、堕落とみなされていたはずである。

この仮説を裏づける証拠を、英国植民地だったマサチューセッツ州ケンブリッジの清教徒教会で、入信を希望する男女が作った信仰証明団体に見ることができる。トーマス・シェパード（一六四九年没）を主導者とするこの団体は、（この種の他の教会と同様に）参拝者が礼拝に参加する前に、大衆の前で信仰告白をすることを求めた。信仰をもつ者がそれぞれ自分の精神上の履歴をさらし、最後に教会の一員となるのにふさわしい身であることを示す、という考えである。一六四八年から一六四九年にかけて、シェパードは口頭でなされたこうした声明（男性が九件、女性が八件）を帳面に記録している。

こうした信仰証明では、神の怒り——疫病や苦しみ、あらゆる不幸にはっきりと表れる——は、罪に対する罰と理解されていた。

スティーブンソンの奥方が言ったように「主がわたしに罪を思い知ることを望むとすれば、それは苦難によってです［……］わたしは、神罰のさなかにあるのです」。一方グッキン女史は、主が「怒りのために［自分から］顔をそむけてしまわれる」ことを恐れていた。人間の怒りについてはしかしながら、ひと言も言及されていない。シェパードの信者候補は、自分たちの愛や希望や怖れといった感情についてくり返し言及し、かたくなでみじめな心を嘆いた。しかし彼らは怒りについてはいっさい語っていない。ここに、「新ストア学派のエモーショノロジー」が人々の自己認識と一線を画していたことが見てとれる。

ただし、イングランドと英語圏全体を考えると、この結論が全面的に受け入れられているわけではない。一四三〇年から一七〇〇年の間に英語で発行された数多くの本をみれば、「怒り」と「神罰」という言葉は一七世紀にむしろ急激に増え、特に一六四〇年から一六八〇年の間にピークを迎えたことがわかる。ということは、新ストア哲学の時代は怒りの終焉をもたらしたわけではない。そしてこの事実は新たに、気になる疑問を提起する。怒りへの関心が高まったために暴力がますます横行するようになったのだろうか？　この同じ時代に「暴力」という言葉が、ほぼ同じ広がりで使われたのを見ると、ありそうなことだ。[12]

だから、怒りと暴力は手を携えて——少なくとも書き言葉については——いるように思われる。歴史上の事実としても共にあったのだろうか？　怒りが頂点に達した時代は、より暴力的だったのだろうか？　どうやら答えはイエスだ。一六四〇年代、英国国教会（チャールズ一世を頂点とし、階級と儀式を重んじた）と清教徒（国の支持を受けたプロテスタント主義に憤り、個人の信仰に力を注ぐために教会から形式的な要素を取り除くことを望んだ人々すべてをひっくるめた言葉である）との間の亀裂は広がった。一六四〇年には大規模な清教徒の議会が開かれる。この議会はその後まもなく君主に反旗を翻し、独自の軍隊を結成して内戦を戦った。一六四九年、清教徒たちは王を処刑し、オリヴァー・クロムウェルのもと、共和国を樹立した。一六六〇年にはチャールズ二世を戴いた王制が復権している。

それでは、その時代の人々が暴力を怒りのせいにしたと片づけてしまっていいのだろうか？　それを指し示す証拠はいくつか残されている。たとえば、エセックスの清教徒の牧師であったジョン・ウォーレン（一六九六年没）は、詩篇七十六章十節のほぼすべてを費やしてこのような説教をしている。「まことと人の憤りは汝を讃え、残りの憤りは汝を縛る」。人の憤りとは怒りであり、それをウォーレンは「魂を燃え立たせる情熱」と呼んだ。その原因はまず、燃えやすい燃料である「人の性質にある悪意」、そして二つ目は「まず神に対する、次にそのしもべに対する悪魔の恨み」にあり、これは「ねじれた人間の心」にある石炭に火をつけてこれを煽るのだという。ウォーレンは、その世紀の初めにあったカトリック教徒による王制転覆のたくらみ、火薬陰謀事件を、信心に対する人間の怒りの好例として引きあいに出した。このように、彼は明らかに怒りを暴力と結びつけている。その一方で、その有益な使い方にも注目していた。「怒りは、罪が呼び起こした対象については、よいものである。罪はまさに正しく認められた怒りの対象なのだ。神の怒りは罪のみに向けられる」[13]。

このような説教は、ヴァイヤーやリプシウス、デカルトなどの崇高すぎる考えからは程遠かったが、それゆえにこそ、当時の人々が実際の生活で怒りについて抱いていた考えに近かったかもしれない。だがウォーレンが総じて怒りに否定的であったとするなら、同時代の他の感情の共同体は、はるかにセネカから遠かった。ヴァイヤーが読者に対し、夫が怒りの瞬間について瞑想を巡らしている間、妻におとなしくしているよう命じるべしといったことを思い出してほしい。妻はこうしたことをどう感じていたのだろう？　怒りを覚えたのか？　そのように考えた男性もいた。ジェームズ一世の侍医だったヘルキア・クルック（一六四八年没）は、「怒りという情動は、我々の多くが悲しむべき経験から知っているように、男性より女性のなかで早く強く発生するものである。女性はほんの些細なことにでもたやすくかっとなるからだ」[14]。怒りが女性に生じやすく、女性は男性に従属するものと考えられていたとするなら、どんなことがあっても怒りを避けたいと願わない者がいただろうか？　新ストア哲学を信奉したいと思わない者がいただろうか？

しかしあいにく、この見方に反対する声が上がった。『ジェーン・アンガー　女性の擁護』は匿名の著者によって書かれ、女性の怒りを擁護している。これが激しい非難を浴びせているのは、継続中の「裁判」――両性が争うある種の架空の訴訟――と呼ぶものの一部であり、そこでは女性に庇護者が必要である。著者は名字に怒り《アンガー》を用いただけでなく、怒り《アンガー》そのものが、不特定の男性から女性に加えられた攻撃に対抗して、防御について書いたのだと主張している。「さても大ぼらふきの殿方は、たびたび［熱弁ふるって］荒れ狂うのです。［……］いったいこれまでわたしたち女性ほど、悪意にさらされ口汚く罵られ、粗末に扱われ蔑まれるものがあったでしょうか？」。男性は女性の弱さと優しい性質につけこみ、女性の美徳を悪徳と見誤る。男性が女性の怒りを非難するとき、実際にはよき忠告に刃向かっているのと同じで、女性を「怒りっぽい」と言うのは、「不埒なふるまいを我慢しない」という意味である。つまり、「わたしたちのしかめっ面が恐ろしいとか、怒りが死ぬほど怖いとか言うのなら、それは男性が愚かなあまり怒りの場を提供するからです」。男性は好色で貪欲で嘘つきであり、抑えがきかない。酔って妻を十字架と間違えたのんべえは「馬鹿者」だが、妻が「夫を飲酒［の習慣］から遠ざけ、酒をやめさせると、夫はそのことに猛烈に腹を立てました」[15]。ジェーン・アンガーの風刺では、女性の怒りは思慮深く、男性の怒りは野蛮とされている。しかし、怒りをもたない者など誰ひとりいないし、それを期待されてもいない。グウィン・ケネディが言うように、「怒りは、怒れる女性が、やかまし屋だのがみがみ女だのとレッテルを貼られることなく言葉で攻撃する権利を求める手段なのです」[16]。ケネディはその時代の前後に、アンガーと同じ立場をとった多くの著者を挙げている。新ストア哲学の時代には、怒りに反対する態度が主流ではあったが、これを圧倒することはなかった。

＊

今日では、新ストア哲学は広く知られている教義とはいえない。それでもアンガーマネジメントのためのセラピーにはその名残が見られる。臨床医はほぼすべて、怒りによっては正常で健康によい面もあることを認めている。すべての新ストア学派もそうだった。今と同じ意味で「正常」という言葉をとらえていたわけではないが、怒りにはよい使いみちがあるとみなしていたのだ。

リプシウスは怒りによって勇気が増すと考えた。ヴァイヤーは犯罪や原罪に対抗するとしてイラを讃えた。デカルトはその両方に賛同した。三人とも「過剰な」怒りを排除することを望んだ。こんにちでも、多くのアンガーマネジメントのセラピーでまさにそれが望まれている。たとえば、アンガーマネジメントのセラピスト、ハワード・カシノフとレイモンド・チップ・タフレイトは、「客観的判断」に頼って、ある人の怒りが「頻度と期間を見たときに過剰であり、そのきっかけになったできごとや人と釣り合わない」[17]かどうかを判断すると言っている。実際には、判断が任されるのは患者本人か家族や同僚、学校や司法機関、それにセラピストであるが、セラピストはさまざまな標準テストを使って、不調を表すパラメータ全体を評価することが多い。

カシノフとタフレイトの「認知行動理論」には、ストア哲学と新ストア哲学に相通じる点がいくつかある。二人のセラピストは、怒りへの「通り道」は二つあると主張しているが、それはセネカの述べた二つの動きと一致する。一つは「自動的で変えられない」もの、もう一つは「高度な認知プロセスに依存した」ものだ。だが、一致するのはここまで。というのも、セネカがどんな意味でも本当の怒りではない最初の「衝撃」への反応を変えるすべはないと考えたのに対し、カシノフとタフレイトは、この「反射」反応は、条件づけによって変えることができると述べているのだ。デカルト同様、彼らは繰りかえし怒りにさらされることに価値を見出している。二人は患者に、「通常は怒りを誘発すること」に怒りの反応を示さない訓練をしてくれるよう頼んだ。例として、患者とセラピストが一緒になって、クラクションを鳴らす場面を演じたり想像したりしてみる。そして「二つ目の動き」に進みながら、セラピストは新たにもっと適応性のある考え方で、このできごとを考えてみるよう促す。たとえば広い視野で道路状況を見渡すなどといった方法だ。[18]

人が違えば介入プログラムも異なると強調しながらも、カシノフとタフレイトの通常の取り組み方は、アントニー・Mの症例（第一章一八〜一九ページ）について二人が語っていることからよくわかる。リプシウスやヴァイヤー、デカルトと同じように、カシノフとタフレイトも、より大きな、生涯にわたる冷静さを手にする道を勧めるとしている。そうした手法が習慣になることを望んでいるのだ。二人ならまず、何がきっかけだったのかを探り、そのよくない結末を認識するために、怒ったときのエピソードをアンソニーに詳しく尋ねるだろう。セネカとヴァイヤーの日々の内省の伝統を継いで、怒りのエピソードの記録をアンソニーにつけさせ続けるだろう。

彼らのセラピーは「変更戦略」で続けられる。ヴァイヤーのように、怒りを誘発する原因を避ける方法を説き、デカルトのように、怒りにさらされることを選ぶといったぐあいに。彼らなら、たとえばアンソニーに毎日ＰＭＲ（漸進的筋肉弛緩法）を経験することで怒りに対処する方法を教えるだろうし、同時に、怒りを誘発するような辛辣な言葉をぶつけて、「反応せずにいる」[19]ことを教えるだろう。ヴァイヤーが好んだ格言のような「認知処理表現」も生み出すだろう。

カシノフとタフレイトの「新ストア学派」的なアンガーマネジメントの治療法では、助けを必要とする人々に対して、すべての怒りを精神から排斥しようというのではなく、単に「怒りの悪影響を小さくする」ことだけを願う。仏教のいう妥協のない「怒りを退けよ」、またセネカのいう「怒りに立ち向かえ」というのも、なるほど怒りを和らげることに重点を置いてはいるが、カシノフとタフレイトの主張とは異なる。十七世紀の新ストア学派や現代のアンガーマネジメントのセラピストと違って、現代の哲学者、マーサ・C・ヌスバウムは、自分が批評と翻訳の両方で密接なかかわりを持つセネカが取った絶対的な姿勢を復活させたいとしている。[20] ヴァイヤー同様、ヌスバウムも時代の暴力について憂慮している。モデルとしてマーティン・ルーサー・キング・ジュニアとネルソン・マンデラを挙げ、著書の最後の言葉は「平和をわれらに」だ。社会生活のなかの怒りを評価する現代の風潮に対抗する立場だと、自身を位置づけている。怒りを暴力と結びつける傾向を認めながら、ヌスバウムは、復讐という概念は不条理であると述べることで、ストア的批判を敷衍している。ある危害を与えた加害者を傷つけても、誤りを正すことにはならない――決してできない。「報復」――彼女の言葉を借りれば――は、呪術的な考えによるもので、それは「宇宙的バランス」をとるためという主張だが、そんなものは実際には存在しないし、もともとの攻撃よりもさらにひどい結果を招くことになる。

ヌスバウムは、怒りにも多少は長所があるだろうと認めている。だが、そうした数少ない事例であっても、怒りをもっと生産的な情動へと変換させてほしいと述べている。それを情動的移行といっている。特別な意味を持つ「移行」だ。正しい移行は、けっして「赦し」ではない。容赦のない「得点記入方式」では、赦しは、赦そうとするまさにその人の評価を下げ、結果的に報復という形をとる。

ヌスバウムは生活の範囲を三つの「人の交わりの領域」に分割し、怒りの状況と、その際に必要な様々な移行に注目している。第一の領域は親密性、すなわち愛情を抱く者同士の関係だ。[21] 彼女の解説をわたし自身の家族に当てはめてみよう。ヌスバウムの言う「怒りの罠」に陥る代わりに、両親は言い争いをやめ、互いの過ちを認めて「建設的で前向きな行動」をとるべきだった。[22] 母は家事が嫌いで、父の給料はわずかだった。移行を行えば、母は職を得るのに必要な自信へと怒りを変えることができただろう。父の怒りは母の苦境に対する思いやりへ、そして男らしさに対する新たな認識へと形を変え、そのおかげで妻が働くのをよしとすることができただろう。彼らの生活が、一九五〇年代のエモーショノロジーから抜け出せなかったことも、ヌスバウムにとってはさして意味を持たなかったろう。彼女は感情の共同体に関して、あるグループの幅広い生活様式の一部である価値観と習慣を持ったものという、わたしのような考え方はしない。わたしたちを自己をコントロールできる存在とみなし、個人的な怒りなど無益だと思うように、そして必要な移行を行うようにと求めている。

ヌスバウムのいわゆる中間領域は、セネカの世界に最も近い。そこにはちょっとした知り合いやセールスマンとの、執念深い雇用主や節操のない医師との、そして泥棒や強姦者、殺人者などとの対峙が含まれる。ここで彼女は、ストア哲学はおおよそ正しいことを認めている。こうして出会う人々のほとんどは、わたしたちの気分を害する価値もない。ただそのうち幾人か、特にわたしたちの健康や安全にかかわる人々はそうではない。セネカのいう賢い女性がクラクションを鳴らす運転者と出会ったとしても、最初の衝撃すら覚えないだろう。だがヌスバウムのいう賢い女性なら、「入念に限定された移行する怒り」を認めるだろう。女性はそのクラクションを「悪意に満ちている」と判断し、自分を脅かす（事故を起こしそうになるか何かで）場合は警察を呼ぶだろう。

最後に、ヌスバウムは政治的領域に目を向けている。法制度は（少なくとも理想論では）セネカのいう賢い人のヌスバウム版である。現代では司法機関はみな、犯罪があたかも報復の必要がある侮辱であるように扱っていると、彼女は認めている。そして、法には犯罪を仕返しの思想から罰するのではなく、セネカならそう言ったであろうとおり、理性と思いやりの見地から罰するように、自ら移行してほしいと望んでいる。[23] そうした条件のもとでは、いらだたしいクラクションを浴びせられ、交通事故を引き起こしたくだんの賢い女性なら、警察を呼び、病院で検査を受け、そして自分の生活に戻るだろう。メデイアの復讐はよこしまなだけでなく愚かでもあるとヌスバウムは述べている。そんなことをしても、「連れ合いも、愛も、語らいも、金も、子どもも持たないという現実の辛い境遇を救う」ためには何の役にも立たないのだから。[24] 彼女は自分が失ったものを悼み、前へ進むべきだったのだ。

こうした領域のすべてにおいて、ヌスバウムは「キリスト教、ヒンドゥー教、伝統的なアフリカの宗教、仏教全体の流れ、またはそれに逆らう流れ」をうまく利用した寛容な精神を求めた——言い換えれば、怒りを（ほぼ）完全に拒絶する感情の共同体に入るように求めているのである。

＊

古いストア哲学の理論は近世に華々しくよみがえった。辛い戦争がヨーロッパ全土で起きると、男性も女性も怒りに満ちた復讐による荒廃を目にした——あるいはそのように想像した。解決法は必ずしもセネカのものと同一ではなく、怒りを避ける代わりにそれを抑え、ときには倫理的な思想や行動の味方につけることさえあった。怒りには必ず暴力が伴わねばならなかっただろうか？　おそらくそうではない。怒りの炎を鎮圧することは新ストア哲学の目的だった。この任務はプロテスタントの宗教的思考に受け継がれ、数世紀を経て現代のアンガーマネジメントのセラピーやヌスバウムの多くの移行へと伝えられたのだ。同時に、怒りと暴力に性差を設けること――両方とも女性の領分であるとすること――は、セネカのように正義によって喚起された厳しさと、激情から生まれた怒りとを区別した新たなフェミニスト小説の抵抗を受けた。

4　平和の王国

ヌスバウムの新ストア主義は確かに暴力を怒りと結びつけている。怒りが引き起こす復讐こそ、ヌスバウムが我々に超越するよう求めている衝動だからだ。彼女の見解では、怒りの解毒剤は平和だ。怒りと暴力のつながりは、今では多くの人の頭のなかに根づいていてあたりまえのように思われているが、そもそも実情をきちんと表していない。ヌスバウムのいう「平和」でさえも、国家による暴力または潜在的な暴力を内包している。法を（彼女の希望では人道的に）行使する警察権力や司法機関などだ。法人類学者たちは別の角度から「不和のなかの平和」について語る。つまり、暴力の脅威こそが、平和を保たせているのだということだ。だがそうした種類の平和は、必ずしも怒りと無縁というわけではない。

怒り、暴力、平和はすべて、人為的に概念が構成され、その意味が争われることもある言葉だ。ここまで三章を費やして怒りについて探ってきたが、いまだにそれが何なのか、何だったのかはほとんどわかっていない。暴力という言葉も同じようにやっかいだ。通常は身体に加えられる暴力を思い浮かべるが、他にもある。フェイスブック上の嫌がらせのような精神的な暴力、友だちから敵に変わってしまった人からのひどい言葉、社会的貧困という暴力、国家による脅威などだ。平和という言葉はいちばんあいまいで、そうした言葉のすべてに関係がある。家族のなかで口をきかないとしたら、それでも「平和」というのか？　アメリカは平和なのか、それともアフガニスタンで戦争をしているのだろうか？　有罪判決を受けた殺人者の魂は、死刑囚監房で刑の執行を待つあいだ、平和なのだろうか？　スーダンの「平和維持部隊」は平和を守っているのか、だとしたらそれはどんな種類の平和なのか？

わたしたちは、怒りと暴力、そしてその鏡うつしのように、怒りの欠如と平和をひとくくりにしているつながりを、あらためて考察する必要がある。一番わかりやすい場所、天国から始めよう。平和の王国のお手本だ。聖アウグスティヌスは、天国こそ平和だと言った。ということは、天国に怒りはないのだろうか？　暴力も？　そうとは言いきれない。楽園についての記述には、何気なく怒りの存在を露呈したものがある。その一例が、天国で聖ペテロの怒りを見たという、七世紀の修道士バロントゥスの幻視である。彼はそのとき、死の床にあると思っていた。悪霊たちが彼の魂を求めたが、天使ラファエルはかろうじてこれを阻止して魂を天国へ運び、悪霊はその後を追っていった。悪霊たちはこの件を聖ペテロに訴えてバロントゥスの罪を数えあげたが、聖ペテロは修道士の美徳を挙げて反論した。悪霊たちはなおも言い募る。とうとう聖ペテロはお怒りになり、出て行けと命じた。悪霊たちが拒否すると、鍵で彼らを殴ろうとした[1]（図4は、同様の物語を描いた一一世紀の図）。ダンテの天国にも、自分の地位を奪った主教たちに怒って真っ赤になった聖ペテロの怒りが描かれている。聖ペテロは「羊飼いの服装をした強欲な狼ども」と主教たちを呼んだ[2]。つまり、天上の平和にも、怒りと暴力は存在しているらしい。しかしこの二つは地上の平和の障壁ではなく、人間の罪こそが障壁なのだ。そうアウグスティヌスは論じた。よりよい人々の住む世界はどんなふうだろう？　天国の幻想が、その想像を表すひとつの形だ。理想郷という夢想もまたしかり。しかし、それを生みだした人たちは、この章で使っている言葉をほと

図4　悪霊を打つ聖ペテロ（イングランド、11世紀）。善い天使たちが見守るなか、ペテロと悪霊はある魂をめぐって争う。ペテロは巨大な鍵で悪霊の顔を打ち、魂の綱引きに勝利する。右側では翼をもつ悪霊が二人の迷った魂を引き連れていく。

んど使わない。

天国と別に平和の王国を追求する傾向は、十九世紀の終わりに生じたようだ。研究分野として人類学が誕生したのがきっかけだが、人類学は、まず科学研究所の理想的な状態で示されるような「より単純」で「より原始的」な形で文化をとらえる、西洋社会の法則の研究である。平和な文化の「秘訣」の追求は、二一世紀初頭に始まったが、世間に広まったのは明らかに第二次世界大戦後、復員兵援護法《GIビル》によって、復員兵が高等教育を受けることができるようになってからだ。はじめて、大学はアメリカ人エリートでない層の学生でいっぱいになった。ソ連の人工衛星スプートニクが打ち上げられた五〇年代なかば、米国のあらゆる分野で、有能な人材に教育を施そうという動きが再び高まった。こうした新エリートというべき学生のなかから人類学者が生まれ、他の文化を学ぶことで自身のアイデンティティと社会に対する答えを見出そうとした。一九七〇年代には、人類学者たちは戦争と平和への手がかりを見つけたと考えた。それは「採集社会は平等主義で概して平和的」であり、一方、狩猟社会は「家長制で概して好戦的」であるというものだ。[3]

このような一般論は、怒りを考慮に入れなかった。怒りという変数が初めて登場したのは、ロバート・ノックス・デンタンの著作だった。デンタンは研究した民族、マレー半島に住むセマイ族の自己洞察から、怒りにかんする見解を得たとしている。セマイ族の人々はデンタンに、「我々は怒らない」また「我々は殴らない」と言い、この二つの言葉を結びつけて語った。あたかも怒りが殴打の唯一の原因であり、怒りの欠如が彼らの非暴力と平和の理由であるかのように。[4] そして実際、だいたいそうだったようだ。

セマイ族は暴力について知り尽くしていた。十八世紀から一九五〇年代にかけて半島を徐々に支配していった英国植民地政府にけしかけられた非アボリジニのマレー人に、残酷な扱いを受けたりさらわれたり、奴隷にされたりしてきたセマイ族は、ゲリラ的手法で、また何よりも、逃げることで身を守るすべを学んだ。丘の上なら土地にはほとんど価値がなく、敵が手に入れようとしても意味がないのでそこへ逃げ、怒らないようにすることで暴力を無意味なものにするという、独自の世界観と生活様式を編みだした。

セマイ族の生活様式が、どのように怒りと暴力の勃発を防いでいるのだろう?（ここでは現在形を使っているが、今では彼らの生活スタイルも急速に変化しているだろう）。セマイ族は食べもの、セックス、他のものを欲求されたら断らないように努める。守れない約束はしない。互いに協力はするが干渉はせず、自主性を重んじる。平等主義を貫く。ものを分け合う。おいしい食べものが旬の時季にしか手に入らなければ、旬を待ち、みんなに配分する。実りを受けとっても「ありがとう」とは言わない。当然の権利だからだ。

この並外れた温和さ、究極の寛大さの裏には、人間の欲求が満たされなければ恐ろしい悪意、侮辱、ときには死さえも招くという信念がある。セマイ族の伝統では、侮辱への反応は怒りではなく、神が危害をさらに深めるだろうという確信だ。現代の西洋における怒りの場面に当てはめれば、セマイの文化では、後続車の運転者にクラクションを鳴らされても怒らない。それどころか神の業で我々の車が衝突したら、それはクラクションを鳴らした運転者の責任だ。運転手は罰金を払い、損害を賠償したうえで、しかも何がしかの災いに見舞われる。むろん、セマイ族の社会には車など存在しないので、この例はばかげている。もう少しうまい例を挙げれば、セマイ族が旬の果物をもらえなかったとしよう。その人は死ぬかもしれず、そうしたら果物を分けてやらなかった人物の責任となり、罰金を支払う義務を負い、予期せぬ災難に見舞われることになる。

セマイの神は愛とは対極にあり、醜くて残酷で意地が悪く、破壊をよろこぶ。セマイ族は神を、自分たちの山や谷を破壊する恐ろしい雷雨であると見ていた。雷が光り、雷鳴がとどろき、雨は岩肌をたたく。母親たちはこの機をとらえて子供たちに、正しい反応をするよう教える。「恐れなさい、恐れるのです」。

宇宙にはそういう危険なものがひそみ、かなわなかった欲望と打ち砕かれた期待に災難を放とうとしていることを考え、人々は情念を抑えようと努める。直接何かを求めることはしなくなり、期待される義務もあいまいで、自分たちの欲求を隠すようになる。セマイの人々は情動を見せることもほとんどない。「情動がほとばしることはまずない。夫婦喧嘩はめったになく、隣人同士のいさかいも、子どものけんかもほとんど起きない［……］悲しみも控えめで、笑いさえも抑制が効いている」[5]。

こうしてみると、セマイ族は怒りと暴力と平和を関連づけているように見える。怒りを見せないこと──それどころか怒りを持たず、その機会もなくすこと──によって、自分たちの非暴力と平和を示している。だが、話はこれでおしまいではない。セマイ族には怒りを表す言葉、「レズニー」があり、ときには怒ることもある。とくに子供たちや告白して振られた人はそうだ。さらに言い争うこともあり、非公式だがよく知られた紛争解決の仕組みがある。そこでは部族の長が調停役を務めるが、紛争の当事者は最終的にその判決を無視することもできる。町民会議を招集することもでき、そこで紛争の当事者とそれを支持する親戚たちがそれぞれの側につき──ただし「怒りも他の情動も」見せずに──出席者全員が発言する。これには数日かかることもある。それから部族の長が「皆の総意として判決を下す」[6]。「非のある」方の当事者は罰金を払うが、この罰金はあとで全額、あるいは一部が贈り物として返される。その後、両者はふたたび地域社会に溶けこむ。いつもこうなるわけではないが、おおよそはこんな感じだ。さらに、セマイ族も人を殺すことがある。ただし怒りからではない。マレー軍に召集されたときにはまるで催眠状態のようになって敵を殺した[7]。人殺しが暴力の一形態であると認めるなら、セマイ族はときどき、怒ったり、平和を守るための数々の社会的な知恵を失ったりせずに暴力的になるということだ。このように、セマイ族はふだんは平和的で怒らないが、いつもそうとは限らない。自分が怒っているという意識もなく人を殺せるという事実からは、ブッダ、もしくは自分の船に乗りこんできた泥棒を殺した船長を思い起こさずにいられない。怒りはなにも、暴力の唯一の原因（または言い訳）ではないのだ。

ふだん平和な他の社会はどうだろう？（わたしたち自身の社会もふだんは平和じゃないかという声があるかもしれないがここでは置いておく。平和というのが、社交的で協調的である場合の方がそうでない場合より多いことを意味するものなら、そうだと言える）。ジーン・ブリッグス［アメリカ人文化人類学者］はウトゥクイカリック・エスキモー（縮めてウトゥク）にかんする自身の著作に、『決して怒ることなく』[8]という秀逸な題名をつけた。彼女はセマイ族のようにめったに怒らない種族について詳細に記している。ウトゥクは怒りを子供じみた情動であり、成長につれて消えるものととらえていた。怒りを恐れて生き、それが起こりそうな状況を避け、彼らは怒りを一種の不幸と考えている。その証拠に、怒りを示す彼らの言葉のひとつに「ウルル」というのがあるが、文字通りの意味は「ほほえんでいない」である。子供たちは「ウルル」を退けるよう教えられ、誰かの不快な気分に対する否定的な気持ちを表すのに、彼らを「ウルルな」人々と呼んだ。そこからわかる結論は、幸福が非常に高く評価されているということだ。

人々はほほえみ、おもしろがり、ジョークを飛ばし、くすくす笑う。上機嫌は怒っていないしるしだ。笑いは、ウトゥクが怒りや道徳的非難に対処する方法であり、気に障るものをおかしがることで、怒りと道徳的非難を両方とも否定する。ジョークを言うのは怒りよりも楽しさのあらわれだし、さかんにしゃれを飛ばす人を怖がる人はいない。

その一方で、セマイ族と同じくウトゥクも、過度の笑いは非難した。感情は、理性でコントロールしなければならない。子供たちは成長するにつれ情動的な動作を抑制することを学び、おとなしく控えめになる。大人は赤ん坊には際限なく愛情を注ぎこむが、年かさの子供たちに対して、また大人同士の間では「過剰な」愛情を避ける。それは、彼らいわく、愛情を注ぐ者にとっては苦痛であり（愛する対象から離れると寂しさを感じる）、同時に愛情を注がれる者にとっては押しつけがましく感じられるからだ。

ウトゥクにはセマイ族と同じように、怒りを価値のないものとみなそうとする日常の社会習慣があった。欲しいものがあれば、対立の恐れを避けるため、あからさまに頼むのではなくそれとなくほのめかすのがふつうだ。同様に、他人の欲しがるものを自分が持っていれば、頼まれなくても進んで差し出すことが多い。お願いされて断らないように気を配った。

これもセマイ族と同じく、ウトゥクも怒りを暴力と結びつけている。彼らの間ではこんなふうに言い習わされている。「我を忘れたことが一度もない男は、ほんとうに怒ったときには人を殺してしまうかもしれない」。ブリッグスが見たところ、村人たちは、「内なる激しさ」[9]を抑えるのに苦労している、ある男の気に障らないよう、人々が特別に注意しているようだった。だが「彼のその特異性は、わたしは正しいパターンがどのようなものかを学べた理由のひとつだった」[10]。ここでいうパターンとは、穏やかさを見せること、そして他人への要求は最小限にとどめることなどだ。それでも、だからといってウトゥクはけっして暴力を振るわないというわけではない。犬を殴り、それを「しつけのため」と言う。親族には優しくするが、他人には怒りを見せる。もっともその「表現は控えめで、しばしば激しく否定する」。嫌いな人の陰では悪口を言ったりもする。[11]

人類学者はいつも、怒りをもたない共同体としてセマイ族とウトゥクを引き合いに出すが、「怒らない」ことを実践している民族は彼らだけではない。たとえば、ニューギニアに住むフォア族についても、似たような習慣があることが伝えられている。セマイ族やウトゥクのように、フォア族も「食物や愛情、仕事、信頼、喜び」を分け合う。ポール・エクマンの有名な実験で、西欧人の顔の情動表現を表す写真を見せられた彼らは、しばしば見たものを「見誤り」、悲しみや恐怖を表した表情を怒りの表情だととらえた。エクマンの実験を観察した人類学者のE・リチャード・ソレンソンは、次のように述べて批判した。「怒りは、たとえ初期であっても重大な問題で、すぐに対策を講じなければならない」。なぜならそれは、フォア族の生活様式の根幹をなす集団の協力を脅かすからだ。フォア族の子供を研究するうち、ソレンソンは、親が子供やその要求を尊重する様子に気づいた。だから子供はけっしていらだたず、怒りつのらせる理由もない。こうして「怒りも、口論も、けんかも、彼らの生活には異質なものになった」。怒りを表すことがあっても、それはすぐに収まる。フォア族のある者が他の者を「困らせ」たとしても、面白がって笑い飛ばされる。隣人に悩まされれば一家で引っ越しをする。[12] そのように書きながら、ソレンソンはフォア族が暴動と殺戮を伴う報復にかかわっているのに気づき、オーストラリア国軍が鎮圧のために介入するのを目撃した。

「我々は怒らない」。それはなぜか？　セマイ族やウトゥクやフォア族には、怒りの影響力を抑えようとする社会習慣があった。請われれば施し、多くを求めず、笑い、人を殴らない。セマイ族は子どもたちに、恐れを知るよう教える。ウトゥクは朗らかでいるよう教え、フォア族は子どもたちをいらだたせないようにする。いずれも全体的に見れば平和な社会だ。だがそれでも、怒りを表す言葉をもち、ときには人がかっとなることも知っており、怒っていなくても暴力をふるうこともある。人類学的な「平和の王国」（もちろん、まったく王国ではない!!）から得られた「教訓」は、共同体に信頼と分け合いの習慣があれば、ブッダの「怒りを捨てよ」やセネカの「怒りを避けよ」は全体として実現可能だということだ。したがって、西洋以外の社会だけが怒りの支配を退けられることに、納得のいく理由は存在しない。スターンズ夫妻によるエモーショノロジーの先駆的著作ではこう結論づけている。「怒りを抑制するという目標は［……］アメリカ人の理想像の重要な一部をなしている」[13]。

＊

だが、怒りを捨てたからといって暴力がやむわけではない。この点はおそらく、いろいろな平和の王国よりも実際のディストピアを見るとはっきりわかるだろう。一九四四年にナチスの強制収容所、アウシュヴィッツに送られたイタリアの化学者、プリモ・レーヴィを考えてみよう。現在、さまざまな学問での総意として、怒りは抑圧や脅威や屈辱、不公平感、そして「目標の閉塞」をきっかけに生じるとされている[14]。だがアウシュヴィッツではこうしたきっかけがすべてそろっていた――それ以上にひどかった――のに、捕虜が怒りを示すことはごくまれだった。少なくとも、レーヴィが書いた体験記ではそうだった。もちろん彼は、ユダヤ系イタリア人の知識階級という、自分が属する感情の共同体がもたらすレンズを通してアウシュヴィッツを理解していた。そうした意味では、レーヴィのアウシュヴィッツは彼の個人的な「見解」である。だがこの種の異論はすべての経験記述に言えることだ。この事実を踏まえながら、ともかくレーヴィの伝えたことを使って、アウシュヴィッツでの怒り、情動、暴力の状況を探ってみよう。

セマイ族やウトゥクでは共同体という言葉を使えたが、アウシュヴィッツではその言葉を使うことはできない。そこに住むものはつねに移り変わり、外部の者が住居や作業パターンを決定していた。それでもセマイ族やウトゥクのように、アウシュヴィッツの人々も、ほとんど怒りを感じたり表したりしていなかった。この希望のない地獄——捕虜が初めから言語によってへだてられ、毎日誰かが死に、誰かが新しくやってくる場所、そして四十近くの独立した収容所に、さまざまに扱いの異なる（ユダヤ人男性はある宿舎に、政治犯はまた別の宿舎に、女性は近くのビルケナウに）グループを収容する場所、想像を絶する欠乏と困窮の場所——では、人を人たらしめている根幹が失われた。人は無気力で苦しんでいた。「ここではあらゆることが無意味だ。いたるところにある空腹と寒さと雨は別として」[15]。

　これで、セマイ族やウトゥクのなかにあったような怒りを排除するシステムがまったくなかったのに、アウシュヴィッツではめったに怒りが燃えあがることがなかった説明がつくかもしれない。要求がつねに満たされない世界を考えるとよい。捕虜たちは皆、パンのかけら、スプーン、お椀、厚手のシャツや木靴などを油断なくため込んでいた。盗みが横行し、隣にいる者にも用心しなければならなかった。分け合うこともあったが、友だち同士（多くは同郷の仲間）の間だけで、それ以外は、レーヴィも他の者と同様、他人が食べ物や暖を求めて泣き叫んでも気に留めようとしなかった——いや、できなかった。戦争が終わり、ドイツ軍が収容所から出て行って台所に残されていた食べ物がなくなると、レーヴィと診療所にいた（当時、彼は猩紅熱にかかっていた）数人は、ナチ親衛隊《SS》の居住区をあさって何とか物資を手にいれた。隣の部屋で赤痢の患者が、食べ物をくれと大声で叫んでいたので、レーヴィは一度、スープを少し運んだが、その後も請われ続けた。「彼らには何の救いにもならなかった。涙が出そうで、悪態までつくところだった」[16]。ここに、怒りのかすかな兆候――自分が思い描く寛大さを持てないこと、そして自分にその事実を思い知らせたことに対する怒りの兆候――が見られる。

平等主義の社会とは全く異なり、アウシュヴィッツは階層に支えられてうまく回っていた。頂点がSS、看守が二番手であり、次にいろいろな特権を与えられた捕虜が、他の捕虜たちに対してそれを行使していた。「まわりはすべて敵か競争相手だった」[17]。レーヴィはまだ収容所に来たばかりの頃、列車から倉庫まで重い積み荷を運ぶ仕事に就かされた。捕虜のうち二人は他の者たちに積み荷を渡す割の良い仕事をしていて、その特典を守るために猛烈な勢いで働いた。「これには怒りでいっぱいになった。特権を持つ者が持たざる者を迫害するのが物事の道理だというのはすでにわかってはいたが」[18]。ここでもまた怒りが見られる――捕虜は仲間の捕虜の側に着くべきで、敵側ではないはず。だが注目すべきなのは、めったにないこのような怒りが起こったのも、レーヴィが抑留された初期の頃のみだったことだ。

権力を手にした者も、怒りを感じたり表したりすることはあまりなかったようだ。「怒りを覚えずに人を殴れるとはどうしてだろう?」。ドイツ人の看守にはじめて殴られたときのことを、レーヴィは自分に(そして読者に)問いかけている[19]。SSの将校が診療所のある宿舎に入ってきて、その晩死ぬことになるのが誰で、助かるのが誰かを決めるとき、将校も死刑宣告された者も何の感情も見せなかった。「このような控えめで落ち着き払った様子で、怒りを見せることもなく、大虐殺は毎日、[診療所の]敷地を通って、誰かれの区別なく次々と訪れた」[20]。カポ――他の捕虜たちを監視するために利用された囚人――が監視下の囚人たちを殴るとき、ある者は「混じりけのない獣性と凶暴さからそうしたが、ある者は優しいと言ってもいいくらいで[……]、やる気のある馬に対して御者がするような感じだった」[21]。

アウシュヴィッツには、いかなる種類の情動もほとんど存在しなかった。捕虜にはいくらかの恐怖はあったが、たいていはまったく無感情で、日々の動作を「ぼんやりと麻痺した」状態でこなしているだけだった。[22] 笑いは、平和な社会では怒りをやわらげ、これに立ち向かうことが人類学者によってわかっているが、ここではあり得なかった。感覚の欠如——あるいは少なくとも、感覚を意識して表すことができないか、それをしたくないという状態——そのものは、ひとつの情動的側面である。これは、強制収容所のまた別の恐ろしい側面だったと思われる。

それでも、つねにアウシュヴィッツのあらゆる場所で、あらゆる人が感じ、表していた情動が一つある。憎しみだ。あまりに日常的で普通になり、鈍くなっていたが。捕虜たちは施設の真ん中に塔を建てた。「その煉瓦は［……］バベルの塔のように憎しみと反目で固められ［……］」、わたしたちは支配者の壮大な狂った夢、神と人間、わたしたち人間に対する侮辱のあかしとしてこれを憎んだ[23]」。そして支配者の間にも憎しみはあった。あらゆる憎悪のなかで最も激しく憎まれていたのは「有力ユダヤ人」だ。このユダヤ人たちは他のユダヤ人に対して権力をふるえる立場にあり、「反社会的で鈍感な怪物」であり、その「憎しみの器は、迫害者に向けてはいっぱいになることがないまま、不当にも弾圧されている側に向けてまき散らされた[24]」。ドイツ人についてはどうだろう。初めは彼らは本質的に憎しみを持っていなかったようだが、心のなかで「自分の前にいるこいつ［この場合はレーヴィ自身］」は明らかに、締めつけてやる権利がある種族に属している」と思っていたのだろう。ちょうどそれは、わたしたちの多くが、特に恨みがなくてもゴキブリを叩き潰すのと同じ理屈だ。[25] だが戦争が終わりに近づくにつれ、レーヴィは気づいた。「ドイツの民間人は、支配という長い夢から覚め、自国の崩壊を目にしてもそれを理解できない守られた人間の激情をもって怒りを覚えた」。彼らはこれまで、絶対的な力という幻のなかに住み、自分たちの新たな恥ずべき状況を把握することができなかった。総じてドイツ人は「危機に際して血と土の結びつきを感じていた。この新たな事実によって、憎しみと無理解のもつれはほどけ、平易な意味を持つようになった」[26]。

レーヴィの書くアウシュヴィッツと、ヴァルラーム・シャラーモフ（一九八二年没）が創作を加えて『コルイマ物語』[27]のなかで綴ったグーラーグ収容所とを比べてみるのも興味深い。ここでもまた、ひとりの男の体験と見解を扱うことになるが、この場合は社会的な出自と政治的信条の両方によって、共産主義者から追われた聖職者の息子の話である。一九三七年、シャラーモフはスターリンの強制労働収容所のなかでも最大規模で最も過酷なコルイマへ送られる判決を言い渡された。短い中断をはさんで再び収容所送りになり、結局釈放されたのは一九五一年〔スターリン死後の一九五三年との記述もあり〕のことである。金や他の金属を採掘するために北極近くに建てられたコルイマ収容所は、アウシュヴィッツのような絶滅収容所ではなかった。だが、何十万人（おそらくそれよりも多く）もの囚人が、栄養失調や寒さや疫病、容赦ない過酷な労働のせいで、そこで死んだ。

一九六一年に書かれた「ぼくが収容所で見てわかったこと」という断片的な記述で、シャラーモフは「人間が最も長くもち続ける感情は怒りであることがわかった。飢えた人間に十分な肉は怒りだけで、他はすべて人を無気力にする」と語っている。この後に、二つの矛盾する見解が述べられている。「人間は怒りを糧に生きていけることがわかった〔……〕人間は無気力を糧に生きていけることがわかった」。この二つがどのように両立するのかを示す例が、アンドレイエフという名の囚人を描いたシャラーモフの物語にある。彼は無気力だった。金鉱で一八か月もの強制労働に苦しみ、あらゆる恐怖も、あらゆる人生への愛着もなくしていたのだ。怒りのみが残った。「彼の精伸には怒り以外何もなかった」[28]。

しかし、コルイマでは怒りが引き起こした暴力は非常に少ない。確かに、監督官が大声で捕虜の名を呼び、答えないと「怒って捕虜の『状況』を書いた薄い黄色のファイルを樽の上に放り投げ、足でそれを踏み潰した」ことはあった。だが大きな暴力は「好きなように殺せる力への渇望」から生じたものだった。これはトップに立つあらゆる者――「収容所の」長官や、それに仕える監督官、看守と、捕虜監視隊として働く戦闘員部隊」などなど――に与えられる特権だった。だがこうした上官たちは粗野で乱暴者ではあったが、人殺しはしなかった。日常的に殺人を犯していたのはチンピラだった。これはアウシュヴィッツの「有力ユダヤ人」のコルイマ版だった。女性用の収容所のひとつで、医師のシセルは「看護婦で服役囚だったクローシュカに斧でめった切りにされて殺された」。男性用のある収容所では、ガルクノフという不運な囚人が、大事にしていた毛編みのセーターを手放さなかったという理由で、チンピラに刺し殺された。シャラーモフはこう締めくくっている。「収容所でこそ泥が犯した悪事は数えきれないほどだった」[29]。

無関心、すなわちすべての感情をなくすことは、もはや常態だった。人はまったく何も感じず、無気力で「気持ちが沈み」「同情のかけらもない冷たい」感覚に陥った。そう、冷たさがあらゆるところにはびこっていた。薄い上着とゴム靴（靴下はなし）だけで、一日中戸外で働くことを強いられた囚人たちの爪先は「死んだように固く」なり、夜の間に「髪が枕に凍りついた」。容赦ない極北の冬は、彼らの脳細胞を「枯らし」、精神そのものも「しなびさせてしまった」とシャラーモフは書いている。もはや食べ物の味もわからなくなっていた。食事は単に、温められた胃袋（ただし、けっして満たされることはない）によって、いっとき現実を忘れさせてくれるものでしかなくなった。現実は「起床らっぱから『作業やめ』の号令までを分で、時間で、日で刻んだものだった」。ドゥガエフという囚人が割り当ての仕事を終わらせることができず、殺されるため引かれていくとき、彼が考えたのは「一日中働いて時間を無駄にした」という後悔だけだった。[30]

友情などありえなかった。「飢えと寒さと睡眠不足の人々の間で生まれる」はずもない。収容所にいる人々すべてに共通していたのは「不信と怒りと嘘」だけだった。互いに盗みあうのは「北部では大いなる美徳」とされていた。家から物資を持ってくれば、同じ宿舎にいる者に殴り倒され、一切合財持っていかれる。気の毒なその男が気がつくと、みんなが「意地悪い喜びの」表情で彼を見るのだ。[31]

無関心と残酷さの合間には多少の親切があったことも確かだ。ある大工は、大工仕事ではしろうとの二人の男に、自分が手作りした斧の持ち手を、自分たちで作ったものだというふりをしろと言った。そうすれば二人が数日間は工場の火で暖まれるだろうから。囚人たちはたばこを分け合い、少なくとも吸い殻を分け合った。医者は患者に優しい言葉をかけた。言うまでもないが、こうしたことがあたりまえだったわけではなく、「平和の王国」の土台となっていたわけでもない。[32]

アウシュヴィッツでもコルイマでも暴力はたっぷりあり、シャラーモフが怒りもたっぷりあったと報告しているのも確かだ。だがいずれの場所でも、怒りが暴力の原因になることはまれだった。これは重要である。というのも、現代の西洋的な考えでは、怒りと暴力と攻撃性は密接に関連していて、ほぼ

「脊髄反射」のようなものだからだ。この関連づけによって、最近起こったイタリアでのアフリカ系移民に対する攻撃の後、〈ニューヨーク・タイムズ〉紙の見出しに「イタリアのポピュリスト、移民反対派の怒り沸騰で圧力を強める」と載ったことの説明がつく。[33] 移民反対の暴力を怒りのせいにすることは、ほぼ異論のない考え方になっている。移民反対の暴力を恐怖や嫌悪や憎しみのせいに、または純粋性や人種差別的な思想のせいにしないのはなぜか？

まちがいなく、これまでみてきたディストピアでの暴力の多くは、怒り以外の原因から発生している。そこにはまず、階級の不平等という事実があった。「最上位の」人々は、それが男らしさの意識や優越感、思想のいずれに基づくものであっても、多くの暴力を命じる（少なくとも彼らの文化のなかで）権利を持つ立場にいた。アウシュヴィッツではこれに加えて、ユダヤ人への憎悪があった。これは文化のなかで何年も仮眠状態で存在していたのだが、感情の共同体が力を持ったことで突然目を覚ましたのだ。これと似たような現象がこんにちの米国で見られ、ドナルド・トランプとその支持者が、一部のアメリカ人による感情の共同体では長くはびこっていた黒人差別と移民排斥の感情《センティメント》をかき立てている。

怒りも暴力も、多くの人を魅了する。平和もそうだ。だが、こうした要素のつながりはあやふやなままだ。こうした言葉の定義は移り変わって矛盾をはらみ、さまざまに異なる感情の共同体がさまざまな形でこれらを結びつけている。天上の平和の風景にも聖ペテロの怒りと暴力が含まれている一方で、アウシュヴィッツやコルィマのようなこの世の地獄は、どこから見ても暴力的ではあるにもかかわらず、怒りがその原因となることはまれだ。平和は怒りの対極にあるのではなく、暴力は必ずしも怒りの所産とは限らない。だとすれば、なぜこれほど頻繁に、怒りは暴力と結びつけられるのか？　それはおそらく、怒りが理性を超えた力であり、いったん解き放たれれば制御できず破壊的になると一般に思われているからだろう。怒りのジェスチャーや姿勢や言葉の裏には、傷つけてやるという脅しが潜んでいるのである。

5　怒りの言葉

暴力のひとつの形として言葉によるものがあるが、ここにも怒りが絡んでいることが多い。言葉は影響力を持ち、ときには人を傷つける。哲学者ジョン・L・オースティンは、単に事実を述べるだけでなく、何らかの変化を起こす言葉をあらわすのに「行為遂行的《パフォーマティヴ》」という術語をつくった。「ここにこの男性と女性を（性別を問わない今の言葉で言えば恋人どうしを）夫婦と宣言する」と、しかるべき立場の人がしかるべき場面で言えば、これは二人の人間を新しいもの、すなわち結婚したカップルに変える言葉である。

情動語は行為遂行的であり、怒りの場合もこれは当てはまる。「わたしは怒っている」と口に出して言うとき、あるいは怒った口調で話すとき、わたしたちは劇中でのように怒りを「演じて」いるのだ。それに、やはり劇中と同じく、その場面に登場する他の人物もこれに反応する。自分たちも怒ったり、謝罪したり傷ついたり戸惑ったりという変化が起きるのだ。さらに――そしてこれはおそらく情動語にだけ言えることだろうが――怒りの言葉を発すると、発話した側も変わる。二人の人間の結婚を宣言する司祭者が、その言葉によって変化することはない。だが、ウィリアム・M・レディは、感情語はつねにその対象となった人とそれを口にした人の両方を変化させると述べている。彼は情動の表出を「エモーティブ」と呼んで、異なる二つの方向に働くその影響を強調した。それは相手だけではなく、その表現を使った当人にも作用するというのである。[1]おそらく「わたしは怒っている」と口に出すか、それを何らかの形で行動に移すことで、わたしたちの感情は強化される。おそらくそのことをもっと考えるようになり、おそらくもともとの感情が変化したり強められたりするのだろう。

怒りの言葉は特に有害だ。聖書にはこうある。「柔らかな舌は骨を砕く」（伝道の書二八節一七章、詩篇五七節四章）。古代エジプトで廷臣や他の実務家たちに向けて書かれた助言の書には、怒りの言葉がもたらす害について注意するようにと書かれている。「口汚い人間と口論してはならない［……］口に出す前にもう一度考え」、「怒っている人」の言葉に注意せよ、すなわち「頭に血が上っている人」に気をつけよ、と忠告している古代ローマで、キケロが弟に口をつぐめと命じていたことについてはすでに述べたとおりだ。[2]

昨今、多くの評論家が、わたしたちの住む世界には怒りの言葉が異常なくらいあふれていると語っている。「ドナルド・トランプがアメリカで鳴り渡らせている声は、中身のないばかげた虚勢が誇大妄想的な怒りに転じるさまを表している」〈ニューヨーカー〉の論説員はそう述べている。[3]この点で、インターネットの時代が特異なのか確かめるのは困難だ。言葉の使われ方を時系列的にグラフにするグーグルのNグラムビューアは、一九七〇年から書物のなかで「怒り」とか「怒った」という言葉の使用が増えたことを示した。だが、一九九五年からは下降傾向にあることを考えると、この二つの言葉は今、特別なものではなくなりつつあるのではないか。いずれにせよこのような傾向を見ることは、怒りの言葉を評価するのにそれほど適しているとは言えない。怒りの発生は多くの場合、罵りやジェスチャー、非難、腹を立てた口調などに表れるからである。
古代ローマの規律と慣習を見ると、過去に怒りへの態度をどのように判定していたか、その一部がわかる。ローマの法体制は私的な告発に拠っており、公式な訴追者が裁判を起こすわけではなかった。だがある人が怒りに駆られて告発を行った場合、その人は名誉棄損、すなわち怒って相手の評判を傷つけたことで有罪とされるだろうか？ このような場合、告発者は罰せられるべきだろうか？ ユスティニアヌスのローマ法大全のなかの『学説彙纂』（五三三年発行）では、これを否定している。それは「抑えきれない怒りは誹謗［つまり名誉棄損］の罪には当たらず」、したがって「許されるべき」だからだ。[4] ところが『テオドシウス法典』（四三八年発行）には、その頃ローマで広まっていた、告発者が口頭で告発する権利を無効にする法が載っている。これは、法解釈者の説明によれば、言葉での告発は怒りによって行われることが多く、これを認めることはできないからだという。であるから、今後は「告発者は、自分が怒って言ったことの内容を書面で証明すべき」である。さらに良いのは、と法学者たちは続けている。告発者が「我に返り」、そもそも立件を取り下げてしまうことだと。[5] 明らかに、こうした法学者たちは怒りを信用ならないものととらえ、怒った人間は自分の言ったことのすべてに責任を持つことがないと考える感情の共同体に属していた。この同じ共同体から出た意見が、ある男が「怒りに燃えて」妻を離婚した場合、その離婚は無効だというものである。[6]
だが同時に、裁判官の怒りは妥当で正当だと述べる法解釈者もいる。これはまさに彼（古代ローマに女性の裁判官はいなかった）の権限に付随するものなのだ。たとえば、告発者が法廷での「不正直な言葉やことの性質」によって裁判官のなかに引き起こした怒りはまったく正当なものだった。[7] 実際、悪意を持った告発者は、「無実の人間を誤った罪で告発して皇帝の怒りを」適切にかき立てたと判断された場合、ただちに罰せられた。[8]

つまり、悪意のある怒りの言葉は当然のように裁判官たちを激怒させたが、一方で告発者はそれで権利を剥奪された。そしてまた——逆説的ではあるが——告発者を免責することもあった。ローマにはほぼ時を同じくして、怒りに対して二つの矛盾する考え方が共存していたようだ。一つは怒りが判断を促すという考え方、もう一つはこれを一時的な狂気と見る考え方だ。

中世になると、これに三つ目の考え方が加わる。ある影響力の大きな思想家グループは、怒りは狂気の一形態でも裁判官に付随するものでもなく罪であり、そのため徹底的に咎めるべきだと考えた。今残っている資料からは、全員が聖職者だったこの思想家グループが主にこうした考えのもち主だったことがうかがえる。だが、彼らが頻繁に非難していたところをみれば、一般の人々の間にも罵りや呪詛や侮辱などが日常的にあったようだ。

こうしたことから、「罪の扱い」に特化した一四世紀の指南書で、英国の聖職者ロバート・マニングは、ある詩を使って親たちに、ささいな過ちで子供を罵らないように、恐ろしい結果を招くので気をつけるようにと諭している。考えてみなさい、と彼は言う。子供を罵る母親がいた。自分が湯あみをしている間、服を見張っていろと娘に言いつけ、服を着ようとしたが、娘が呼んでもすぐに来なかったといって母親はかっとなった。マニングの警句はこうだ。「湯船につかる母親は／激しい怒りの香油を身にまとう」。そして哀れな子供を激しくののしってこう言う。「おまえのもとへ悪魔が来るよ／私の言いつけを守らないから」。悪魔はこれを聞きつけてすぐに子供にとりつき、どうしても追い払うことはできなかった。[9]

マニングが下敷きにしたのは、そのときまだ一世紀ほどの歴史しか持たなかった考え方だ。一三世紀の神学者ウィリアム・ペラルドゥスは新たな罪の類型を生み出した。言葉の罪である。彼は二四の罪について詳しく図解し、罵り言葉もその一つだ。他の悪徳のすべてを退けた人でさえも、言葉の罪の犠牲になってしまうと、ペラルドゥスは言う。それはまるで、舌が独立して特別な意思を持った生き物であるかのようだ。もちろん、口は体への入口と出口の役目を果たし、健康的な（または毒になる）食べ物を入れ、よい（または毒のある）言葉を吐き出す（舌を使って）器官だ。舌の正しい使い方は「祈り、神を讃え、キリストの血と肉を受け、神聖な言葉を差し出す」ことである。だが、ときにその義務を怠ることもある。冒涜――神を侮辱するために発せられる言葉――は最初に出てくる、そして最も重い言葉の罪だ。冒涜の顕著な例は、「怒った人間が神に仕返しをたくらみ、呼んではいけない神の体の一部を口にすること」だった。[10]ペラルドゥスは神の四肢による――「神の腕による」とか「神の足による」――罵り言葉や呪詛の言葉について触れている。続く数世紀の間に、こうした冒涜のせいでキリストに課された刑罰の物語や絵画は何倍にもなった。キリストの足を使った呪詛の言葉は、それを切断すると言われていたからだ！　こうした罵りには、それに見合うだけのひどい罰が与えられることが望まれた。中世後期のある詩がうたっているように「神の体により、わたしは怒りのあまり呪いの言葉を吐く／そして業火に焼かれる」。地獄は冒涜を待ち構えていた。[11]

侮辱と口論も、怒りに由来する罪である。ここでペラルドゥスは特に女性に注目し、そのいつ果てるとも知れない無駄口を糾弾した。彼女たちは箴言十九節十三章にあるイメージどおり「雨漏りのする屋根から滴り続ける雨のしずく」のように、いつまでもしゃべり続ける。そんな妻を持った気の毒な夫は「けっして気が休まらない」。貧しい暮らしの方がまだましだ。ペラルドゥスのこのイメージは、のちの新ストア学派が描く口うるさい女房どもの背景だった。

ペラルドゥスの著作は非常に人気を博し、ヨーロッパ中に言葉の罪にかんする道徳的指南書の山ができた。ネーデルラントでは、ある著書にはこうした罪が十も、また別の書物には一四も載せられていた。怒りはあらゆる言葉の罪の原因というわけではないが、つねに罵りや呪詛、忿怒、口論のもととされた（怒りの鋭い舌とその醜い所産については、図5参照）。こうした考えは、教会の教義問答や教会員へのパストラル・ケア（宗教的心理療法）にも取り入れられた。言葉の罪は説教師に糾弾され、聴解師が対応する主題のなかでも非常に大きい割合を占めていた（一二一五年の第四回ラテラン公会議以降、敬虔な信者は年に一度は必ず罪を告白しなければならなかった）。ヨーロッパの大部分で読み書きがめざましく発展するにつれ、境界にかんする書物がその土地の言葉で編まれ、一般家庭や宗教団体にとって格好の読み物となった。間もなく口承で、あるいは一般に広まった演劇や彫刻、ステンドグラス、壁画、その他の媒体を通じて、読み書きのできない人々でも言葉の罪を知るようになった。この考えは引き続き一七世紀まで広く受け入れられていった。

＊

侮辱と呪詛、口論は罪深く、人民の平和に害をなすと判断した教会と国家は、双方ともこうした慣習

図５　ピーテル・ブリューゲル（父）『七つの原罪　激怒』（アントワープ、1557 年）。獰猛な動物たち、喧嘩する人々、暴力的な悪霊たちでひしめく風景を怒りが支配している。女の口にナイフがくわえられているのは辛辣な毒舌の罪をあらわしている。女性の下に描かれた重装備の人物たちは大きなナイフを引き、人体をなで切りにしている。

を禁じたり矯正したりする権利があると主張した。イギリスでは口汚い言葉を禁じる法令が制定された。地方の法廷――俗世のものでも宗教的なものでも――には、自分たちの評判が損なわれたと訴える原告によって名誉棄損の裁判が開かれた。名誉ほど大切なものはない、それにはほぼすべての人間に異存がなかったため、名誉棄損は争いや法的措置の主な原因となった。

だが裁判で認められるためには、原告は名誉棄損を告発されている者に悪意があったことを示さなければならない。だから、ジョン・グリンノードにのらくら者の寄生虫と呼ばれたジョン・トップクリフは、一三八一年にヨークの教会裁判所に訴訟を起こしたのだ。トップクリフはグリンノードが

「皆の前で繰りかえし、不正確でよこしまで、悪意に満ちた言葉を」使ったと主張した。[12] よこしまというのは証明しにくいので、法廷は二つの基本的な戦術を頼みにした。証人を呼んで意図に関して証言させ、そして「中傷」が本当に事実であるのかどうかを確かめようとしたのだ。

別の例として挙げられるのが、これまたヨークでトーマス・ロビンソンが起こした訴訟だ。トーマスは、ジョン・レイナーが「憎悪のためと自分の利益のために不当に、悪意をこめて意地悪く」多くの人々の面前で自分に向かって「この汚いこそこそした「ずるい」どろぼうめ。おれから盗みを働かなかったとでもいうつもりか」と言ったのだと主張した。法廷は宣誓供述で証人に、トーマスはほんとうにジョンに対して盗みを働いたのか、そしてジョンは怒りの言葉を発したのか尋ねた。二人の証人が、この騒動に居合わせたと証言した。ジョンはたしかに「ひどく憤慨した」表情を浮かべて「攻撃的な言葉」を吐いたと言った。そして、トーマスはジョンを憤慨させるようなことは何もしていないとも。[13] こうした事件は原告（この場合はトーマス）に有利になるように判決が下されただろうが、実際のところはわからない。判決についての記録は残っていないからだ。いずれにしろ、ヨークの裁判官が、怒ってものを言う人間に対する偏見をもって判決を下すことはたしかだったようだ。

この偏見は、ヘンリー八世のもとで、英国国教会が自身の都合でローマ・カトリック教会から分離した頃も変わっていなかった。責任者も違えば神学体系にも若干の違いがあったのに、ヨークの教会裁判所はあいかわらず、名誉棄損があった場合はそこに怒りや悪意がなかったかを探るのだった。だがこの頃になると、ずっと数も多く内容も豊富になった記録を通して、女性が原告の多くを占め、被告とほぼ同数になったことがわかっている。裁判に持ち込まれる他の訴訟では、女性は原告の二十八パーセント、被告の二十四パーセントに過ぎないが、名誉棄損の訴えではそれぞれ五十五パーセントと四十一パーセントなのだ。[14] こうした訴訟では、言葉にも性差がある。「がみがみ屋」――口うるさい、または口汚い言葉を発する人――という言葉は、ほとんどの場合、女性について使われた。

その時代の医学論や道徳論からすると、女性ががみがみ屋であったはずはない。この学派で語られているとおり、女性は男性に比べて不機嫌になることが少ない。英国国教会の神学生だったリチャード・アレストリー（一六八一年没）が書いたように、「女性は自然を味方につけ、気性はもともと冷静で穏やかなうえ、かっとなってその結果癇癪を起こすようなことも少ない」。彼は、女性はもともと体力がなく、「力を有効に使って怒りを表す」ことができないと考えた。だからこそ、神は女性が怒らないように配慮なさったのだ。だが女性だって怒ることはあり、そして怒りを唯一の「女性的な武器」、つまり「怒鳴り散らして」表すこともある。実際には無害だとしても、言葉による怒りは聞いた者をおびえさせる。アレストリーいわく、これを治癒するには、女性は自分の舌をきっちりと抑え、「誤った心の状態」や頭に浮かんだことを何でも口にしてしまう傾向を認識しなければならず、この二つはどちらも、妬みや癇癪や復讐心によって起こる。[15] それでも、第三章で述べたように、十七世紀の医師ヘルキア・クルックにはまた別の考えがあり、女性の怒りは格別に強力だと言っている。この件にかんする医学的な見方が分かれていたのだと考えれば納得がいくが、いずれにしても女性の怒りは嘆かわしいものとされていた。アレストリーはさかんに動く女性の舌について、クルックよりも強調して述べただけである。

法廷に持ち込まれた訴訟のなかで有害で人を貶めるものと感じられた言葉は、性的な当てこすり（これは女性を最も傷つける）と、不正直であるとの告発（これは男性の評判を損なう）である。一二二二年に開かれたオックスフォード会議からこのかた、「善良でまじめな男性のなかでまったく悪い評判がない者に、いかなる理由にせよ［……］悪意をもって罪を負わせるような人間は」、破門にすべきである。[16]ヨークでは、怒りは悪意のあかしであることが多く、両者は結びつけて考えられていた。

オックスフォードの規定は、もし名誉棄損で原告が傷つくとすれば、怒りと悪意の非難によって、今度は侮辱した人間の方も傷つくのだということを意味している。破門されたうえに訴訟の費用も支払わねばならないのだから。ときには、名誉を棄損した側は責められ、改悛のための服装で公衆の面前で行進させられて、皆の目の前で恥ずかしい思いをすることもあった。ミサでは誹謗した人の赦しを――誰もが聞こえるよう大声で――請わねばならなかった。

被告の多くが、怒りの言葉を吐いたことを否定するのも不思議ではない。彼らは自分たちの言葉は罪のないもので、敵意など含まれていなかったと主張した。一七〇四年、ジョージ・ロザリントンがロバート・アレンを密通の罪で訴えたとき、彼は悪意ではなく事実（彼の主張によれば）に基づく陳述をしているだけだと述べた。アレンの召使いは子を産み、父親がアレンだと言った。その教区の民生委員として、ロザリントンは庶子の出生について調査しなければならず、アレンを密通者と呼んだのは単に職務上のことである。証人は、ロザリントンはアレンに「非常に丁重に、怒りや情念をいっさい見せず」話していたと証言した。[17]また別の訴訟では、被告が自分の言葉が怒りからでないことを、ジェスチャー入りで言い直してみせたこともある。それでも一七〇〇年代の終わりごろには、英国国教会の法にかんする学究的な書物に、口にした言葉が中傷でなかったとしても、原告が「非難するような言葉だった」ことを証明すれば「原告の勝利とする。そしてその言葉を発したものは、［……］それが悪意かれている。[18]

と怒りの心から発せられたものである［から］という理由で、裁判官の決定に沿って罰せられる」と書かれている。[18]

そうはいっても、裁判ということでは、この時代のイギリスにあった感情の共同体はひとつではなかった。すべての裁判官が、怒りを悩みの種だとか罪深い意図の証拠だとかみなしていたわけではない。逆に、怒りはときに、人間が自分を抑えられないことの弁明となることもあった。王立裁判所は、「かっとなって」犯した殺人は、周到に悪意をもって行われた殺人に比べて罪が軽いと判断した。[19] 似たようなことが、名誉棄損の訴えを聞いた教会裁判所でもあった。たとえば、一五〇七年、チチェスターで、ジョン・フォンタンスが「おまえが泥棒なのは間違いない」と言われたとして、サー・ジョン・クローヴァーを訴えたが、サー・ジョンは「怒りに任せて原告側を泥棒と呼んだだけで、他意はない」と主張した。つまり、怒っていたからジョンを侮辱しただけだというのである。そして、その怒りの理由は、ジョンの方が自分を侮辱したからだという。[20] 二人の男は法廷外で和解した。しかし、自然発生的な怒りは侮辱の十分な言い訳だとサー・ジョンが考えていたのは間違いない。イギリスへ行けばわかるが、チチェスターはヨークから南にずっと離れたところにある。こうした地域的な違いもあったうえに裁判制度も異なっていたので、怒りのとらえ方やその評価、それに表現のしかたにも影響があったのだ。また、地域によって、また裁判官によっては、怒りの種類のうち三分の一は、弁明できるだけでなく正しく適切なものだと認めていた。これは、一四四二年のヘレフォードの例で見ることができる。大ミサの際、信心深い会衆が出席している中で、被告は教会の祭壇で公に赦しを請わねばならず、「罪深い熱情や怒りではなく、悪い意図をもって［中傷する］言葉を口にした」ことを告白しなければならなかった。

罪深い怒りからであれば、彼の罪は軽くなったかもしれないのに。
　これと同じような対応は、ドイツ語圏の国でも見られた。こうした国々では、侮辱の言葉を吐いたとして法廷に引き出された人々はよく、酔っていたか「怒りに任せた」末の言葉だと主張して自らを弁護した。アウクスブルクでは、侮辱が「度を越えた飲酒や突然の怒りや、その他意図せぬ理由」によって浴びせられた場合、処罰は撤回された。こうした事件では、怒りはコントロール不能な狂気とみなされたのだった。だが、他の土地では、これに反対する為政者もいた。彼らの見解では、怒りは自由意志で食い止められるものなのだから、何の言い訳にもならない。フライブルク・イム・ブライスガウでは、侮辱に対する罰則を特に念頭に置いて、市民法典はこのように結んでいる。「すべての人は慎重に言葉を選び、怒りを抑えるすべを知る」[21]。だが、さらに怒りが正しいとされる別の例もある——たとえば、ある人間やその家族の名誉を守るための怒りである。ある市民規則には「報復の権利」さえ謳われている。歴史学者のアリソン・クリースマンは、このような制度は中世イタリア〔法典の〕の注釈者たちの理論にまでさかのぼると言っている。彼らの理屈では、人は自らを攻撃から守る権利があるのと同様、自らの名誉を傷つけられた場合に言葉で報復するのが当然なのである。

*

　近世の市民法は、現在のそれと大きく隔たっているように思える。しかし、当時の法の一部は、今でも通用するのではないだろうか。不用意な発言やインターネット上の辱め、日々の言葉のなかに転がっている罵り言葉、映画やテレビのなかでますます多く使われている冒涜的な言葉などは、わたしたちの時代に特異なもののように感じがちだ。だがクリースマンが指摘しているように、近世のドイツ国民は、まさにその時代にも、今と同じようなことを考えていたのだ。人々は急激に増えた人口に住居が追いつかず、混みあった町にひしめき合って暮らしていた。そのような状態にあって、都会で生活する人々は侮辱や「不用意な会話」や「下品な歌」などによってみんなの平和や和睦が乱されることに、ことのほか敏感だった。[22]現代では、都市の宅地化は、過密よりもむしろ共同体意識という点で、一部の人にとっては大きな脅威かもしれないが、電子的により広い世界の空想につながっているわたしたちの家庭は多くの点で、噂や「フェイクニュース」や中傷などにさらされる混みあった公共広場に近い。

前の時代に形づくられ、強められた傾向は、――もちろん変わっていないのではなく、むしろさまざまな場面でさまざまな感情を引き起こすものとして、今もわたしたちのなかに残っている。今、怒りを罪深いものとして語るものはほとんどいないだろうが、怒りの言葉を深刻な社会問題、対人間の問題であり、社会にいきわたった礼儀や友情という繊細な布をぼろぼろにしてしまうと考える人は多い。たいていの名誉棄損の訴えから怒りと悪意がなくなっていても（悪意は残っているが、有名人が起こした訴えの場合のみだ）、この二つが結びつけられることが多いので、たとえば〈ニューヨーク・タイムズ〉紙はトランプの侮辱的で自分を大きく見せるためのツイートを〝怒りの angry〟と呼ぶのである。「ロシア疑惑にかんするトランプの恩赦から怒りへの進展」は、二〇一八年二月十七日と十八日のトランプのツイートを描写した見出しで、記者たちはこれを「トランプの基準に照らせば並外れて怒ったけんか腰のツイッターによる二日間の熱弁」とまとめた。[23]侮辱や誹謗の陰に怒りを見る傾向と、怒りに誘発された行為に対する暗黙の非難には、長い歴史的背景があるのだ。

ドナルド・トランプといえども、たいていの場合、〝わたしは怒っている〟とはっきり言うのは避けている。「怒っているangry」の形容詞そのものが品位を傷つけると思っているかのように。「怒れる黒人女性」というのが、現在のアメリカでこの形容詞が屈辱のしるしになっていることを示す一つの例である。この言い回しは、「やかまし屋のおかみさん」についての近世の偏見や、女性は情動的で男性は理性的だとする根強い偏見を思い起こさせる。だが昨今では、特に肌の黒い女性と怒りを結びつけることで、侮辱を上塗りしているのだ。ヴァネッサ・E.ジョーンズは「黒人女性についてのステレオタイプ化は、何世紀もずっとポップカルチャーのなかにあふれていました［……］。でもこのごろ目立つようになってきたのは怒れる黒人女性というステレオタイプです」と書いている。[24]この形容詞を面白いとか、あるいは力強いとか感じる黒人女性もいる一方で、これを腹立たしく感じる者も多いとジョーンズは見ている。心理療法士ウェンディ・アシュリーは、怒れる黒人女性のイメージは、臨床の現場で黒人女性への誤診や間違った治療を招いてしまうと述べている。このレッテル貼りが自尊心に影響を及ぼし、ときにはそれがひどすぎて、女性は「人生のなかで怒りの発露を抑え、その影響を最小限にしようとすることがあるのです。［……］その結果、患者は治療の場で不安を感じたり、無力感や絶望感、自己嫌悪などの感情に見舞われることもあるのです[25]」。そうした女性たちが実際に怒ることもあるが、ジョーンズにとってそうした怒りは、ステレオタイプによって表現される「高飛車」で「口うるさい」ものではなく、社会的に不当な扱いを受けたことでかき立てられる正当な怒りなのだ。黒人女性の気性に対するこうしたレッテル貼りの影響を、心理療法士は心配している。そして別の懸念を示す法学者もいる。

「怒れる黒人女性」という表現が、黒人女性に対する攻撃的な態度を強め、黒人女性は傷つくが、これを「正す手段」を持たない。非難は女性側に降りかかり、女性たちは、いつの間にか「怒れる」という役割を担うことになってしまう。単に信条によって妥協したり引き下がったりすることをよしとしないだけで。白人女性の苦情や抵抗は勇敢だとみなされることもあるのに、黒人女性となると「怒っている。自制が利かない。理性的でない。気難しい。威嚇的だ」と判断されてしまうのだ。働く黒人女性が、声をあげることを恐れている——もっと言えば、話すこと自体を恐れている——のは、同僚が自分たちを「厄介者」とみて、あきれたように天を仰ぐのが怖いからだ。つまり（『アイオワ州法論評』の法学教授二人が述べたところでは）、「自分が隅に追いやられることに抗議する黒人女性は、社会によって『怒れる黒人女性』に変えられてしまう」。しかも抗議しなければしないで、「自分の受けている抑圧に共謀している」ように感じてしまう。黒人女性であること、そしてこうした矛盾と戦うことによるストレスは、現代版の地獄、すなわち情動的な苦悩や抑鬱、不安、悪夢、外傷性ストレス障害、高血圧、糖尿病、癌、心臓発作、脳卒中などにつながる[26]」。

　黒人男性もやはり、「怒れる」という表現から逃れられない。これを、勇気を表す記章とする者もいる[27]。だが他の多くは「怒れる黒人男性のイメージ」と戦うことになるのだ。このレッテルの起源ははるか昔にある。たとえば一七四七年、アメリカ合衆国「建国の父」であるベンジャミン・フランクリンは、フィラデルフィアの人々が（フランクリンが主張するように）武器を取らなければ、イギリス人に攻撃された場合、王の命令に基づく船に降伏するほうが、彼が「黒人やムラートなど、もっとも下等で最も破廉恥な人類」と呼ぶ、怒りを抑制できない人々の私掠船の手に落ちるよりましだと述べている。しかし現在では、こうしたステレオタイプ化は「中流階級で教育を受けたアフリカ系アメリカ人男性が、経済的・社会的な成功にもかかわらず、あちこち［の職場］で差別を受け、その結果、つねに怒りを覚える」場合にあてはまる。[28] こうしたステレオタイプ化に抵抗するには、社会学者のアーリー・ホックシールドが「感情労働《エモーショナル・レイバー》」と名づけた労働が求められる。この場合は、怒りを覚えるかもしれない状況に備えた動じない姿勢に含まれる労働のことである。[29]

じつは今、働く人のほとんどは、どんな人種であっても仕事中に怒りを見せないよう強いられている。感情労働という概念のもととなっているのは、仕事に就く人の多くは、朗らかさ（航空会社のスチュワーデスのように、と彼女はその訓練を研究して例に挙げている）であれ、怒り（やはり彼女が研究した借金取立人のように）であれ、何らかの情動を表す必要があるというホックシールドの見解である。デルタ航空のスチュワーデス研修センターで、女性は飛行時の安全とサービスについて教育を受ける。最初の授業では、ほほえみを浮かべるように――つねに、そして心からの感情をこめて――と指導される。補修コースでは、怒りの問題とその有害な影響に直面させられる。講師に説明されたとおり、怒っているときは心臓の鼓動が速まり、呼吸は浅くなり、アドレナリンが急増する。怒りは体によくないのだ。では「ご立腹」――慢性的に感じの悪い乗客のことをいう航空会社特有の言葉――の人をどう扱えばいいのだろうか？　デルタの指導者は女性たちに、客たちが持つ肩書を考え直すようにと教えた。酔っている？　では子どもだと思うように。罵声を浴びせてくる？　ではトラウマの犠牲者なのでしょう。記述子――単語――を変えれば、スチュワーデスの対応も怒りから、たとえば同情へと変わることになるだろう。

これまで見てきたように、怒りが非難されるとき、〝誰かが怒っている〟と言えば、それは侮辱になる。だが怒りという言葉はときに、「万能」な言葉として、より細やかな感情——悲しみ、傷心、驚き、プライド——の代用として簡単に使われる。航空学校の講師はこれを見抜いていた。社会全体として「感情」——自分自身の感情も他人の感情も——に対する関心は高まる一方なのに、情動にかんする語彙はどんどん貧弱になっているのがよくわかる。アメリカ人はかつて、怒りを表すたくさんの言葉を使っていた。激情、忿怒、憤慨、激怒、復讐心、不機嫌などなど。それぞれほんのわずかずつ違ったニュアンスをもち、そのために、たとえば一七五八年には互いに言い争う人々を「穏やかに会話にいそしんでいる」と表現することもできた。[30] それが今では、経験するさまざまな怒りの形態がどれほど異なっていようとも、ひとつの言葉に集約してしまう傾向がある。「彼は怒っている。私は怒っている！」。

リサ・フェルドマン・バレットが指摘するように、情動に名前をつけること——記述子としてでも判断としてでも——は、自分自身の感情を理解する方法としてきわめて重要だ。こうした言葉は非常に多岐にわたる感覚を組み立て、結び合わせるからである。わたしが母から学んだのは、人形を叩いていたときに覚えた楽しさと義憤は羞恥心と結びつき、そのすべてが怒りという言葉に内包されるということだった。こうした言葉の理解はわたしのものであり、必ずしもあなたの理解と同じではないかもしれない。それに時間がたつにつれて、わたしの最初の子供っぽい怒りという感覚は他の感情と融合し、その一方で別の感情が分裂し、激怒とか辛辣さとか冷酷さといった言葉に内包されてきた。情動語は大切だ。感情の一連の流れを呼び起こし、他人の反応を予測し、わたしたちの共同体の内外で何度も共鳴しあうなかで、新たな意味を帯びてくる言葉なのだから。

第二部　悪徳として、そして（ときには）美徳としての怒り

6 アリストテレスとその後継者たち

第一部で見てきた怒りは、総じて避けるべき、できることならまったくもつべきではない感情だった。しかしそれとは反対の長い歴史もある。すなわち、何らかの怒りを悪徳と見なす一方で、その他の怒りは美徳であるという考え方だ。アリストテレスはこの伝統の重要な先駆者だった。

アリストテレス曰く、怒りは評価、つまり思いなしによって生まれる。我々は、自分が軽んじられたと思ったときに怒りが湧く。その侮辱は一種の痛みとして認知され、我々を怒らせる。痛みをもたらした相手に立ち向かうなど、何か行動を起こさずにはいられない。復讐のよろこび——あるいはそれを夢想すること——で、軽んじられたという痛みは軽減する。これは完璧に普通の反応だとアリストテレスは言う。そしてたいていの場合、復讐はまったく正当な、それどころか気高いおこないであると。けっして怒らないのは愚者であり、またつねに怒っているのは短気な者や身勝手な者だ。怒りに至る経緯はさまざまだが、重要なのは、正しいときに、正しいことにかんして、正しい相手に、正しい目的で、正しいやり方で怒る、ということだ。[1]

しかし「正しいとき」とはいつだろう。それは社会の変化とともに変わるのではないか？　確かに、状況はいつでも少しずつ異なる、とアリストテレスなら答えるはずだ。しかし大まかな原則は変わらない。ある目的を追求しているときに、誰かに邪魔されたら――現代の我々の目的と、アリストテレスが生きていた紀元前四世紀の人々の目的が異なっていたとしても――その人間に腹を立てるだろう。我々は誰かに自分の野心を軽んじられれば怒るし、自分を支援してくれない友人にはとくに怒りを覚える。相手に馬鹿にされるとかならず腹が立ち、その相手が自分より劣っている場合には怒り心頭に発する。自分と同じ立場の人間とくらべて、自分だけが正当な扱いを受けていない、不当に扱われていると思うときにもかならず怒りを感じる。詳細は変わっても、地位、不平等、といった怒りを生みだす状況は同じだ。よってアリストテレスが若い頃にアテネで過ごしたという事実はあまり関係ない。当時のアテネでは、男性が自分の名誉を一対一で主張することは非常に重要だった。これは男性だけに限られた話で、女性はアリストテレスの理論のそとに置かれた。というのも、女性の判断と情動は、正しく機能しないと考えられていたからだ。これについては後で述べる。

まず、ここでふたたび私の家族について述べたい。両親はアリストテレス主義者の自覚はなかったが、知らぬ間に実践していた。ふたりの考えでは、人形は怒りの正しい対象ではなかった。しかし父が、上司からの理不尽な扱いに、怒りで顔を真っ赤にして帰ってくるのは完璧に正しく適切なことだった。父は当時ソーシャルワーカーで、その業界は、今でもそうだが、女性が仕切っていた。給料は少なく、同じ部署の女性たちが自分よりも早く昇進していく。そして父の上司は女性だった。それが父の心の傷に塩を塗ったであろうことはさておき、父がどう過小評価されていたのかを考えてみよう。父は上司が、能力で劣る他の職員よりも自分を冷遇していると感じていた。そこで父は母に、この状況から逃げるにはどうすべきか、と話すことで、痛みのなかによろこびを見いだしていた。この最後の努力は、アリストテレスのモデルに反していたのだろうか？　アリストテレスによれば、怒っている人間は、自分を侮辱した相手を傷つけたいと思い、避けようとしたり（逆の極端で）消し去ろうしたりすることはない。「人は復讐できない相手には腹を立てない」[2]、とアリストテレスは断言した。しかしわたしは、父がこの言葉に反していたとは思わない。もし父が仕事を辞めたら、上司の女性はその理由を知るだろう。そして代わりの人物を探し、面接し、雇用するという、あまり気の進まないこともしなければならない。それは彼女の安穏とした人生に不愉快なさざ波を立てるだろう、というのが父の現実逃避の妄想の一部だった。

理不尽な扱いを受けたという思いなし、逃げ出してやろうという計画（現実には父はやがて昇格した）、それらはすべてかなり「理性的」に見える。アリストテレスが考えた復讐はまさにそういうものだ。つまり理性的だった。情動は評価によって引き起こされる。ひょっとしたら間違った評価かもしれないが、それでも理性的な評価に違いはない。アリストテレス以前の哲学者は――情動について考えたとすれば――怒りのような感情は、完全に理不尽で、病気のように、呪文や薬によってしか治らないものだと思っていた。アリストテレス以降は、前述のセネカでも見たように、多くの哲学者がストア学派に同調し、情動は誤った判断に引き起こされるもので、全否定されるべきだということになった。これら二つの考え方の中間に、アリストテレスの考え方があり、彼の師であるプラトンもある程度はそうだった。プラトンは理性と情動は矛盾しないと言った。しかし具体的にどう矛盾しないのかは述べていない。アリストテレスはその点を説明している。

そのためにアリストテレスは、心の本質を新しいやり方で理論化した。プラトンにとって、魂（あるいは心）は、理知、気概、欲望の三つで成り立っている。理知が正しく機能していれば、物事の本質を、それとはかけ離れた偽りの上辺と分けて考えることができる。この理屈にプラトンは固執していた。しかしアリストテレスは、違う部分に着目した。彼は人工物、自然物を問わず、この世界全般に興味をもっていた。それらを理解するための理論的な方法を探していた。植物は単純に栄養摂取能力しかもっていない。動物は二つの心をもっていて、それは栄養摂取能力と感覚能力である。人間は三つの心をもっていて、それは栄養摂取能力と感覚能力と思惟能力である。思惟能力には二つの部分があり、片方は理論的、他方は非理論的である。成熟した男性なら、非理論的な部分が理論的な言い分を聞き、従う。そこで理論的な部分が「自分が不当に軽んじられた」と考えると、非理論的な部分が怒りを感じる。これが理論的な部分の評価に影響を与える。このように、二つの部分は互いに働きあっている。

アリストテレスによれば、子どもの理論的思考能力はまだ発達段階なので、正しいときに、正しい対象に向かって、正しく感じるためには、大人が指導しなければならない。

このような感じ方は習慣になる。子どもは成長するに従い、先生に教えられて染みこんだ習慣を、自分自身の理性的な評価の補強にする。（アリストテレスの見方では）男性の劣化版である女性にも、理論的、非理論的な思考はあるものの、彼女らの理性は情動を支配できるほど強くないので、男性の優れた理性に導いてもらう必要がある。

もちろん、理性がいつでも気高く、完璧だというわけではない。怒りは美徳だとしても、悪徳にもなり得る。話をわたしの父に戻すと、その怒りはアリストテレスの理論のすべての基準を満たしていたと言ってもいいだろう。父は正しいとき、つまり自分より劣っている人物のために自分の昇進が先送りされたときに怒った。父は正しいもの、つまり、より高い給料や特権的な地位を求めた。父は正しい相手、つまり上司に怒りを向けた。父は正しいやり方で、つまり上司にどう立ち向かうか考えることによって、怒りを感じた。それでもアリストテレスなら、父の感じていた怒りを、美徳ではないと言うかもしれない。というのも、わたしが覚えている限り、父は「毎晩」同じ愚痴を言いながら、同じように怒りながら家に帰ってきたからだ。アリストテレスによれば、美徳は過多と過少のあいだにある。怒りの美徳を実践している者は、「機嫌が良い」。そして「心を乱されづらい」。なんと彼は、いつも理性にしたがっているわけではない！　むしろ「不足の方向に」逸脱している。つまり厳密に言えば、もっと頻繁に怒ってもいい状況なのに、それほどは怒らない。「穏やかな人物というのは、復讐心に燃えない。往々にして許す[3]」。

アリストテレスは、倫理についての著書のなかでは寛大な人物を書いている。しかし弁論術についての著書では敢えて異なる人物像を書く。そこでは、演説者（古代ギリシアでは法律家を意味する）が、判事と裁判員をいかに怒らせるかを説いている。そのような感情を引き出せば、法律家が弁護側であれ、検察側であれ、被疑者を無罪に、あるいは速やかに有罪にできるかもしれない。アリストテレスは、偏見や同情、怒り、それに近い情動を呼び起こすことは、物事の本質とは何のかかわりもないことをよく知っていた。「怒りや嫉妬、同情によって判断力を鈍らせることは正しくない[4]」のも分かっていた。しかし、蛇の道は蛇、だというのが彼の考えだった。他の法律家が情動に訴えるのなら、アリストテレス側の法律家も同じ手法を理解し、使う必要がある。彼が明言するように、情動とは、「人の判断に影響を及ぼすようなすべての感情[5]」だ。アリストテレスは対になっている十四の情動に名前をつけた。代表的なものに過ぎないが、という前置きつきで、怒りと穏やかさ、愛と憎しみ、恐れと大胆さ、恥と無恥、親切と不親切、憐みと憤り、そして最後に嫉妬と競争心、である。情動を呼び起こすことは、まさに法律家が判事と裁判員の理論的思考を変えるためにやることだ。こうして心の非理論的部分が、理論的部分に影響を与える。

以上の作用は、すべて精神的なもののように思える。怒りとは頭のなかだけで起きるもので、(わたしたちにはそうだと分かっている) 身体的な作用ではないかのように。しかし、アリストテレスは身体の大切な役割も否定していない。確かに怒りの原因、そのきっかけになるできごとは、かならず「相手が自分を理不尽に軽んじた」という認識である。しかしいったん怒りが引き起こされると、それは体全体に影響する。アリストテレスは心と体を分けていない。むしろその逆で、彼にとって、心は体という形をとってあらわれるものだった。すべての生き物には体と心があるので、心が感じるものは、体でも感じる。医師なら怒りを「心臓の周囲の血液、ないし温かい物の沸騰」と表現するだろう。なぜなら医師は怒りを、質料[6]としてとらえているからだ。しかし哲学者は「怒りが心臓のまわりを熱く沸きたたせた」と考える。なぜなら哲学者は、身体的兆候を引き起こした怒りのことを考えているからだ。胸が赤くなる、首筋の血管が膨らむ、こめかみがぴくぴくする、これらは怒りのサインである。アリストテレスは、人々が怒りを、「沸騰する」や「沸き上がる」や「ふつふつと沸く」[7]のように表現するのももっともだと言っている。

怒りはかならず特定の誰かに向けられる。憎しみとは違う。クラス全員に対して怒ることは不可能だが、憎むことはできる、とアリストテレスは言う。たとえば、誰でも泥棒や殺人犯を憎む。憎しみは人種間または宗教間暴力を助長する。怒りをかき立てる痛みは、何かを憎むときの痛みとは異なる。アリストテレスの主張は、プリモ・レーヴィがアウシュヴィッツで体験したことにもよく示されている。収容者たちはみな憎しみをいだいていたが、怒る者はほとんどいなかった。アリストテレスの考えでは、憎しみを抱くとき、我々はその対象の人間、あるいは人間たちが消えてしまえばいいと願う。相手に自分の怒りを思い知らせてやることはどうでもいい。自分の気持ちを相手が知っても知らなくてもかまわない。アリストテレスは憎しみについてはあまり言及していない。彼にとって憎しみは単純すぎる情動で、ある意味、「理性的」過ぎるものだった。それに憎しみには終わりがない。怒りは、相手と対峙したり、相手を許したりすれば収まるものだった。憎しみが消えることはない。

＊

アリストテレスの情動についての考えは、ストア哲学に圧倒され、やがてキリスト教やイスラム教などの一神教が興ると、人と神の本質のとらえ方は一変した。その流れで、十一、十二世紀になるまでは、アリストテレスが重んじられることはなかった。ふたたび発見されてからも、哲学者が最初に興味をもったのは、アリストテレスの情念についての考え方ではなく、理論についての考え方だった。アリストテレスのギリシア語を最初にアラビア語に翻訳したのはイスラム教の神学者だった。そのあと間もなく、イスラム教圏内と境を接するキリスト教国、シチリアやスペインを旅したヨーロッパ人がそれを知り、ラテン語に訳した。

その頃、情動を理論化する必要が生まれた。社会のどの階層の人間も、情動について考え、書き、歌っていたからだ。西洋では、荘園の大地主たちが臣下を「愛している」と主張し、お返しに臣下から愛されることを期待した。そしてもし期待がはずれたら、「怒り」を爆発させると脅した。そのやり方は、臣下に支援、計らい、贈り物の雨を降らせることではなく、戦争を始めるということだった。君主の宮廷では、吟遊詩人や芸人が、貴婦人たちのことを熱く甘やかに歌いあげた。失恋と怒りについてもよく歌われた。十三世紀の詩人ライモン・デ・ミラバルが、「友人以上」の女性に捧げた詩がある。

友人以上のあなた、最高で最低のあなた
分かち合わなければならないのに
あなたはよろこびと利得と収益を取り
わたしには苦しみに満ちた怒りと傷ついた心だけ[8]

修道院や教会学校では、キリストの本質についての理論が変わりつつあった。すばらしい天の主から、新たに人間的な面を獲得しようとしていた。慈愛に満ちた処女マリアの腕に抱かれる幼子、または十字架の上で苦しむ男といった面だ。十二世紀のある修道院長は熱のこもった論文で、イエスの人生のすべての行程と局面をどのように考えればいいのかを説いた。「ベツレヘムに向かう聖母に同行しなさい。小さな宿にいっしょに泊まり、彼女の出産に立ち会い、助けなさい。（中略）聖なる御足に口づけなさい、何度も何度も」そしてイエスが逮捕されるときには、「あなた方の心は哀れみにあふれていることでしょう。忿怒に燃えていることでしょう。それでも彼を行かせるのです。彼を苦しませるのです。彼が苦しむのはあなた方のためなのですから。なぜ剣をとろうと思うのです？　なぜ怒っているのです？」[9] このような瞑想は感情に大きく依存し、神学者たちに情動を理解するように求めた。情動の原因と結果、目的、美徳、悪徳についてなどを。

そこで彼らは、最初はプラトンと新プラトン主義の考え方に依り、しだいにアリストテレスの理論に頼り、彼の考え方に大きく傾いていった。このような背景があって、神学家トマス・アクィナスが十三世紀に、中世としてはもっとも完成された情動についての論文を書いた。じっさい、全時代を通じてもっとも優れた文献のひとつだといえる。彼の主張は「アリストテレス主義」だったが、彼はアリストテレスのさらに先をいった。情動を系統立て、いっしょにどう働くかを示し、人間の感情一般のなかでの怒りに、アリストテレスが与えたよりも重要な位置を占めさせた。

アリストテレスは心の構成要素を栄養摂取能力、感覚能力、思惟能力の三つに分けた。しかしこの図をあらためて考えてみる必要がある。なぜなら、アリストテレスは、ここに二つの心の「力」、運動能力と欲求能力を加えていたからだ。これは「生きる様態」とも言える。ほとんどの動物は（栄養摂取能力をたえず発揮することにより）大きくなるだけではなく、また同時に（感覚能力を反映して）感じることもできる。そして（欲求能力の結果として）欲求し、（運動能力のおかげで）動く。すべての人間、そして人間だけが、理性の力をもっている。前述のように、情動は人間の心の理性的な部分から生まれる。ということは、人間以外の動物には、情動がない。

トマスは欲求能力、つまり心が何かを欲求し、そこに手を伸ばし、切望することに大きな重きを置くことで、この理論を変化させた。その目的は、人間が善を求める理由を理解し、説明するためだった。トマスはアリストテレスとは違い、神が人を創り、人はいずれ神のもとに帰るのが最終目標であると考えていた。その帰還のために情動は不可欠だ。人を駆りたてる、原動力だから。確かに情動は、人を神から遠ざけ、真っ逆さまに罪に導いてしまうこともある。しかしそれはわざとではない。誰でもよろこびを求め、痛みを忌避したがる。しかし食べ物やお金、セックスをよろこびと誤解し、祈りや美徳や瞑想を痛みと勘違いして忌避してしまう者もいる。このように道を誤った人々が目標を追求するとき、情動は歪み、いうなれば間違ったものに手を伸ばしている状態になる。しかしその手を伸ばすという力――欲求能力――はこれまた、神への道なのだ。

このようにトマスは、怒りのない世界を求めた仏陀やセネカ、新ストア学派、その他の夢想家とも、「憎しみに満ちている」とか「手に負えない」という代わりに「怒っている」という人たちとも異なり、怒りを受けいれ、その他のすべての情動と同様に、役に立つものだと考えた。大切なのは――ここでアリストテレスの教えに従う――正しいときに、正しい対象や人に向け、正しく怒る、ということだ。しかしトマスの考える「正しい」は、アリストテレスのとはずいぶん違っていた。トマスはさらに、怒りやその他の情動は、さまざまな個別の判断によってかき立てられると考えたアリストテレスとは違い、あらゆる情動――トマスは感情を十一に分けた。愛と憎しみ、欲望と忌避、よろこびと悲しみ、希望と絶望、恐れと勇気、そして対のない「怒り」――はいっしょに働き、愛という特別な感情に活気づけられると考えた。愛以外のすべての感情は、愛がその目的に達するのをなんとか助けようとしている。つまり憎しみさえ、愛の善良さとは逆の悪に反対することで助けになっている。

トマスの主眼は、人生を安息と神を愛することに向けるためにはどうしたらよいのかということだったが、彼はこの世において感情がどう機能するのかについても考察している。トマスは愛と憎しみ、欲望と忌避、よろこびと悲しみ、といった、「欲する」情動を特に重視した。そうした情動は、人を動かし、揺さぶる。目標にしがみつき、それに向かって手を伸ばす。では怒りの役割は何だろう。怒りは、「激しやすい」情動のひとつで、その役割は、欲する情動が目標を実現するのを手伝うことだ。愛が目的に至るまでの道は障害に囲まれている。人は何かを強く求めることがあるが、そういう場合、たいていそれを手に入れるためには助けが要る。何かを強く憎むこともあるが、避けることそれ自体ではなんともならない。そこで激しやすい情動の出番となる。我々が邪悪さを避けるのを助けるのは、恐れ（逃げだすように促す）や勇気（憎しみの対象に我々を立ち向わせる）だ。それでもうまくいかなくて悲しむことになれば、我々は怒る。同様に、愛の場合も、欲望でうまくいかなければ、希望（欲望をさらに強化する）と絶望（達成不可能なゴールから逃げる）が、助けに駆けつける。希望でうまくいけば、よろこびが生まれ、怒りは必要ない。しかし絶望がもたらされたら、ここでも悲しみと怒りで終わる。

トマスの理論は怒りをすべての情動と結びつけ、幾重にも感情を積み重ねている。彼によれば、怒りはある特定の考えの結果ではなく、いくつもの判断、欲望、感情の結果だ。そもそも、怒りは愛によって生まれる。なぜなら、怒りは、容易には手に入らない愛の対象があって初めて生じるのだから。そして怒りそれ自体も複雑な情動で、関係するみずからの希望と欲望を内包している。判断するやいなやすぐに燃えあがるということはなく（アリストテレスによればそうなのだが）、トマスにとって怒りは、情動の最後の砦だった。それでもトマスとアリストテレスは二人とも、怒りを（潜在的には）よいもの、役立つものとしてとらえている。「自分と相容れない、有害なものに立ち向かう」[10]のは正当で正義なのである。

それを踏まえたうえでわたしの父の怒りを理解するにはまず、父と上司の対立ではなく、父のいくつもの愛について考えるということだ。自分自身や家族に対する愛ゆえに、より良い仕事を求めた。その仕事がよろこびを与えてくれると期待した。だがそれは父の唯一のよろこびではなく、他にもたくさんの愛があった。しかしその仕事はそのうちのいくつか（本をたくさん買う、食事やお酒を楽しむ、音楽を聴く、家族行事に参加するなど）をかなえ、新たな愛――ソーシャルワークのクライアントの役に立てる地位にあることとの現実的なよろこび――を教えてくれただろう。あの頃の食卓で交わされた会話を思い返すと、父と母が、共有する怒りやフラストレーションのことだけではなく、自分たちの希望や愛や絶望についても話していたのが分かる。これらはアリストテレスのいう純粋な種類の感情ではないかもしれない。むしろ他の情動と混ざり合っていた。勤務先を辞めたいという父の欲望、本当にそうしたらどうなるのかという恐れ、それでもなお前に進みたいという勇気。そうした会話の上に、いつも悲しみの影が覆いかぶさっていた――希望が打ち砕かれ、試みがふさがれる痛みだ。

＊

アリストテレス主義とトマス主義の情動観は、後世の理論や実践に大きな影響を与えた。十三世紀以降、情動を扱う哲学者は誰でも、ふたりの考え方に対する見解を示さなければならなくなった。トマスの考えはカトリック教会の経典となり、十七世紀までは絶対的な権威だった。十七世紀になると、思想史において引き続き教会とトマス・アクィナスの思想に属するグループがいる一方で、デカルトのように、この考え方から自覚的に離れようとする哲学者もあらわれた。デカルトは善を求める情動と悪を避ける情動の区別を無くし、善と悪の区別を否定した。神は立派な絶対の愛の対象だとは言わなかった。代わりに、外部の物事に対する、各人の傾向によるさまざま主体的な反応に注目した。三章で見たように、デカルトは、ある時点での怒りの性質は、人生経験と、それまでしてきたさまざまな判断のレパートリーによるとした。

デカルトは脳の松果体が情動の生産に大きな役割を担っていると考えていたが、彼が主体を重視したのは、人間の精神活動に興味をもっていたからだ。そのため多くの学者が、デカルトは精神と身体を切り離したと考える。それが正しいかどうかは別にして、デカルト後の神学者は、精神か身体のどちらかを強調するようになったのは間違いない。デカルトの生きた世紀に地位が高まりはじめた科学者は、非常にざっくりいえば、身体こそ情動の生まれる場所ととらえて、主体的な経験の優位性を否定した。彼らは、情動は血圧やアドレナリンの分泌、その他の身体的反応によって確認できる、と考えるのが一番分かりやすいと主張した。一方で神学者や「人文主義者」は、情動の主体性を重視した。二十世紀に入り、フロイトが登場した。その理論は「非科学的」とされることがほとんどだが、彼は身体について、精神疾患の副作用のことで触れる以外、ほとんど言及していない。これまでの主張と真っ向から反するのは行動主義者で、彼らは情動の重要さをそもそも認めなかった。

まとめると、デカルト以降の情動理論は、情動は評価による判断である、というアリストテレスの考えを否定した。ところが一九六〇年代に、一部の認知心理学者が情動は「思考」であると主張して大きな波紋を呼んだ。マグダ・アーノルドは初期の主張者のひとりだ。彼女はまずアリストテレスやトマスの理論を蘇らせ、さらに認知心理学的な情動の考えを、脳科学や生理学の発見と結びつけることに取り組んだ。

アーノルドの理論の鍵となるのは、情動は評価の結果であるという点だ。「情動がかき立てられるためには、何か（物であれできごとであれ状況であれ）が、なんらかの形でわたしに影響し、わたしに特有の経験と、目的に作用する形で、個人的に何らかの影響を与える必要がある」。トマスと同じく、情動を評価そのものと同一とはとらえず、「その対象を求めたい、あるいは避けたいという明確な欲望」が引き起こす行動だと考えた。[11] すべての情動には身体的な「感覚」があり、特徴的な作用がある。

アーノルドは激しやすい情動を「拮抗し合う情動」と名付け直した。だがこの情動の性質は、トマスにと同様だし、「基本情動」という名前も同じだ。彼女もまた、愛と憎しみから始めた。愛と憎しみが引き起こす欲望と忌避、そしてゴールが達成されたあかつきには、よろこびと（あるいは憎しみの場合には）悲しみ。しかし目標は簡単には達成されないので、別の情動も出てくる。希望と絶望、勇気と恐れ。トマスの主張と比べると、アーノルドの理論では怒りが占める役割は小さい。有害なものを避けるべきときだけ、怒りが沸く。勇気や恐れでは、有害なできごとが起きるのを防げない。目標を塞がれたとき、人は怒り、障害物を攻撃してどかしたくなる。

アリストテレスともアクィナスとは違い、新ストア学派やフロイトと同じく、アーノルドの目的はセラピーだった。一九六〇年代に流行ったフロイトの考え方は、怒りは人間の攻撃的な「動機」の結果であるというものだった。他者と平和にやっていくためには抑えるべきだとされていた。この観点に従えば、わたしの父が上司に腹を立てていたのは、職場では「抑制されていた」からということになる。フロイトのセラピーにかかれば、父の抑圧された怒りは解放され、それを（正しいやり方で）上司に訴えるのを助けたはずである。アーノルドの観点に立つのなら、こうなる。父が職場で怒りを表さなかったのは、「攻撃によって深刻な脅威（仕事をクビになる）が引き起こされてしまう場合、障害物（父にとっての上司）を攻撃することはできない。怒りは抑圧されるのではなく、恐れに取って代わられる。（中略）ひとたび怒りが恐れを引き起こすと、同様のいらだちのたびに恐れが増大していく」[12]。アーノルドなら、父の恐れは習慣的に怒りの代用となっていた、と言っただろう。彼女のセラピーでは、父に恐れは誤った状況評価だと自覚させ、怒りを誘発する状況だと、正しく評価させることを目指したはずだ。

＊

最近の認知療法のセラピストたちが診るのは、怒りが恐れに変化した症例よりも、間違ったときに、間違った相手に、間違ったやり方で怒る人の症例のほうが多い。その場合には、三章で述べたアンガーマネジメントの手順に沿って、セラピーがおこなわれる。要は、その人に怒りを引き起こさせる物事についての判断の方法を変えることだ。

最前線では、認知理論の新たな変異形が生まれている。構築主義的情動理論と呼ばれるものだ。情動も認知能力も、「概念化」であると主張するこの考えは、基本的にはアリストテレスとその後継者たちの流れを汲む。実際に彼らが提唱するのは「概念的行動理論[13]」である。それによれば、怒りはかならずしも概念ではなく（わたしたちの文化では確実に概念だが）、さらに精神／心は、栄養摂取、感覚、思惟といった機能や動機に分けられることもない。むしろ、彼らが脳と同一だとしている心は、脳神経によってつくりだされるそういうもののすべての総体だ。脳はたえず（体からの、そして体の外からの）感覚処理し、分類し、調整している。分類の一部が、我々が情動と呼ぶものだというのだ。この新説の代表的な提唱者のリサ・フェルドマン・バレットは、情動が判断に影響すると認めている。アリストテレスのように、これが我々が判断をする際のシステムにどう影響するか、考えている。アリストテレスは「偏見、同情、怒り、それと似た情動の高まりは、物事の本質とは関係ない[14]」とも言ったが、バレットはそれに異を唱える。物事の本質は、我々がそれと関連付けているその他すべての概念化と切り離すことはではない。その一部はほとんど例外なく偏見、同情、怒りに結びついている。「理性的」な議論と「情動的」な理論、「理性的な」審判と、いわば怒りに基づいた審判とのあいだにはっきりした区別はない。バレットによれば先入観のない裁判官はいないし、「理性的な」裁判員もいない[15]。同時に彼女はこんな希望をもっている。情動が概念なら、大人はそれを批評して、自分を新たな概念に向けて開くことも可能なのではないかと。この理論については十章の現代の科学的思考の文脈でふたたび触れたい。

＊

アリストテレス主義者の主張では、情動は評価に影響し、評価は変わりうる。変化がかならずしもよい方向とは限らないにしても、この考え方には根本的に希望がある。つまり我々は怒りを真っ向から否定したり、怒りについて自分にできることは何もないと絶望したりする必要はない。アリストテレスなら、怒りが自分のアイデンティティの一部になり得るという考え方に、首をかしげるだろう。彼にとって怒りはつかの間のものだ。人間は本来的に、怒りの状態に長期間閉じこもっていることは不可能で、いつでも説得に応じる準備があると、アリストテレスは考えた。

7　地獄から天国へ

アリストテレスは、正しい条件下でいだく怒りは美徳であり、正しくない状況下であらわされる怒りは悪徳だと述べた。バレットは、現代社会の批判もこめて、多様な価値観を受けいれる心の広さがある場合に限り、怒りは美徳となるが、唯一絶対の真実として掲げられる場合には悪徳であるとした。その中間には昔から今までずっと、悪徳と美徳という基本的に正反対のふたつの怒りの概念をまったく同時にとらえる考え方がある。

二つのうち、美徳としての怒りという概念は、古代の考えから一番かけ離れているが、現在ではもっとも広まっている考え方だ。美徳としての怒りは、アリストテレスが言うように、たんに「適当」なだけではなく、絶対的な意味で正当なのだ。アンソニー・M（30頁参照）を思いだしてほしい。彼が怒りやいらだちを感じるのは、他人が彼の期待に沿わないときなのだが、それ以上に激怒するのは、彼だけがわかっていて実行している、一段高い道徳律を侵害されたときだ。つまり彼は、このより高い基準のために正当な怒りを感じている。バレットはこの感情の支配をゆるめたいと考える。彼女はアンソニーにこう言うだろう。あなたの怒りの概念はせますぎる。自分の考え、感覚、情動を概念化するさまざまな方法に、自分を開くべきだ。わたしにも彼女と同じ目標があるが、わたしは歴史的な観点から読み解きたい。

わたしなら、まずこんなふうにアンソニーに言うだろう。自分の怒りは議論の余地なく正当だという考えに固執する必要はないし、すべきでない。人々はこれまでずっとそんな考えなしでやってきて、そのような考え方が我々の伝統に加わったのは聖師父の時代（二世紀から六世紀）からにすぎない。そのとき教会の神父は、神の正当な怒りという概念を教義に組みこみ、我々人間にもそれを実行させた。最終的に、この正当な怒りは一部世俗化した。その経緯は本章と次章で見ていくことにするが、我々はすでにその一例をアンソニーの自己正当化した怒りのなかに目撃している。

聖師父の時代以前に、絶対的に正当な怒りの概念をもっていたのは、小さな、だが信仰の堅い古代ヘブライ人の感情の共同体だけだった。その怒りは神のものだった。怒りは神との契約に限定され、「それゆえ、今もしわたしの声に聞き従い、わたしの契約を守るならば、あなたがたはあらゆる民にまさって、わたしの宝となる。全地はわたしのものだからである。そしてあなたがたは、わたしにとって祭司の王国、聖なる国民となる」（出エジプト記　十九章五、六節）[1]とユダヤ人に約束されていた。この約束の見返りに、イスラエルの民は神の十戒に従わなければならなかった。しかしユダヤ人はしばしばこの契約を守れず、そのため、何度も神の怒りを買った。神の怒りは破壊と暴力の形であらわされた。「あなたの神、主の怒りがあなたに向けて燃え上がり、あなたが地の面から滅ぼされることのないようにしなさい」（申命記　六章十五節）。これは敵に対しても脅威となった。神はユダヤの民を迫害する国に怒ったからだ。

対照的に、ヘブライ語聖典で人間の怒りが描かれるのは、ほとんどの場合それを非難するためだった。

箴言集でよく取りあげられている。「怒りを絞ると争いが出てくる」（箴言　三十章三十三節）、「嘲る者は町に騒動を起こし、知恵ある者が怒りを鎮める」（箴言　二十九章八節）「愚かな者は自分の感情をすべてさらけ出し、知恵ある者は最後にこれを鎮める」（箴言　二十九章十一節）、などだ。道徳的に見て、人間の怒りは明らかに誤ったものだった。

古代ヘブライ人は地中海の東海岸の細い帯状の地域だけに住む、少数部族だった。ヘレニズム文化やそれを引き継いだローマ帝国のなかではほとんど存在を認識されず、辺境パレスチナ地方の住民の一部と見なされていた。しかし、この驚くほど創造性に富んだ辺境の地で、キリスト教は発展し、やがて（四世紀に）、ローマ帝国の国教となった。

キリストは旧約聖書に書かれた預言を実現する存在だと見られているので、その文章と趣旨を新たな宗教に組みこむ必要があった。つなり、神と人間、両方の怒りの役割をキリスト教の教義に同化し、適合させなければならない。神の怒りについては、ひじょうに大変な作業だった。怒りに満ちた神と、「人間の怒りがもたらす破壊的な結果」[2]をなんとか両立させる方法を探さねばならなかった教父の著作者たちの「きまりの悪さ」について、マイケル・C・マッカーシーが述べている。彼らはさまざまな解決方法を試した。ある者はヘブライ語聖典の十戒を否定し、ある者は神の怒りは比喩であり、人間の情動とは何の関係もない、と主張した。彼らにとって、怒りは悪徳だった。しかし、ヘブライ文化の要素をより深く汲み取り、神は悪に怒り、罰することなしには、善を愛し報いることはないと述べる者もいた。

これらの解決方法は、知的なエリートたちのあいだだけで話し合われていたのではなかった。旧約、新約の聖書はともに、キリスト教の礼拝に欠くことのできない一部だ。旧約聖書の詩篇はキリスト教の祈祷書の大事な一部をなし、ごく初期の頃からミサで使われる形式となり、現在もその一部は生きている。宗教に身を捧げる者、修道士、隠修士、修道女は百五十の詩篇すべてを根気よく唱え続けている。もっとも戒律の緩い宗派でも、おもに詩篇を唱える七回の勤行によって、詩篇全体を一週間で網羅できるように、毎日歌いあげる。つまり修道士は時計のように正確に、おそろしい問いを何度もくり返している。「神よ、なぜ永遠に捨て置くのですか。なぜ、あなたの牧場の羊に向かって、怒りの煙を吐くのですか」（詩篇　第七十四章一節）、そして「怒りを発せられるとき、誰がその前に立ちえようか」（詩篇七十六章七節）、そしてもはや絶望的な「主の慈しみは永遠に失われ、（中略）神は恵むことを忘れ、怒りのあまり憐れみを閉ざされたのか」（詩篇　七十七章七、九節）。修道士はこれらの聖歌を唱え、イスラエルの民が神に対し罪を犯したとき、「主はこれを聞いて憤った。火がヤコブに向かって燃え上がり、怒りがイスラエルに向かって立ちあがった」（詩篇　七十八章二十一節）と知る。初めのうち、このような言葉を聞いたり考えたりしていたのは、キリスト教の専門家や哲学者、神学者、聖書の文言の完全な意味を研究している知識人だけだった――それには修道士や尼僧、司教や神父、托鉢修道士、司教、司教座聖堂参事会員も含まれていた。しかし怒りについての思想の大部分はやがて、信徒の典礼への参加、教会の中外での説教、あるいは告白と償いの秘蹟、自分たちのために特別に作られた時祷書の祈りを唱えるといった重要な信仰習慣をとおして、世俗の世界にも広がっていった。

＊

キリスト教で最も重要なのは、人間の怒りのほとんどには正当性がなく、残酷で、罪深いという考えである。この考え方はアリストテレスとストア哲学の古典的な思想の流れと、人間の怒りを認めないとするユダヤ教の教義をほぼなぞっている。また、キリスト教における神の怒りを否定しようとした初期の試みともいえる側面がある。たとえば、神の性質をあらわした表現のなかでも、初期のキリスト教作家であるアリスティデス（一三四年没）は、「怒りと忿怒を神がもつことはない。いかなる事物も人物も彼の邪魔をすることはできないからである」と書いた。実質的にアリスティデスは、神は怒ることができない、なぜなら軽んじられたり、軽蔑されたりしないからである、「怒りっぽくて、強欲で、嫉妬深い」といった、その他多くの欠点をかかえる人間とは異なると述べている。[3] もっと極端なのは、異端者マルシオン（一六〇年没）で、我々は彼を批判する文脈でしか知り得ないのだが、彼はヘブライ語聖典の神を否定した。彼が求めたのは純粋に善なる神であり、「攻撃的になったり、怒ったり、罰を与えたり、地獄の業火を用意したり、暗闇のなかで歯ぎしりをしたりしない神である！」とした。これらは彼の論敵であるテルトゥリアヌス（二二〇年）の言葉として記録に残っている。異端者を排除するつもりのやり取りだったのだろうが、かえって、この言葉から怒りに燃える神へのマルシオンの嫌悪感が浮き彫りになっている。

旧約聖書の神を正当と認めなければ、どのような怒りも美徳になりようがないし、中性にさえならない。しかしこれから見ていくように、ほとんどのキリスト教思想家は熱心に――少なくともみずから進んで――神の怒りを正当化しようとした。だがその考え方は、人間への見方にはなんら影響せず、怒りは悪徳のリストの主要なものと位置づけられた。最初期のそうしたリストは、砂漠の隠修士たちのコミュニティで発展した。そこでは男も女も天国だけを見て、現世を拒んでいた。彼らはカリスマ的なリーダー、四世紀のポントス〔小アジア地方の都市〕のエヴァグリオスのような人物に導かれていた。エヴァグリオスは八つの強い「想念」を一覧にして、それらはすぐに追いやられないと悪徳になる、とした。本質的にこれらの考えはストア哲学のいう「第一の運動」をキリスト教に当てはめたものだった。それは衝撃と咬みつきで、賢い人間はたいしたことがないとして、承諾するのを拒む。エヴァグリオスがギリシア語圏内であった小アジアのポントスで、ストア哲学を学んだのは間違いない。ストア学派の「咬みつき」は、キリスト教の言葉に翻訳されて、「誘惑」になった。

エヴァグリオスは、誘惑は悪霊に由来すると考えた。誘惑に負けることは、悪霊と、悪霊がもたらす悪徳の餌食になり、天国の安息を享受する機会を失うことを意味した。エヴァグリオスの分類によると、想念はそれぞれの悪霊と関連し、特定の順序で並んでいる。最初は貪食、淫蕩、金銭欲、それら三つは身体の欲であり、それから悲嘆、忿怒、怠惰（退屈や無関心）、虚栄心、そして最後に傲慢。身体の誘惑から魂の誘惑へと並んでいる。[5]

エヴァグリオス派の隠修士は、悪魔と絶えず壮大な戦いをしなければならなかった。彼らは悪魔の武器をつぶさに研究し、その浅薄さを看破することを命題としていた。怒りの場合、悪魔の武器は傷ついたという感覚だが、この武器は考え方を、たとえば「こんなものは痛くもかゆくもない」と逆に考えれば、威力を奪うことができる。この「反想念」こそが僧侶の投石器であり、石であり、矢だった。

キリスト教徒は戦っていた。目に見えない敵を相手に。エヴァグリオスとほぼ同時代にプルデンティウスというラテン語詩人がいた。彼は『プシュコマキア（魂の闘い）』という叙事詩のなかで、各種の美徳を擬人化して、その人物が悪徳とせめぎ合って戦っているのを描写した。怒りの敵は非常に好戦的な忍耐だ。中世の絵では、怒りも忍耐も完全武装した戦士であり、女性である。というのもそれらを指すラテン語の名詞の性が女性だったからである。怒りの剣が忍耐の青銅の甲冑で粉々に壊れると、怒り自身が燃えあがり、自害する（図6参照）。忍耐は甲冑に身を守られ、さまざまな攻撃にも耐え、死につつある怒りに向かって「我々は思いあがった悪徳に、いつものごとく美徳により、一滴の血も流すことも命を危険にさらすこともなく打ち勝った。我々の戦い方にはルールがある。我々は怒りの猛り狂う暴力に耐えることによって、怒りと邪悪な者たちの一軍を払拭する」と言う。この忍耐は、ブッダの説く忍耐よりもずっと好戦的だ。[6]

五世紀、ヨハネス・カッシアヌスはマルセイユにあるサン・ヴィクトル修道院を創設して修道院長になった人物で、かつてはエヴァグリオス派の共同体に所属していた。カッシアヌスは、八つの想念を前情動として考えることをやめた。むしろそれらは情動であり、悪いものだ。カッシアヌスは、八つの想念を前エヴァグリオスによる並び順をやや修正した。[7] 八つの悪徳は、魂の三つの異なる部分を攻撃する。カッシアヌスは魂の肉欲の部分が情動に侵入されて乗っ取られてしまえば、それは貪食、淫蕩、金銭欲、その他の世俗的な欲望を生む。怒りの部分が攻撃されれば、それは忿怒、嫌気、怠惰、残酷さを生む。論理的な部分が乗っ取られてしまうやいなや、虚栄、高慢、嫉妬、異端、その他の怪物が生まれる。

エヴァグリオスは修道士たちに、ひとりずつ悪霊と戦わせたが、カッシアヌスはそれでは甘すぎると考えた。すべてを打ち負かすまでは勝ったとは言えないのではないか。カッシアヌスの考える悪徳は、

図6　怒りの死（ドイツ南部、9世紀）。プルデンティウスによる教詩『プシュコマキア（魂の闘い）』の挿画。筋の展開（右から左、上から下へと読む）は怒りの剣が忍耐の兜で割れる場面から始まる。破れた怒りは忍耐の槍に倒れこみ、みずから命を絶つ。下では、忍耐が槍の先で死体をつつき、怒りが本当に死んでいるかどうか確かめている。

軍隊の部隊のようなもので、ひとりを倒してもすぐに次が襲ってくる。また、カッシアヌスは悪徳を、貪食という毒の根をもつ木にたとえたことがあった。木を完全に破壊するには、組織的に悪質な枝を切り落とし、根を引き抜かなければならない。何よりもカッシアヌスが恐れたのは、勝ったと思った瞬間、高慢、魂のなかでももっとも他の悪徳に勝る高慢が、勝利を宣言してしまうかもしれないということだった。そうすると、闘いは一からやり直しとなる。

悪徳についてもっとも影響力のある論を展開したのは、六世紀のローマ教皇グレゴリウス一世だった（彼はまた在職以外のときには、修道士、外交官、キリスト教伝道師、などの顔をもっていた）。グレゴリウス一世は、悪徳の木の根は貪食ではなく高慢であると見なすことによって、カッシアヌスのジレンマを解決した。七つの大罪の枝はそこから生えている。まずは精神的な悪徳（虚栄、嫉妬、怒り、悲嘆）で、より身体的なものへ（金銭欲、貪食、淫蕩）という流れだ。この悪徳の連隊はもっとも権威あるイメージとなり、中世の男女に、そして現代でもまだ信じられている。

連隊というのは言い得て妙で、グレゴリウス一世は木に加えて、悪徳を軍隊にたとえた。キリスト教徒の兵士が「高慢」という悪徳の女王と戦っている。女王の狙いは兵士の要塞、つまり心臓である。彼女は心臓をつかみ取ると、それを将軍たちに分け与えるかのように、七つの大罪に渡す。将軍のひとりである怒りは、他の将軍と同様に「口論、膨れあがった心、侮辱、文句、怒りの爆発、不敬」といった凶暴な軍を率いている[8]（怒りとその軍隊は悪の木から生まれた　図7参照）。ずっと後になると、前述の怒りの兵士たちは「舌の罪」のひとつとして考えられるようになった。

この表現が、ブッダのそれよりもずっと正確で好戦的なものである点に注目してほしい。ブッダも多

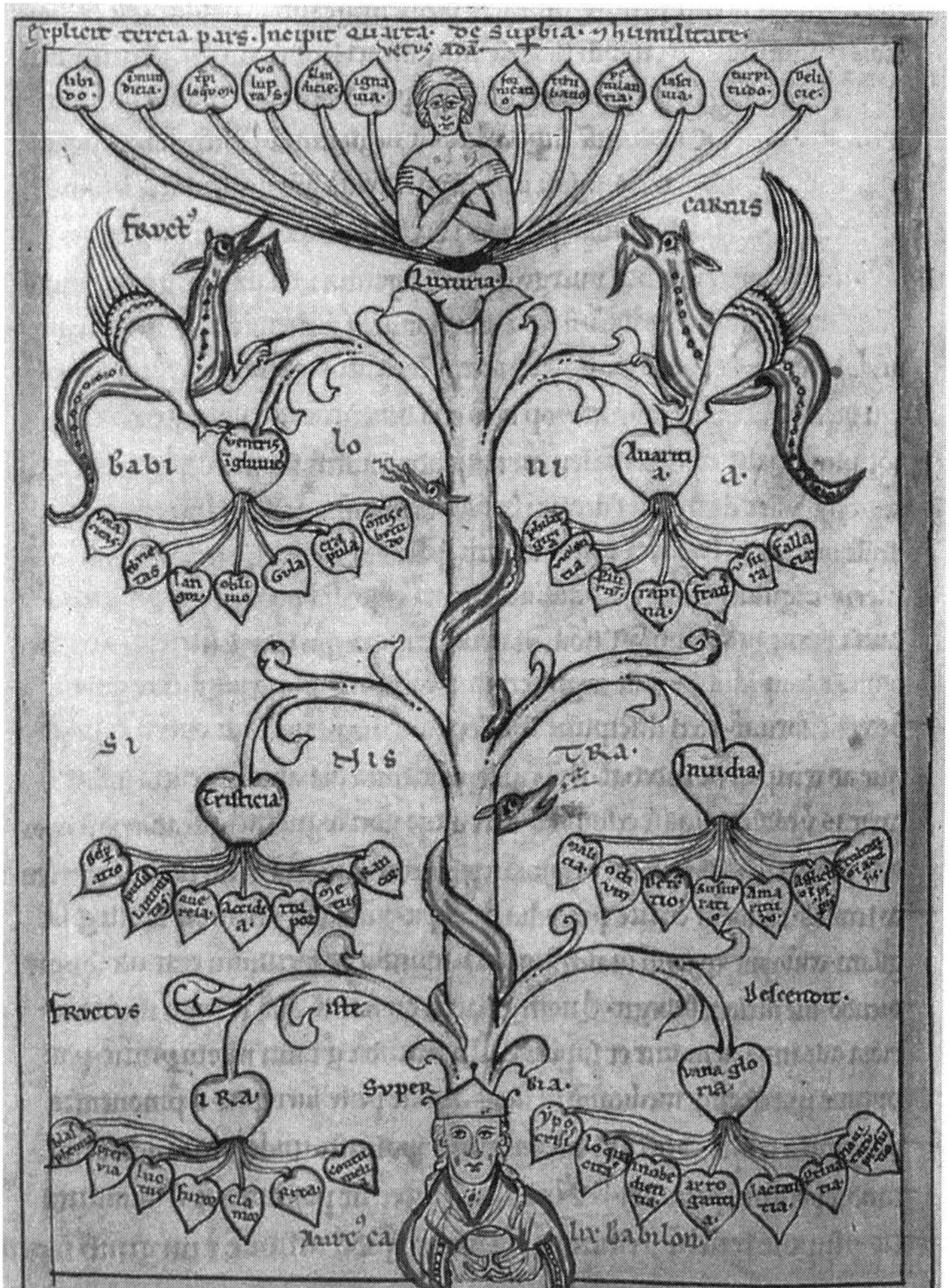

図７　悪徳の木（ドイツ、13 世紀）。この悪徳の木では、「金の杯であるバビロン」（ヨハネの黙示録 17 章 4 節）が根本を支え、高慢（Superbia）と怒り（Ira）が最初の悪徳の実になり（左側）、さらに冒涜、恥知らず、悲しみ、怒り、騒々しさ、喧嘩、侮辱の七つに枝分かれしている。

くのリストを作っていた。三蔵、五戒などは氷山の一角にすぎない。しかし彼は、悪徳の邪悪な戦略よりも、人間を苦悩から解き放つ瞑想の方法に重きを置いていた。簡単に言えば、キリスト教徒は悪徳を征服しようとしたが、仏教は超越しようとした。

しかし、ブッダのように、あるいはセネカのように、グレゴリウス一世は怒りを激しく攻撃した。聖書から「憤りは無知な者を殺し」(ヨブ記　五章二節)と引用し、ストア哲学にもふさわしい厳しさで非難していた。怒りが心を乗っ取ると、我々はばらばらになる。正しく考えることができず、正誤の判断ができず、自分のすべきことは正当化されると勘違いし、友人を失い、「精霊の入る扉を閉じてしまう」[9]。心臓は早鐘を打ち、顔は赤くなり、まともにしゃべることができず、自分が何を言っているかも分からない。悪態をつき、呪いの言葉を言い始める。言葉が人を殺すのなら、我々は人殺しになっていた。怒りは我々を地獄に突き落とす。

＊

それでも怒りは悪いだけではない。旧約聖書であれほど神が怒っているのだから、悪いだけのはずがない。前述のように、初期の哲学者は旧約聖書と新約聖書の神の連続性を否定していた。にもかかわらず、教会神父の主流派は神の怒りについて積極的に話している。エヴァグリオス以前に、テルトゥリアヌスは、なんと「善意の神」を望んだ異端者マルシオンに対する反論のなかで、神の怒りを強固に支持した。それは空っぽの神であり、「自然でもなく理性的でもない、完璧でもなく、誤っており、不正義な神である」というのだ。なぜなら神は「純粋で単純に」善であるはずはなく、それは人間のことなどまるで気にかけてはいない「冷静沈着で、無関心な」神だ[10]。神は命令を下す、そして命令に従わせようとする。つまり神は罪を禁じ、それを罰しようとする。テルトゥリアヌスにとっては、もし神が怒らなかったら神は正義でいられない。しかしそれは人間の感じる怒りとは違う類いのものだ。我々は神の「正しい手」を読むが、それに相当する人間の手は想像できない。つまり、神の怒りも同様だ。「神は怒ることもあるが、いらついたりはしない。〔……〕神の怒りは邪悪な人々のせい、神の憤りは恩知らずな人間のせい、嫉妬は高慢な人間のせいだ[11]」。

四世紀初期には、ラクタンティウスも同じような説を唱えた。そのタイミングが決定的だった。それは初めてのキリスト教徒の皇帝、コンスタンティヌス一世が権力を振るい、彼の治世のローマ帝国下ではすべての宗教が認めていられたものの、キリスト教に初めて公的な権限が与えられたときだった。皇帝の助言者兼スピーチライターとして、ラクタンティウスの政治的立場は、二世紀前のセネカと似ていた。しかしラクタンティウスは怒りにかんして、セネカとはだいぶ違う哲学的な立場をとっており、彼の言葉は一般に根付いた。

ラクタンティウスはテルトゥリアヌスと同様に、感情のない神を否定した。そのような神は人間のことなど気にかけず、不動で、祈りを聞きいれないだろう。しかし彼の主張は、すでに信用を失って久しいマルシオンの異論的な説に対抗したものではなかった。むしろ、古代哲学者の主張を引き継いでいる者への批判だった。テルトゥリアヌスのように旧約聖書を引用することもできたが、ラクタンティウスはそうはせず、理論の基盤を築こうとした。当時のローマ帝国は、まだ大多数の市民が異教徒だったが、彼らに向けて語りかけようとした。彼はアリストテレスや他の古代哲学者らが、美徳である怒りには、被った痛みへの復讐という側面があると考えたことを非難した。それは神の怒りと同じではない、なぜなら神は何者にも傷つけられることがないからだ。そうではなく、神の怒りは罰を与えるために必要なのだ。ラクタンティウスは、怒りには二つの種類があり、正しい怒りは「誤りを正す」[12]ためのものだという認識がストア学派には欠けていたと考え、彼らの主張を否定した。この考え方は怒りを新しくとらえ直し、古代哲学者のほとんどの考え方と決別するものだった。

審判者の怒りを正当化する考えは、ひとつの流れとして古来より連綿と続いてきた。そこでセネカは、感情によらない審判者という考えを立証して、それに反論する必要性を感じていた。ラクタンティウスの新しい点は、神の正義の怒りと、その鏡としての人間の怒りを結びつけたことだ。「復讐したい」という感覚に基づく怒りはつねに悪徳である、と彼は述べた。神は邪悪に対して正しく怒る。人間もそのように怒るべき義務がある。「我々は傷つけられたから復讐に立ちあがるのではなく、鍛錬を怠らないために、倫理を正すために、無法をなくすために、怒るべきである。これが正義の怒りだ[13]」。ラクタンティウスは、怒りは傷つけられたことに対する反応であるとしたアリストテレスとセネカの古い定義を書き換えた。彼にとっては「怒りは罪を犯すことを防ぐために生じる情動」だった。とはいえ、彼はすぐに人間の怒りと神の聖なる怒りを対比させている。人間の怒りは神の怒りほど完璧ではないし、慈愛に満ちてもいない。

ラクタンティウスの世紀にローマ帝国は正式にカトリック教国となった。アウグスティヌス帝（四三〇年没）は、ヒッポ（北アフリカ海岸、現在のアルジェリア）の司教でもあり、少なくとも半世紀は西欧でもっとも影響力のある神学者だったのだが、彼はふたたび堂々と旧約聖書に頼った。しかし彼も古典哲学者たちの理論を知っていて、それを改めることを恐れなかった。新たな視点では、人間の意思に重きを置き、意思を感情と同等、少なくとも情動の動機と同等ととらえた。意思が正しく働いているのなら、すべての情動は善であり、意思が退けられるのなら、すべては悪である、と論じた。意思が正しく働くとは、神に、神の国に、神の楽園に向かうことを指す。

アウグスティヌス帝にとって、すべての情動は神に関係しており（神に向かうにせよ、世を背けるにせよ）、怒りには特に重要な役割があった。かき乱されることなく、完全に理論的な判断、ある意味で人間とはまるで異なる方法で、神は邪悪さに正当な怒りをいだく。神の怒りは人間にも分かる言葉で聖書に書かれているので、地上での生活によい影響をもたらす。つまり「聖書の言葉は、高慢を怯えさせ、不注意を指摘し、問いを繰り返し、知性を深めるためにある」[14]。マイケル・マッカーシーの研究によれば、アウグスティヌス帝は神の怒りを、ストア学派の賢者のそれと同じように見なしていたようだ。賢者は「かき乱されることはなく、それでいて他の者によい影響を与えるために怒りを表す」[15]。結果どうなるかというと、人々に気づかせるために、神に代わって怒っている、ということになる。つまり人間の怒りも聖なる輝きを放つということになる。実際、それは神の怒りそのものだ。「神の怒りは、（神の）法を知る者が、罪人が法を踏みにじるのを見たときに、魂のなかで生まれる情動である」[16]。ここで気をつけたいのは、アウグスティヌス帝がいかに違いを主張しているかである。正当な怒りは罪人に向けられているのではなく、罪に向けられている。このような怒りはセラピー効果があり、罪人に対しても、罪を見つけてそれを罰しようとする者に対しても、よい影響をもたらす。

これ以降、情動、特に怒りは非難と賞賛と両方の対象となった。怒りを七つの大罪の中心に置き、怒りのもたらす悲惨な結果を雄弁に語ったグレゴリウス一世でさえ、罪を倒す助けになるときには怒りはよいものだと認めた。「短気が引き起こす怒りと、情熱が引き起こす怒りは違う。前者は悪徳より生まれ、後者は美徳より生まれる」[17]。我々はおのれの罪に怒るだけではなく、隣人の罪にも怒らなければならない。それはもっともである、とグレゴリウス一世は述べた。よい怒りでも悪いもののように感じられてしまうことがある。罪に怒り、冷静に考えることができず、混乱しているからだ。しかしその混乱はすぐに消えて、より次元の高い理由が明らかになる。目に軟膏を塗ったときのように、怒りは最初は視界をぼやけさせるが、そのあとで今までよりよく見えるようにしてくれる。怒りがこのように作用するためには、それは理性の支配者ではなく、道具でなくてはならない。グレゴリウス一世はためらった。彼は怒りのパワーを熟知していた。自分自身でも感じることがあった。だから、キケロが自分の弟に頭を冷やせと説得したように、グレゴリウス一世も言った。「正義の熱情によって心を動かされた者」は、罪を罰する前に、まずは落ち着くまで待つべきなのだ[18]。しかしそれは絶対に怒ってはいけないということにはならない。

＊

もともと、美徳と悪徳の思想体系はほとんどが修道院のなかで守られていた。そこでは男も女も全人生を宗教的使命を果たすために捧げ、世俗の欲望とは離れた場所で身を埋めていた。しかし修道院の威光が強まると、この状況は変わり、これが次第に世俗の生活のなかに浸透するようになった。フランク王国のカール大帝は八〇〇年に五世紀より西側世界で不在だったローマ皇帝に即位した。これ以降、聖職者の皇帝が、キリスト教国の支配者となる体制になった。カール大帝は自分の帝国に、神の法を定める機関を作ろうとした。自分を宗教指導者として立てる識者を雇い、また、徳のある治世にするにはどうしたら良いのかを考える地方役人を指名した。これが悪徳と美徳の論文の文脈だった。この論文は、カール大帝の一番の助言者であるアルクィンによって、ブレトン・マーチ伯爵ウィドのために書かれた。

ウィド伯爵は戦士として裁判官として、領地の平和を守ることを皇帝から課されていた。彼自身が戦争で戦ったことがあるという事実だけではなく、彼の置かれた立場は、そのずっと昔にローマ地方の総督であったキケロの短気な弟クィントゥスとよく似ていた。「口を慎みなさい」とキケロはクィントゥスを戒めた。アルクィンの方はこの話題についてもっと言うべきことがたくさんあった。しかしここが大事なポイントなのだが、彼はすべての怒りを批判しなかった。できなかったと言って良い。彼はそれを助長さえしなければならなかった。アルクィンはウィドに怒るな、怒りを飼い慣らしなさい、と言う一方で、良い類いの怒りについては「人が自分の犯した罪に腹を立てるとき、自分の邪悪な行いに憤慨しているときには、怒りは公正で必要なもの」としている。預言者も「怒りなさい、しかし罪を犯してはなりません」[19]と言っている。この預言者とは、ダヴィドのことで、この訓戒は詩篇からのものである。これは、自分の良識のみに従い、誤った力の使い方を自らに禁じている者にとって、大事なアドバイスだった。そしてまたこれは、ヘブライ語聖典の言葉が、中世初期、紀元八〇〇年頃の伯爵の読み物のなかに浸透していたことのよい例である。

ウィドはアドバイスを聞きいれただろうか？　それを知る術はない。しかしアルクィンは、ウィドが自分に論文を書くように指示したと主張している。彼の「戦争のような仕事」のさなかに安らぎを与え、天国へ導くような、手頃なガイドとできるようなものが必要だった。ということは、九世紀にはすでに世俗の人々も美徳と悪徳の難問を抱えていたということだ。

その後の世紀では、キリスト教熱はますます高まり、世俗の人々もキリスト教倫理の基本を理解し始めた。教会は告解と赦免を重視し、それはラテラノ公会議（一二一五年）では少なくとも一年に一回はかならず行われなければならないと定められたのだが、それは信心深い信徒にとって、自分の罪を覚えておかなければならない、ということを意味した。彼らの活動は大学の神学者や托鉢修道会によってさらに推し進められた。初期の托鉢修道会にはドミニコ派とフランシスコ派がおり、彼らは犯した罪と邪悪なできごとをすべて箇条書きにする、という方法をとった。神学者たちは論文を書いた。伝道師は、おもに托鉢修道士だったが、彼らは学んだ考え方を、誰にでも分かるような現地の簡単な言葉にしてミサを開いた。キリスト教の倫理観は、教会のみならず、街頭や、王侯貴族の庭園でも説教された。十二世紀と特に十三世紀は悪徳と美徳についての研究が花開いた時期だった。六世紀から十一世紀まで日の目を見ずに眠っていたセネカの説が、ふたたび読まれ始めた。当時まだ残っていたアリストテレスの本が翻訳され、研究され、議論された。ウィリアム・ペラルドゥスは「舌の罪」という新しいジャンルを創りだした人物で、特に人気の作家だった。彼の美徳と悪徳についての論文は、現在でも五百以上の複写が残っている。しばしば翻訳され、時には、「より簡単な」お話として形を変え、他の神学者たちの目に絶えず留まっている。ペラルドゥスはグレゴリウス一世の七つの大罪に縛られるのを拒否し、九つの悪徳と名付けた。貪食を最初に据え、傲慢を真ん中あたりに、そして怒りを最後から二番目に置いた。

中世最盛期になると商業が発達し、土地よりも貨幣の所有の方が富みの理由となる場合が増えてきた。倫理の問題もこの経済発展と関係があり、悪徳の根は傲慢よりも金銭欲にあると考える哲学者があらわれた。[*20] 二十世紀の百科事典の「悪徳の木、シナゴーグより」のイラストでは、木の根には傲慢や貪欲ではなく、双子の金銭欲が描かれている（図8参照）。最初になる実は殺人と口論で、次は競争、怒り、絶望、不和、そして嫉妬の枝が伸びている。木のてっぺんになっているのは、姦淫、不純、淫蕩、憎しみ、論争の実である。この系統図はグレゴリウス一世が怒りのイメージに付けた軍隊の名前「口論、膨れあがった心、侮辱、文句、怒りの爆発、不敬」の申し子であるという狭義においては「グレゴリウス一世的」である。しかし、罪の種類があまりに多く増えてしまったために、指導者のなかには、グレゴリウス一世のこの青写真をまるきり捨ててしまって、十戒に置き換える者も出てきた。この考え方は、自分たちの信仰の基盤を聖書だけに依るとしたプロテスタントの習慣となった。とはいえ、グレゴリウス一世の七つの大罪の概念はカトリック教国では生き延び、またよく知られたものとなった。

怒りの美徳と悪徳という性格についての考えは、理論だけではなかった。人々がどのように生きるか、どのように他人に自分を見せるか、どのように周囲の人々を評価するかに影響を与えた。

怒りから派生するなかでももっとも手に負えないもののひとつである「抗議」について考えてみよう。もともと、抗議は合法だった。ローマ帝国では請願者が不満や要求を政府に伝えると、これは「抗議の請願」と知られるものだが、かなり騒々しい事態になる。群衆が裁判官の椅子のまわりに集まって、叫びたてる。しかしグレゴリウス一世の考える抗議は、これとは違う形だった。つまり、制御できない考え同士のおしゃべり、怒っている人間が自分自身のなかで悪意を培養し、「心のなかでの口論やうるさい抗議」を作り出しながら心のなかで進める議論、ととらえた。[21]

明らかに、修道院の静けさはこのような騒音とは無縁である。しかし十一、二世紀には、修道士たちはしばしば、神やその修道院の守護聖人への抗議をおこなった。財産を奪い、聖地に侵入したと修道士らが抗議する相手との精神的な戦いである。このための手の込んだ儀式もあった。修道士がもうひとりの修道士の前に体を投げ出し、神に正義を求める、あるいは十字架や聖遺物が入った箱を地面に叩きつける。彼らは、邪悪な者は修道院とその財産を「侵害し、混乱させる」と主張した。修道士は「敵に神の呪いのすべてが」降りかかりますように、と祈る。「敵の土地と遺産が永久に炎に包まれますように（中略）。彼らが町で、野で、呪われますように[22]」。修道士は敵を共同体から、そして教会と救済の秘蹟から締めだそうとした。修道士は神の復讐を讃える詩篇をくり返し唱えた。

修道士たちが一般的な意味で怒っていたとはいいづらい。彼らの呪いは儀式の一貫として書かれているものを読みあげていただけであり、修道士は怒ってはいけない存在である。しかしこれらの言葉を見ると、修道士が神に代わって怒り、自分自身を守るように神に訴えていることが分かる。彼らは邪悪な侵略者の「欠点を直す」必要がある。彼らの怒りは、こう言えると思うのだが、プルデンティウスの忍耐の軍隊にたとえられる。彼らは、神の神聖な土地や財産を奪おうとした、残忍で乱暴な騎士を倒そうとした。彼らは人間の当座しのぎの正義ではなく、神の正義を求めていた。

まとめると、怒りを全否定した仏教とは違い、キリスト教は神やその法に不正をおこなうことに対し

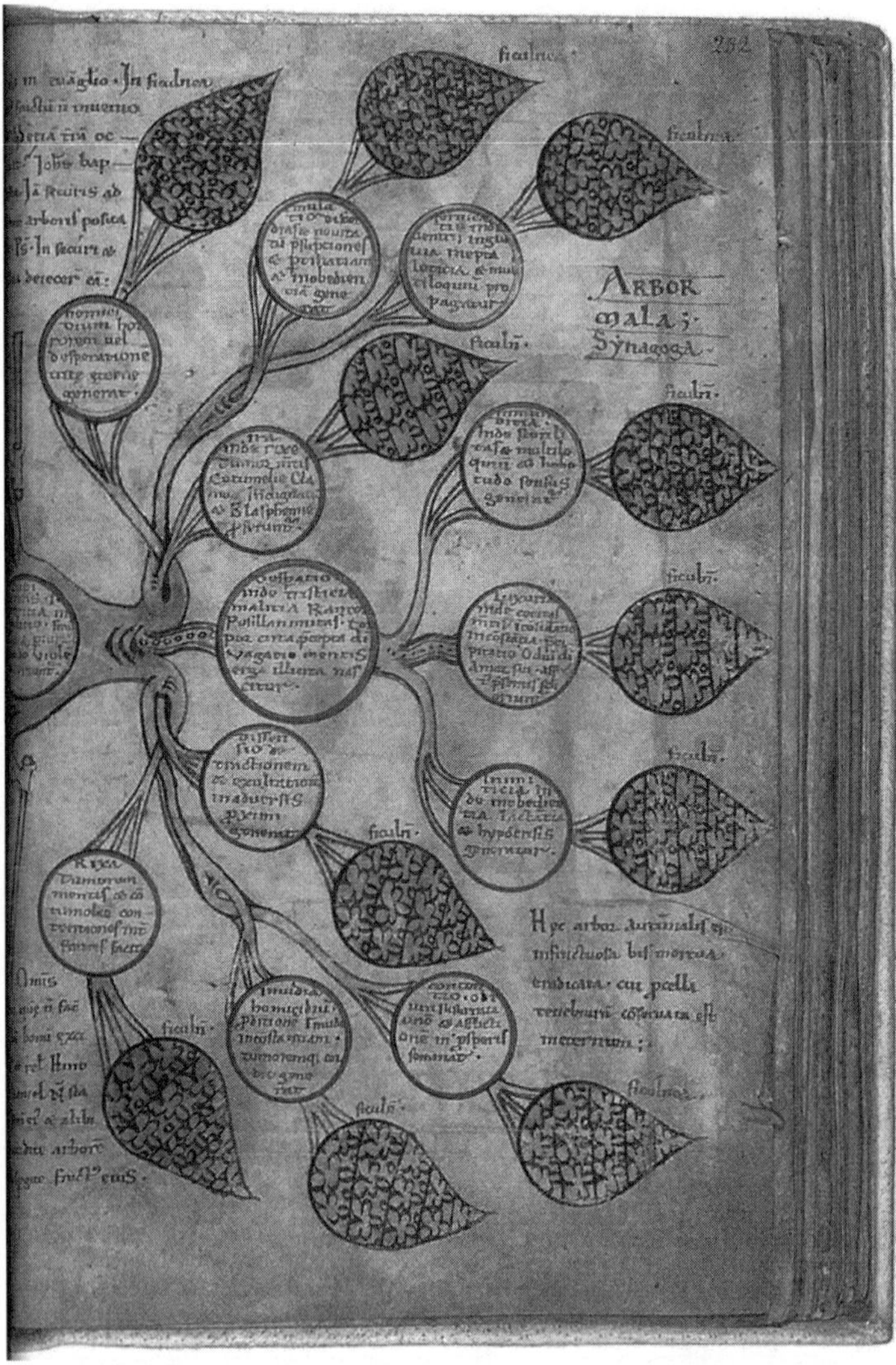

右ページでは欲（Cupidity）が乾燥した実をつけている。この時期すでに欲とユダヤ教のシナゴーグが同一視されていた。怒りとその産物（喧嘩、騒々しさなど）が欲の最初の実のなかに見える。斧が二挺、今にも悪の木の根本を断ち切ろうとしている。

図８　善／教会の木と悪／シナゴーグの木（フランス北部、12 世紀）。
左ページでは、教会と同一視される愛（Charity）が実をつけている。

ては、怒りをぶつけることを讃えている。これはアリストテレスが言った適当な怒りというだけではない。むしろ積極的に正当な怒りだ。これはセネカが『メディア』で書いている神の怒りを遂行した女の怒りよりも、もっと正しいと言える。なぜならキリスト教の神の怒りは復讐ではなく、建設的だと理解されているからである。

皮肉にも、修道士が「敵」と見なして罵った騎士こそが、怒りを公的に表明している。騎士は自分たちの怒りは正義であると主張している。これについては、この頃の騎士道文学の詩には、騎士道の倫理観が反映（同時に批判）されているので、とても分かりやすい。そのなかで中世の騎士はしばしば怒る、そして同じくらいしばしば、神に訴え、自分たちの怒りをさらに燃えあがらせる。修道士と同様に、騎士の怒りはほぼ土地にかんしてのものだ。不当に奪われた土地、約束が果たされず与えられなかった土地、など。修道士は呪い、神の怒りを呼び起こすが、騎士は血みどろの戦争をくり広げる。どちらも自分たちは神の仕事をしていると思っている。

ラウル・デ・カンブレという、十二世紀の作者不明の叙事詩の主人公を例に挙げよう。[23] 彼はある土地を継承するはずだったが、王が別の人物に与えてしまった。物語は、ラウルの怒りと、彼が他の者の土地を戦争と火によって奪い取ろうとする様子を描く。作者はラウルの怒りが度を越しており、彼の行為が残虐すぎると考える一方で、ラウルが自分の怒りは正当なものだと神に訴える様子も書いている。たとえば、彼は町を丸ごと焼き払う前に、「神とその慈悲に誓って」かならずやり遂げると言う。その後、彼は敵との戦いを「聖ゲリ（彼が特に慕う聖人）の名にかけて」続けると誓う。このような叙事詩は、封建領主の感情の共同体をよく描いており、怒りという点では修道士の共同体とよく似ている。違いは、騎士は戦争におもむき、修道士は（通常は）行かないという点だけだ。

それでも二つの共同体は、神を自分の側に見ている点で同じだ。神の御業を待つだけではない、という点でも同じだ。戦士は戦いに行き、略奪し、火を放つ。修道士は神に呼びかけ、キリストの十字架や聖遺物を叩きつけ、自身を別の修道士の前で地面に投げ出す。この二つの共同体には重なる部分があるのだが、もっともな理由がある。修道士は騎士や領主の家系であり、領主は修道院に多大な寄付をしている。修道士は寄付をしてくれた者の魂のために祈る。修道士と世俗の領主は、隣接して暮らしており、互いを友として、敵として、よく知っているからだ。

＊

修道士と領主は中世のエリートだった。平民も怒るだろうが、彼らの怒りは正当とは受け取られない。ポール・フリードマンが言っているように、「怒りは本質的に高貴な特権である」[24]。アリストテレスの世界と同様に、中世でも、侮辱されるにはそれなりの身分である必要があった。平民には地位がなく、つまり名誉もない。昔からの社会構成は、祈る者、戦う者、そして最後に（最下層でもあるのだが）、働く者、中世の詩や物語に描かれている平民は、粗野で愚かで、だいたいにおいて従順である。何かに文句を言ったり騒いだりすることはあるが、その様子は無能か滑稽かその両方である。ところが、ときどき、平民も徒党を組んで恐るべき脅威になる。火を放ち、略奪し、残虐に人を殺し、野生のゾウのように凶暴になる。

とはいえ次第に、都市の発展と新しい中産階級市民の誕生で、多くが田舎の金持ち領主より裕福になった。特権階級ではない人々も怒る権利を得た。十四、五世紀の頃は、百年戦争による領地替えにより、フランスでは多くの人々が町や田舎で反対運動を起こした。パリでは市民が王宮に押しかけた。商人組合の長まで、普段は宮廷と協力関係にあるにもかかわらず、暴動に加わっていた。将来の国王に向かって、彼は膝をつき、「人々を耐えがたく圧迫しているから」、税金をなくすように懇願した。彼の演説が終わらないうちに、市民は「ひどい暴動」を起こし、もう払わないと叫んだ。「こんな辱めと苦しみを受けるくらいなら、一千回死んだ方がましだ」[25]。

これは〝正当な怒り〟だった。パリ市民は、自分たちが〝正しい〟と考えていただけではなく――怒っている人々がいつでも自分が正しいと思っているのは、セネカやブッダも理解していた――自分たちは神の正義の闘いの一部だと考えていた。同じ頃イギリスで起きた暴動では、将来のジェファーソンの「すべての人間は生まれながらにして平等であり」を予感させる謳い文句が流行った。

アダムが耕し、
イブが紡いだとき、
誰が貴族だったのか

侮辱、障害、恥辱、これらはすべて怒りの序章である。それは仏教の部分で触れたとおりだ。しかし人間の侮辱に、キリスト教は、鞭打たれ、拒絶され、磔にされ、罪深い人間のために血を流すというイエス・キリストの経験を加えた。キリスト教徒は侮辱され傷つけられたと感じるとき、イエス・キリストを思う。そして改心を求めるときには、神の正義を分かち合おうとする。ウルバヌス二世が最初に十字軍の派遣を説いたとき、「呪われた民族」が東方でキリスト教徒たちを傷つけていると嘆いた。フランスのクレルモンの教会の外で、聴衆に向かって「これらの誤りに復讐し、聖職者の土地を取り返すために、あなたたち以外の誰が立ち上がるというのか」と訴えた。彼は、家族が大事で十字軍から身を引こうとする者がいないように、「わたしよりも父を、母を、愛する者よ。お前はわたしの愛に値しない」と福音書を引用した。彼は集まった忠実な信者に、つまらない諍いはやめて、「邪悪な民」との戦いに行きなさい、と説いた。観衆は「神の御心のままに！」と叫び、ウルバヌス二世は「それを鬨（とき）の声とせよ」と応えた。

中世において、正当な怒りの種類は多かった。しかしそこには見分けやすいパターンと情動の流れがある。まず最初に恥辱がある。十字軍の場合、教会が破壊され、キリスト教徒たちは拷問、強姦、略奪された（とウルバヌス二世が言った）ため、恥が呼び起こされた。次に、間違いを正すための復讐が来る。それは神の復讐であり、十字軍の騎士は神に助力するために招集された。同じように、中世の修道士が、自分の敵が「永遠の業火」に焼かれるよう神に要求するとき、彼らはキリストの経験した恥辱を演じるため、象徴的に聖人や十字架に屈辱を与え、地面に投げだした。騎士、王子、王、そして（最後には）平民も、自分は至上の人間の物語の一部だと自覚するようになった。慎ましいイエス・キリストと同じように辱めを受けたと感じた彼らは、抵抗したり反撃したりするとき、自分たちも正しい側にいた（と彼らは思っていた）。なぜなら、神の側で戦っているから。このような、正当で、情熱的、美徳、生産的な怒りという考え方は、現代に大きな影響を与えていく。

8 道徳感情《モラル・センティメント》

神学的な美徳と悪徳についての考察は、十六、七世紀には廃れていった。しかしその考え自体は、「七つの大罪」が今でも恐れられていることや、「正当な怒り」という形で大きな足跡を残した。ペーター・スローターダイクは、ユダヤ‐キリスト教の正しく復讐する神という概念が残した「忿怒の宝庫」について論じている[1]。我々は、神聖に準ずる地位を得た理想と信念のために、今もその宝庫の資源を使いつづけているのだと。

十七世紀にヨーロッパを引き裂いた苛烈な戦争で、キリスト教連合国はとっくに失われた幻想だと明らかになり、道徳も、教会から離れたところに新たな基盤を置く必要が出てきた。しかしヨーロッパ人の倫理観からキリスト教が消えたと考えるのは誤りだろう。J・B・シュニーウィンドが指摘したように、「ある道徳哲学が広く受けいれられるためには、告解でキリスト教的道徳の核心として論じられていることの要点はせめて説明できなくてはならない[2]」。しかしそれは、具体的にはどうするのだろうか？

一部の哲学者は「自然法」に目を向けた。オランダの政治哲学者フーゴー・グロティウス（一六四五年没）は、市民法にはさまざまなものがあり、なかには正義より利を重んじる法もあるが、「社会で」

平和に「生きるのは人間の自然的性向」だと論じた。[3] この「自然法」は「権利の源泉」だ。「他人のもの」は盗まない、自分が約束したことは守る、「自分のせいで生じた損害を補償する」。グロティウスはまた、この自然法を侵害する者を人々が罰することを意図していた。ここに十戒との明確な類似性がある。しかしグロティウスにとっては、これは「自然」であり、誰でも、たとえモーセの伝統を知らない人間でも、従う法だった。彼は権利の源泉を否定するものは何であれ、人間の「自然的性向」に反していると考えた。もっともなかには、快楽や「盲目の情念」に惹かれる性向があることも認めていた。[4] 人間にはそうした悪い性向もあるので、自然法を具体化し、保証するために市民法をつくる必要があった。グロティウスは怒りについていいことは何も書いていない。怒りはそのもっとも制御不能な瞬間に殺人につながり、それは権利の正反対であり、いかなるときも市民法の違反だと断じた。国の法はこのように、人間の道徳の中心的なものであり、我々にはそれに従う義務がある。しかしグロティウスはまた、人間には、宗教や市民としての強制から独立した、自分の内なる意志以外には強制できない義務があると考えた。すでに幼児には「他人によいことをしようとする傾向があり［……］その幼い年齢のあらゆるときに共感が見いだされる」。[5] これらはすべて、（そんなことはないのだが）たとえ神がいなくても真実だとグロティウスは述べた。

ある程度限られた道徳を、外部の法ではなく、自律した個人に帰したグロティウスは、声が大きくなりつつあった哲学者たちのグループに加わった。そのうち利己主義者と呼ばれる哲学者たちは、人間の悪徳さえある種の美徳につながると論じた。この考えの片鱗はデカルトにも見られた。これを大きく押し進めたのが、デカルトと同時代のトマス・ホッブス（一六七九年没）だった。ホッブスは、人間は本性を剥き出しにしたら、その生は耐えがたいものとなると主張した。人間は快楽を追求し、痛みを忌避するために、たえず互いに競いあう。これは、満足することを知らないからではなく、自然状態では、今自分がもっているものを今後ももちつづけられるか、何も保証がないからだ。法なき生の絶え間ない不安から逃れるために、リバイアサン――社会、国家、その法律と規則――を生みださなければならない。つまり悪徳の結果であるリバイアサンが美徳を生む。

ホッブスは怒りについて二方向の見解を述べている。ひとつでは、アリストテレスに端を発する長く豊かな流れを否定して、怒りを過小評価した。ホッブスは古典的な定義は理にかなっていないとした。誰にでも分かるが、怒りは軽んじられたから感じるのではなく、自分の邪魔になるすべてのもの、たとえ「感覚をもたない無生物」[6]だとしても、それに向けられる。ぶつかった机の脚を蹴とばす人がいる。そんなばかばかしいことが怒りの原因になることはよくあることだ。しかしホッブスはもう一方で怒りを重要だとして、「ほとんどの犯罪は怒りによって引き起こされている」と述べた。リバイアサンは、犯罪に対する法を整備し、それを犯す者を罰することによって、怒りが引き起こす悪い影響に対処しなければならない。[7]怒りは、他のすべての悪徳と同様に、なぜ美徳に法が必要か、その理由を明らかにしている。

グロティウスもホッブスも、法が我々に倫理的であることが得なのだと教えると期待した。しかし同時期の哲学者には自律主義者もいて、彼らは、外からの法は不要で、人間は自分を律する自律的な能力をもっていると主張した。ようするに彼らは、グロティウスのいう自分の内なる意志から生じる義務を拡大し、道徳の大部分をそこに含めた。

自律主義者には二つの派があった。ひとつは、人間は生まれながらにして倫理的な正しさに辿り着く術をもっているのは、神がそのように人間を創ったからだと考えた。もうひとつは、道徳に完全に世俗的な基礎を求めた。彼らは、人間の本性が、アイザック・ニュートンが自然科学で証明したように、一様で予測可能なものだと考えた。ニュートンが運動の三法則を導きだすために抽象的な「理想的状態」を想像する必要があったように、この哲学者たちも、とくにデビッド・ヒューム（一七七六年没）とそれに続くアダム・スミス（一七九〇年没）は、ある法に従って生きる抽象的な人間の物語を創った。

ヒュームは、この哲学者たちのなかでは先駆者で、心に感じられるすべてのものを知覚としてとらえることから始めた。すぐに感じられる知覚は「感覚、そして体が感じるすべての苦しみとよろこび」だ。印象（観念も混ざっている）を含むものは、「情念、そして情念に似た情動だ」[8]。怒りもその情動のひとつで、トマス・アクィナスの理論のように（ヒュームは類似性をはっきり否定するものの）、ある連続した感情の一部であることが多い。「悲しみと絶望が怒りを引き起こし、怒りが嫉妬を、嫉妬が悪意を、悪意がふたたび悲しみを引き起こす、このサイクルが終わるまでこれは続く」[9]。人間の本性は気まぐれで、ひとつの印象から次へと変わっていく。

気まぐれという言葉は、あまり美徳のようには思えない響きがある。じつはヒュームは、人間の「生まれながらの自然な直感」は、人間のなかにあるものだという事実に（あるいは、それにもかかわらず）、美徳を（そして悪徳も）見いださなければならないと考えていた。その直感のおかげで、我々の本性は、美徳をよろこびに、そして悪徳を苦しみに結びつけることができる。ヒュームは次のような思考の実験をした。「わたしが、もともと友情や敵意を何も感じていない人物と一緒にいるとしよう[10]」。もしわたしがこの人物に、徳のある好ましい性格を与えれば、わたしは彼に愛と仁愛を感じるだろう。しかしもし、その人が不愉快な悪徳のもち主だと思えば、すぐに彼に対して憎しみと怒りを感じるだろう。これは「憎んでいる相手の悲惨を願い、その幸せを嫌悪する」[11]欲望だ。このように、わたしが相手の悪徳に対して感じる「身勝手な」痛みが、わたしの倫理の原因となっている。憎しみと怒りがこのような働きをする理由を、ヒュームは「人間に埋めこまれている恣意的で原初的な本能」[12]のせいだとしている。彼は、何が、または誰がそれを埋めこんだのかには無関心だった。怒りが存在し、それがさまざまな結果を招くとわかるだけでじゅうぶんだった。

その結果のひとつが、怒りを他者に知られるということだ。情動はすべてそうなる。人間は共感能力を通じて他者の情動に共鳴する。我々は自分の感情を他人に伝えるだけではなく、周りの人間に自分の情動を合わせる傾向がある。「共感」をさらに考察すると、「同じ国のなかでユーモアやものの考え方に一様性［……］」がある理由が分かる。人は他者の情動的顔色に左右される。知り合いが元気な様子なら「自分も満足に感じるし、心が清々しくなる。怒っていたり悲しんでいる様子なら、自分もずしんと落ち込む」とヒュームは書いている。「憎しみ、嫌悪、憶測、愛、勇気、歓楽、そして憂鬱。いずれも、わたしが自分自身の性質や気分としてというより、人と交わることで感じることが多い」[13]。「ミラーニューロン」の発見や「感情の共同体」についての考察よりずっと前から、ヒュームは人間が他者との間で感情を共鳴、同化させていることを知っていた。

共感能力があるおかげで、我々は愛情深く感じの良い人のことを思うと目が潤み、よろこびを覚える。愛情深く感じの良い人が自分の感情によろこびを覚えているように。対照的に、怒っていて憎しみにあふれた人のことを思うと、痛みと不安を感じる。ちょうど彼らも不安を感じているのと同じだ。いずれの場合も、他者の感情に入りこむとき、我々はつかの間、自分のことを忘れる。我々の共感能力は、他者への同意不同意、「有用性や利点」とは何の関係もない倫理感覚に直結する。[14] 理性ではなく、感情が我々の道徳の源だ。

怒りは倫理的な感受性に欠かせない。残虐な人物に対しては怒るべきであり、そのようにはっきり言うべきときもある。怒りを覚えたとき、思慮分別をもって、「控えめに」そのことを伝えられたら、それは立派だ。怒りの度合いが激しくても、それが「自分自身の体と心の作用」であることを自覚しなければならない[15]。怒りが残忍さを引き起こすと、悪徳のなかでももっとも酷いものとなるのは本当だ。しかしその行き過ぎこそ、周りの者の道徳的感性を呼びさます。残酷の犠牲者に同情、心配するからだ。我々は「(残酷の)罪をおかす」人に嫌悪を感じ、「他の状況では有り得ないほどの強い憎しみを覚える[16]」。わたしたちの倫理観は、賛成するために愛が必要なように、断罪するために怒りが必要なのだ。怒りがなければ、我々は道徳的な判断ができない。

表面的には、これは、神が邪悪なものに怒らないのなら、善を愛することもできない、と主張したラクタンティウスの考えと少し似ている。しかしヒュームの理論の基盤は、それとはまったく違う。ラクタンティウスの言う神は、美徳とそうでないものを区別する神聖な智をもっていた。ヒュームのいう道徳は人間の本性と共感能力に基づいている。共感は、人間社会を生みだし、持続させる感情《センティメント》である。ここで我々が「自然な状態で」暮らしていると想像してみよう。そのような状態では、人間は利己愛のみの動機で生き、倫理的な正義の基準などもち合わせていない。この場合は利己的であることが美徳である。しかし我々は実際にはそのような自然状態では生きていない。賢明な利己心が、ルールに従って皆が平和に暮らしていくことができるという、よりよく利己的な状況をつくりだす。我々が善人を愛するのは、ルールに従う人を愛するからだ。邪悪な者に怒るのは、その者が社会の有益な契約を侵害するからである。我々の道徳は人間のつくりだした社会に由来し、怒りはそれに欠かせない要素である。

これと非常によく似た考えをアダム・スミスもいだいていた。ヒュームより一世紀後、彼もまた共感を「どんな情念にも伴う感情」であり、社会平和の源であると書いている。[17] しかし彼は（ヒュームよりも）、利己愛が邪魔をすると強調した。我々は他人の立場になって想像する努力をしなければならないが、その努力は「一瞬のもの」でしかない。[18] 自分が不安を抱えているとして、それを他者にも同程度で感じてもらいたいのだとしたら、その情念を「平たく」して、他人がより分かりやすく感じられるようにする必要がある。他者が想像で「自分になる」という試みを軽くしてやらねばならない。

＊

最近の研究者はヒュームやスミスの共感という概念を、「情動伝染」の実験によって立証したようだ。これらの研究では対面か、少なくとも声と身振りは交えている状態でなされた。しかしフェイスブックがスポンサーになった研究によれば、言葉だけでも同じ効果がある。フェイスブック上の友人が「ネガティブな情動」（あるいはネガティブな情動を表す言葉）を含む投稿をすると、見ている者も自分自身の投稿がネガティブになる傾向がある。一方、「ポジティブ」な投稿は見る者により明るい投稿を促す。

この研究では怒りは否定的な情動とされている。[19]

しかし現代の情動伝染と十八世紀の共感の概念の違いよりも、類似性こそ大事なのではないか。スミスの考え方を例にとると、調整する過程に時間がかかっている。どういうことかというと、相手が自分の感情に共感しようとしてくれているのは分かるが、自分が感じているほど強くは感じられないだろうから、自分の方が、感情のボルテージを下げて合わせることになる。それにスミスによれば、怒りの情動は他の情動よりも要求が激しい。我々は友人に対して、よろこびのときより怒りのときに共感するように強く求める。だが怒りの情動は、じつはもっとも共感しづらい。というのも、我々がとっさに思うのは、怒りの犠牲者に対する共感だからだ。

怒りが共感を得づらいのは、一般的に「不愉快」だからということもある。アリストテレスは怒りを苦しみに満ちたもので、同時に快感でもあると考えていた。ヒュームとスミスは、この点を考慮する必要があった。二人は怒りが快楽だという状況は限定的だとしつつ、怒りの道徳的な役割にはいくらかの快楽があると認めた。それは（スミスの言葉でいうと）怒りが、「気高く寛大な憤りで、最大の侮辱の追撃を支配している」ときのことだ。このような怒りは、復讐と処罰を求める熱意において、神の怒りと似ている。中立な人々がこのような怒りを目撃したら、よろこぶだろう。[20]

現代の哲学者のほとんどは、怒りを純粋に「ネガティブ」な情動ととらえている。彼らは悲しみから喜びまでの感情の軸を思い描くとき、怒りを悲しみの先端に置く。しかしごく最近、この感情軸を提唱したジェイムズ・ラッセルは、人は怒りを感じつつ、認知的には、怒りの刺激を評価してそこに快感を感じることもあるという説を提案した。彼が想定しているのは、面白い映画を観ながらそのなかの悪役に腹を立てるような、入り交じった情動だ。[21] 怒りの快感に屈するということだ。しかしこれは、スミスの「気高く寛大な憤り」とはかけ離れている。

＊

十八世紀のフランスでは、怒りの気高いものと見なす可能性について、多くの作家が書いている。「人権」の議論は中世に生まれた、この状況で花開いた。ジャン・ジャック・ルソー（一七七八年没）の『エミール』では、乳母に叩かれた子どもの様子が書かれている。「子どもは怖がるのだろうと思っていた」とルソーは書いている。「あの子は卑屈になるぞ、と自分に言い聞かせた（中略）。しかし間違っていた。その子は怒りで息を詰まらせ、呼吸ができなくなった。紫色になった。一瞬のち、すごい叫び声をあげた。嫌悪、怒り、この時代の絶望、これらすべてが小さな彼の表現しうる最大の形で表れた（中略）。もしわたしが、人間には生来、正義と不義に対する感情《センティメント》があるという事に疑いを抱いていたとしても、このできごとだけで〔そうではないと〕確信しただろう」[22]。同じ著書のなかで、ルソーは「人間」のなかには「女性」も含まれると明記している。ソフィーという登場人物がいるのだが、性別が異なる点を除き、エミールが男性の一般的なサンプルとして描かれているのと全く同様に、女性のサンプルとして登場する。「彼女は同じ臓器、同じ欲求、同じ機能をもっている」[23]。ここで性別の問題が出てくる。他のすべての女性と同様に、ソフィーは男に従属的であることによって、社会の公益となるよう努力すべきであるとされている（とルソーは考えていた）。しかし神は彼女に、男性に与えたのと同じく、情熱と正義感を与えた。ソフィーは恋人のエミールが約束の待ち合わせに来なかったとき、裏切られたと感じ、怒る。そしてエミールが怪我人を助けるために来られなかったと知り、怒りが氷解する。ルソーや同じような思想家に続く次の世代は、人間の尊厳（叩かれた子どもの怒り、ソフィーが拒絶されたと思ったときの怒り）を、市民の大半を否定する社会の不公正に対する正当な怒りと結びつけた。この結びつきの結果、パトリック・コールマンがいうところの「疑似宗教的な性質を備えた大いなる怒り」となった。この種の怒りがフランス革命を起こし、それを正当化する一助となった。[24]

一七八九年から一七九四年までのフランス革命の間、フランス語で交わされた議論のなかで、怒りが占める位置は目に見えて大きくなった。この間に生みだされた多くの文献資料のうちのひとつのなかで、「コレール」という、英語の「怒り」と同じ意味の言葉の使用頻度がかなり増えている。他にも類義語の「ルサンチマン、ラージュ、ヒュレール、ヒュリ」も同様である。[25]

「怒り」がもっともよく使われたのは一七九三年の九月、十二回も使われている。同時期に「忿怒」も二十五回という最高頻度で使われている。これらを合わせると、同時期によく使われていた「自由」（三十四回）よりも少し多い。「自由」は革命のスローガンだったはずなのに、である。これらは数字としては大きくはないが、ある傾向を示している。自由にコーティングされた怒りの文言が見つかる文献は、時期的には一七九三年三月の恐怖政治の始まりから、続く対ヨーロッパ諸国との戦争、そして同八月の国民総動員令に至るまでの期間のものだ。一七八九年の革命初期には、オノレ・ガブリエル・リケティ、ミラボー伯爵が「誤った見知に基づく怒り」[26]に対する警告を発していたが、一七九三年までに大衆の怒りは、十戒と同じくらい神聖なものとなっていた。そして、九月初めの国民公会で、パリ市民の代表者は、議会の急進派を「山」と称し、彼らが「フランスのシナイ山」であると熱く説いた。その山の頂上から、彼らはまるで神のように、「永遠の正義の法と人民の意思を、聖なる雷として放つべきである（中略）。正義と怒りのときが来た！」[27]。同じ月の少し後で、ある地方代表が、住民に告げた。「フランス人よ。憎むべき奴隷制の軛の下でうずくまる人々よ、暴君とその協力者による犯罪と暴虐に疲れ切った人々よ、一七八九年七月十四日、皆でともに立ち上がろう。彼らの鎖を絶ち、彼らへの公正な怒りのなかで、バスチーユを襲撃しよう」[28]。「公正な怒り」という言葉はこの年、よく使われた。「聖なる怒り」もそうだった。八月二十日に共和国の創立を祝う式典で、王制の旗を燃やす一幕があったのだが、燃え方が遅すぎた。そこで「憤慨した」人物が、「聖なる、そして愛国的な怒りに燃えた」人物が、旗をびりびりに破いた[29]。スロターダイクの言う正当な怒りの「遺産」が、ここでは、パフォーマンスになったと言っても良いだろう。

怒り［rage］という言葉は、このような事物には相応しくないように思える。通常は侵略軍や暴君、裏切り者に対して使われる言葉だ。それでも「コフィナル（南仏の小さな村）の住民」のように「公正な怒り［just rage］」という使い方はできるだろう。一七九三年九月半ば、彼らは国民公会に向けた手紙の中で、山岳派マラーがジロンド派のシャルロッテ・コルディに暗殺されたことを受け、以下のように書いている。「マラーが死んだ！　暗殺だ！　お前たちのトロフィーが、殺した者の重要性を示すものなら、これ以上の戦果はないだろう。（中略）しかし、我々は公正な怒りを抑えよう。愛国心は破壊されたものの破片のなかから、かならず生き残る」[30]

一年も経たないうちに、「山」は崩れた。恐怖政治は終わり、風刺詩人たちは痛烈に「デュシェーヌ親父」紙のなかで批判した。図9にあるように、恐らく一七九四年のものだろうが、若い男が、取り乱し、髪をかきむしっている。彼は慌てて椅子をひっくり返しており、看守がそれを楽しそうに笑って見ている。処刑されようとしている若者の絵である。デュシェーヌ親父とは、過激なジャーナリストのジャック・ルネ・エベールという人物のことで、「デュシェーヌ親父」の中でよく文章を書いていた。彼の文章はきわどく、風刺が効いていて、時代を皮肉るのがうまく、絶大な人気を誇っていた。一七九三年の記事で「裏切り者」のキュスティーヌ将軍を処刑するよう、「早く、クソったれ、ギロチンを用意しろ」と書いた。この記事は注目された。[*31] しかしエルベール自身も翌年にギロチンで処刑された。（図9参照）

＊

一連のできごとを、対岸から見ていたイギリスでは、多くの人が、反乱の怒りは、決して倫理的ではなく、正義のかけらもなく、ましてや聖なるものではないと悟った。ウィリアム・ワーズワース（一八五〇年没年）は、自伝的な詩の中で、フランス革命の最中にフランスに住んでいて感じたことを書いている。最初は、彼は特権政治の終わりを非常に喜んだ。しかし恐怖政治とヨーロッパ戦争が始まると、次のようにしか考えられなくなる。

狂気に血塗られ、蹂躙された大地

Il est bougrement en Colere le Pere Duchene.

図9　デュシェーヌ親父は怒っている（パリ、1794 年頃)。怒りは「デュシェーヌ親父」と同様に人として戯画化されている。デュシェーヌ親父はレネ・エベールのペンネームで、彼は新聞で当時の政治家たちを手厳しく冷笑し非難した。中央の人物の乱れた髪と苦悩に満ちた顔は図５のプルデンティウスの写本に登場した怒りの人物像の流れをくんでいる。この絵は、フランス革命の行き過ぎと関連づけられた怒りに対する反発をあらわしている。

密やかな悪事が
露わな狂気となって蔓延し
爆発する
地獄から立ち上るのは、天国で清められた空気

彼は「盲目の怒り、傲慢な奢り」を否定した。[32] ワーズワースはこれらの文章を一八〇五年に書いているが、一七九三年七月のできごとを受けて書いたような文体にしている。まさに革命家たちが「正しい怒り」を言いだしたときだった。

革命のあと、イギリスの思想家は怒りという情動を二つに分けて考えた。一方はよいもの（義憤［indignation］）で、もう一方は悪いもの（忿怒、逆上［rage, fury］）ものとした。『フランス革命の省察』（一七九〇）のなかで、エドマンド・バークは、よい怒りについては一度しか言及していない。革命の残虐行為を散々批判した後で、最後に、自分自身を「胸の内にはどんな怒りも長続きせず、激情を燃やすこともなかった、そんな人物が、専制政治にだけは、怒りをいだく」と描写している。[33] 彼は革命家にはそんな情念は一切なかったと断じている。革命家たちは「忿怒と暴行と侮辱」でもって、「温厚で法律を遵守する」王制に刃向かった。[34] 歴史は間違って使われると武器庫になってしまう、と彼は言う。武器庫は「生、再生、紛争、憎悪、市民の怒りに油を注ぐこと、を可能にする方法を提供し続ける」。彼は人間の「高慢、野望、金銭欲、復讐、淫蕩、扇動、偽善、抑えきれない熱情、そして規律のないすべての欲望」を公益の害だと見なした。[35] 結果としてこれはグレゴリウス一世の説いた「口論、膨れあがっ

た心、侮辱、文句、怒りの爆発、不敬」という怒りの戦士たちと同じだ。しかしフランス革命後、これらの悪徳は、個々の罪人にではなく、政体に破壊をもたらした。

一方でアンドリュー M・ストーファーは、怒りの美徳の側面は「義憤」と表されることもある、と指摘している。[36] バークは、ヒュームやスミスが確立した人間の共感能力や認知能力を頼りにした。変化が必要なとき、人々はそれを知る。「賢者はことの重要性からそれを決心し、怒りっぽい者は抑圧を認識することからそれを知り、心意気の高い者は、値しない者の暴虐に対する拒絶と怒りからそれを知る」。これらすべては美徳である。しかし革命は「思考と善の最後の資源」[37]である。バークはフランス・カトリックの枢機卿が領地を没収されたときのことに触れ、こう書いている。「このような追放と没収を聞いた者で、義憤と恐怖を感じないなどということがあるだろうか。このような状況に何も感じないなら、それは人間ではない」[38]。バークにとって、義憤は怒りとはまったく別物で、どちらも一切合切の怒りに組みこまれてはいるものの、同じではない。

バークのフランス革命の怒りに対する熱弁で、革命への賛成、反対の意見が堰を切ったようにあふれだした。誰もが自分たちの優位性を主張し、他方を「情念に浮かされている」と批判した。トマス・ペイン（一八〇九年没）もそのなかのひとりで、バークに対する長い反論を展開している。[39] バークの活躍した当時のイギリスでは、現代のアメリカのように政体があまりに一極集中すると、理性的な議論が予め排除されてしまうのではないかと憂える思想家が出てきた。

ペイン自身は道徳感情の修辞法を採りいれて、ずいぶんたってからアメリカ独立宣言に活かした。『コモンセンス』（一七七六年）は入植者の間でベストセラーになったペインの本だが、そのなかで、「感じることの力」を「すべての人間[40]」が生まれながらにしてもっているものだと提起した。そうすることで、彼は意識の重要な変化を示した。植民地アメリカに住む者は、階級、人種によって分断されている。これまでのところ、財産を所有する白人男性のみが名誉ある道徳感情を備えており、他の者はそのようなものをもち合わせていない、とされてきた。植民者は「熱くなる感情」についての多くの言い回しを武器に、自分たちと他の者たちを、微妙に違っていて独善的と言及した。ニコル・ユースタスはおもに植民支配下のフィラデルフィアで、文献を注意深く調べた。「怒りにも似た情動を表した者は、盲目的な不機嫌や熾烈な怒りから、名誉ある判断まで、多岐にわたる基準によって判断される[41]」。使われる言葉は異議もあり流動的だが、どの言葉にも、社会的偏見が見受けられる。

「義憤」はイギリスではまさに、威厳と名誉のある正当な怒り与えられた言葉だった。「嫌悪」もその種の言葉で、ほとんどすべての場合、財産を所有する男性用の言葉だった。しかし女性は、たとえ上流階級でも、「嫌悪」することはほとんどないとされてきた。彼らのうち財産をもっている者は僅かで、さらにもっと僅かな者が、同じ地位の男性と同程度の名誉を与えられていた。アリストテレスの古代アテネと同じく、尊厳ある怒りというのは、侮辱に値する特権階級の男性に限られていたのである。

「たがの外れた」、「奔放な」、「カッとなった」という言葉は、下層階級の者や黒人男性の怒りを表すものとして、別立てで用意されていた。黒人女性の怒りについては全く何も言及されていない。彼らには所有財産も名誉もない。フィラデルフィアで家事労働をしているという、ごく一般的な彼らの役割を考えるに、彼らの怒りを認識することが恐ろしすぎたのではないだろうか。同じ事は先住民にも言え、彼らが怒っているかもしれない、という事はほとんど指摘されていなかった。クエーカー教徒はもちろん、古代仏教徒のように怒りを拒絶したが、その理由は仏教とは違っていた。山上の垂訓によれば、十戒のように愛し、決して怒ってはならない。クエーカー教徒は（年長者が言うように）「淫蕩、虚栄心、高慢、悲嘆、堕落、憎しみ、そして怒りとは正反対の生き方をしている」[42]

しかし一七五〇年を過ぎたあたりから、ヒュームやスミスのようなスコットランドの哲学者の思想が大西洋を渡ってきた。彼らの「人間本性」についての概念が本として売れて、フィラデルフィア大学の教育課程に組み込まれた。この論は、すべての社会階級は平等であると説き、人種と性別間の平等についてさえ示唆している。同時に、当時は暴力と結びつけられていた怒りも再評価されて、怒りは戦争での強さや勇気、成功を意味するとして、ふたたび市民権を得た。先住民族は突如として、怒りを感じていると祭り上げられ、最前線にいる入植者は、自分たちには逆上、激怒、天罰といった性質があると讃えるようになった。イギリス軍は輝かしい戦果をあげ（当時はまだイギリスと植民者が連合していた）、一七五九年の新聞で褒め称えられた。兵士たちは「怒り狂ったような攻撃で（中略）フランス軍を追い出した」[43]。

＊

このような、怒りをより高い道徳達成の手段とするか、バラバラな動機の破壊的な手段とするかの揺れ動きは、今日も続いている。現代の道徳哲学は、そのけりをつけるために、現代心理学の発見を倫理的な問題に適応させようとしているところだ。好例がザック・コグリーで、怒りが美徳になり得るのは以下の三つの条件をすべて満たしたときのみであるとしている。正しく誤りを評価したとき、適切な行動の動機があるとき、正確な意思疎通ができるときだ。[44] 一方はびくびくして消極的、もう一方は憤って好戦的、このどちらかの極に寄ってしまうと、悪徳になる。コグリーの概念は、理性由来の怒りというアリストテレスの狭い解釈と、普遍的に正当化された怒りというスコットランド哲学者の解釈の間にある。コグリーは、怒りが美徳になるためには、正しく「誤った行動」を批評できること、そしてその怒りの程度は、痛みの程度に見合うものでなければならないとした。フレデリック・ダグラスとマーティン・ルーサー・キング牧師は、コグリーの言う「美徳の例」である。彼らが反対していた体制の不公正さがあまりに酷かったから、彼らの怒りは倫理的だった。正しい理由の怒りは人々を動かす。行動を起こさせ、抗議させ、変化を起こさせる、「人が誤った行動をするのを思いとどまらせ、(暗黙の脅しにより) よい行いをさせる」。コグリーは、キング牧師が「何物でもなかった貧民街の怒りを建設的、創造的流れ」に変えた例をあげ、これは「積極的な抵抗」だと指摘した。[45]

アリストテレスのように、スコットランド哲学者のように、コグリーは怒りの判断を倫理に不可欠なものとした。行動や意思疎通を訴える彼のやり方は、もとを辿れば、ヒュームやスミスの共感という概念につながる。彼もまた人間の情動は真空で感じられるのではなく、周りの人間に合わせて感じられるもので、周りの人間もまた同様であると考えていた。しかし最終的にコグリーは、現代の我々がいかに、道徳感情の理論を導きだした始めの仮定からかけ離れているかを指摘する。ヒュームとスミスは、すべての人間は、法の範囲内や社会規範のなかで表現される情念を共有しており、それは似通っていて道徳的であるはずだと確信していた。彼らは、ダグラスやキング牧師のような、美徳の怒りを表現する特別な英雄を必要としていなかった。

アラスデア・マッキンタイヤの『美徳なき時代』で、著者は「倫理的な不一致を、理性的に解決できる一般的な基準」が失われたと嘆いている。彼が言う基準は十九世紀まではあったのだが、哲学が学派に分かれて争うようになってから、失われた。[46] 彼は、今日のギスギスした不調和な理論のやりとりは、誰もが自分の怒りは正当であると主張するこれらの学派のせいだとしている。マッキンタイヤにならって、コグリーも新しい「一般的な基準」を探し、ある怒りは美徳で別の怒りは悪徳である、ともう一度整理しようとした。

しかし一般的で普遍的な美徳は、「外の」どこかにあるという概念そのものが、現代では怒りにまつわる騒音になっている、という可能性もある。美徳である人間の怒りという可能性は、最初はアリストテレスが理論化し、中世には、神の正当な怒りと、聖なる法を犯す者に対する感情や怒りを表現する人々の役割が合わさったものだった。そのかなり後で、スコットランド哲学者たちが、人間の美徳からくる怒りと、神が直接下す怒りを分けたが、そのときでさえ、美徳の怒りには、間違いのない絶対の正しさがあるという考えが残っていた（これとは対照的に、アリストテレスは、美徳はケース・バイ・ケースでとらえ方が変わると考えていた）。

一般的な基準は、決して一般的ではなかったのだと、ここで認めよう。アリストテレスの流動的な美徳の定義でさえ当てはまるのは、非常に少数の超エリートたち、しかも古代ポリスに参政する男性に限定されていた。中世になるとこの概念はより多くの人々に受けいれられたが、彼らはキリスト教徒（かつカトリック教会に属する特定のキリスト教徒）でなければならず、ほとんどの場合、騎士や諸侯、神父や枢機卿といった自由な身分の男性だった。ヒュームや他の倫理哲学者が、神の定める美徳の怒りから脱却したとき、彼らの考える普遍的な雛形となる人間の本性は、やはり神の正義を反映していた。「共感」という言葉が「汝の隣人を愛しなさい」と似ているのも偶然ではない。

＊

本当の問題は、我々が一般的な基準を失ったということではない。問題は、正当な怒りという考え方そのものにある。自分たちの怒りが正義で美徳であり、「彼ら」の怒りはそうではないと考えなければ、ひょっとすると自分たちの方が間違っていたのかもしれないと認めていたら、彼我の議論の不協和音はずっと小さなものだっただろう。実際この本は、この怒りは美徳だとかこの怒りを感じて当然だとか主張しない怒りの考え方をたくさん提示している。怒りを感じ、理解し、対処するのには実にさまざまなやり方がある。怒りは正当でなくても重要で、注目に値し、我々の興味や懸念の対象となる。怒りが美徳か悪徳か、道徳的か不道徳か、それは受け継がれてきたその他諸々の考えのひとつに過ぎず、しばしばもっとも有害なものになる。

第三部　自然な怒り

9 初期の医学的伝統

怒りが自然なもの、つまり人間の本性の一部だとしたら、それを否定することを想像してもしかたがない。まして怒りが善か悪か、倫理的価値を与えるのにも意味はない。怒りが自然なものなら、それを理解するのが一番だ。怒りはどこに「座す」のか、どのように生まれるのか、どのように働き、どうすればコントロールできるのか。

ときに身体や精神に有害なものとして、怒りは古くから医師の関心事だった。三世紀から十八世紀の西洋では、健康面での怒りの役割についての考えは、おもにガレノス（二一六／一七年没）の多くの著作に拠るところが大きかった。多大な影響力をもつ医学哲学者、医師でもあったガレノスは著書『医術』で、怒り――そしてその他の情動――を有益か害があるかにかかわらず、健康に関係する多くの要素のひとつであると分類した。ガレノスが「衛生」要素と名付けたそれらの作用因子はその後、「六つの非自然要素」として整理された。（1）空気と環境、（2）動きと休息、（3）睡眠と覚醒、（4）食べものと飲みもの、（5）滞留と排泄、（6）「心の苦痛」――情動、怒りもこれに含まれる。この六つはすべて、我々の体を変える。量とタイミングが正しければ、健康を保つのに役立つ。しかし過剰でも不足しても、健康を損なう。ガレノスは、「あらゆる心の苦痛――怒り、悲しみ、よろこび、熱情、恐怖、嫉妬――の不均衡を避ける」のは当然だと考えていた。[1]

注意すべきは、ガレノスは苦痛そのものを避けるべきだというのではなく、「不均衡」に気をつけるようにと述べていることだ。体は、ほかのものと同じく、それぞれ異なる性質をもつ四つの基本元素――空気、水、火、土――でできているとガレノスは述べた。空気は冷、水は湿、火は熱、土は乾だ。人体にはそれら四つの元素と関係した四体液が流れている。心臓の血液は熱と湿、肝臓で生じる黄（または赤）胆汁は熱と乾、脾臓で生じる黒胆汁は冷と乾、脳で生じる粘液は冷と湿だ。身体の健康はこれらの体液とそれがあらわす要素の正しいバランスによる。普通の成人男性の体は熱と乾、女性は反対に、冷と湿だ。しかし正しい「バランス」には個人差がある。

怒りのような情動には、身体の熱、冷、湿、乾を変える力がある。だがどうやって？ 怒りは「心臓で熱が沸くようなもの」だと書いた。心臓が激しく鼓動すると、怒りが血管を流れる血液や生気によって運びだされ、巡りながら体を熱する。その際、体の体液の混合も変わる。それは体にいいかもしれないし、深刻な病気を引きおこすかもしれない。人々が激しく議論して激怒するとき、体液のバランスが変化し、より「胆汁質」になる。熱と乾の性質をもつ肝臓の胆汁が過剰になり、発熱し、危険な状態になる。しかし怒りが少なすぎるのもまた有害だ。人々が論を戦わせることも、怒ることもなければ、その体は冷たく不活発になり、「肝臓の障害［……］やてんかん」を引き起こす。怒りの不足はまた、精神にも影響する。「働かない知性、不注意、完全に気力を失った心」[2]。我々は朝、起床して一日を過ごすためにも、多少の怒りを必要とする。

あらゆる情念は体の正常な状態を乱す可能性がある。しかし情念によってそのやり方は異なる。医師は、それらに関連したさまざまな脈を見分けることで、体調を崩した人を診断することが可能だ。硬く小さな脈の人はめったに怒らないが、ひとたび怒ると普通よりも長く怒っている。[3] ガレノスは以下のように書いた。「怒っているときには、脈は大きく、活発に、速く、頻繁になる。〔……〕突然の激しい恐怖では、脈は速く、動揺し、乱れ、不規則になる」しかし注意が必要だと、ガレノスは言う。なかには怒りを隠したがる人もいる。だが「不規則な」脈でわかってしまう。不安な人のもっと不規則な脈とは区別される。[4] ガレノスは、訓練を受けた医師は脈を見ることで嘘発見テストが可能だと自慢しているわけではないが、それに近いことを言っている。

非自然要素に体のバランスを変える力があると考えれば、ガレノスが食事、睡眠、運動などの正しいやり方について多くの文章を書いたのはとくに驚きではない。そうしたことは、わりと簡単にコントロールできる。自分で食事を調整し、睡眠時間を測り、どれだけ運動したかを記録する。正しい量の怒りを出すほうが、難しい。ガレノスは怒りの正しい量を助言するのに、セネカなど古代の文筆家らの考えを借用した。彼の処方は、きちんとしたしつけ、自制の習慣、信頼できる監督者の見守りを頼りにすること、毎日の自己査定、心地よい音楽、役立つ本などをあげた。じっさい、ガレノスはその倫理的な業績において、怒りは自然で必要なものだと考えている医師にしては意外なほどストア哲学に近い立場をとった。

ここでガレノスの思想を、ハーバード大学の哲学者／心理学者ウィリアム・ジェイムズ（一九一〇年没）の現代的な理論と比較してみよう。ジェイムズも、情念は体のなかに宿ると考え、情動をつくりだすのに思考は何の役にも立っていないとした。ジェイムズの考えでは、我々が情動を意識するのはその

「特徴的な身体症状」を感じたときだけだ。たとえば怒りに伴う身体的な症状なしで怒りを思い描こうとしても――「胸での怒りの噴出も、顔の紅潮も、鼻孔の膨らみも、歯の食いしばりも、激しい行動の衝動もない」――まったく見当がつかない。[5]

胸の「噴出」、心臓のあたりが「沸きたつ」感覚、熱くなった血液がどっと顔にのぼって赤面――こうしたことすべてについてのガレノスの考えは、一八八四年にジェイムズが本を書いていた当時、依然として大きな影響力をもっていた。ガレノスの本は医学教育過程から排除されてだいぶ経っていたにもかかわらず。とはいえ、英語の話者はいまでも「おまえのせいで血が沸騰する」「彼女はかっかしている」などの表現を使う。[6] しかしガレノスのもっとも長もちしている遺産は――もっともそれは、ガレノスがけっして認めなかった身体と精神を分ける考えだが――情動は我々の生理機能の一部であり、科学者は脈や皮膚の電気伝導度などの変化を見ることによって情動を研究できるということだ。

＊

中世においてガレノスの理論は、書物で学ぶかどうかにかかわらず、医療の一部となっており、学校の正式な教育の一部でもあった。初期には、短い概要がガレノスの体系を二、三の手軽な原理に単純化し、その際体液には人間の健康や性格の原因として、より重要な役割が与えられた。短気で怒りやすいなどさまざまなタイプの気質が、どの体液が優勢かによって決まった。ガレノスはさまざまな体液のバランスを認識していたが、中世の医師たちは「多血質」（熱と乾）が最適だとした。だがそれほど硬直的ではなかった。たとえば、中世初期に医学知識の「要約」とされた『医術の知恵』では、黄胆汁質の人々――黄胆汁の熱と乾が優勢な「気質」（体液のバランス）のもち主――は、「短気で気まぐれ。しかしそれ以外は無口で控えめ。［……］冷水によって健康を取り戻す」と書かれている。[7] この短い文章でも、黄胆汁質の人々はときどき怒りっぽく、ほかのときには控えめだとわかる。中世の体液説は、生まれつき決まった性格タイプの理論ではない。

十二世紀末、ヨーロッパで大学が増え、医学もじょじょに哲学や神学のような学問に加わった。イスラム世界ではガレノスの理論にはすでに、有名な注釈や解説がつくられていた。その一部を、マイモニデス（一二〇四年没）の著書に見ることができる。マイモニデスはユダヤ教の高名なラビであり、エジプト王サラディンの宮廷の侍医を務めた。健康増進の養生法についての文章でマイモニデスは、情動は「確実に一目瞭然の大きな変化を身体におよぼす」として、情動の重要性を強調している。彼はあらゆる性格タイプに合った複雑な養生法を紹介している。たとえば「温和な」――あまり怒らない――人には、真珠のかけら、琥珀、珊瑚、焼いた川蟹、ハリゲコウゾリナ（ハーブ）、金、クシロネナシカズラ（植物寄生体）、麝香、バジル、レモンバームの種、サフラン、シナモン、赤薔薇、これらすべてを調合して錠剤にしたり蜂蜜で練ったりする。[8]

この調合薬は「心臓を強くする」のにすばらしく効果があるとして、マイモニデスはこれを怒りっぽい患者に特有のニーズ向けの基本処方箋として推奨した。「悪く熱い気質」の人には、サフランと麝香を減らし、タイムを省いて、カラクサケマンとセンナ（いずれも顕花植物）を加えるように助言した。その他、「憂鬱、躁病傾向のある疾患、つまり狂気に苦しむ王たち」も患者だった。彼らの怒りは絶望と混じり合っていた。その場合、基本の調合に「美しいザクロ色をしたヒアシンス石〔宝石〕を微細に砕いた粉を一ドラム」を加える。「悪い熱の気質による動悸と心臓虚弱」に苦しむ患者もいた。[9] 彼らの怒りは不安を伴う怒りであり、まったく異なる調合役が必要だった。万人に合う薬はなかった。

こうした薬はじっさいに効いたのだろうか？　マイモニデスは、薬で症状がとても楽になった患者たちを観察して、そう主張した。しかしなかには、薬が答えではない場合もあった。苦しい怒りからの解放は、「実用的な哲学、そして法の訓戒と統制」によってもたらされた。[10] ここではマイモニデスのなかのラビが医師に勝利した。

一方、ヨーロッパの医師たちは、ガレノスの理論を独自に改良したものをつくっていた。サレルノのバルトロメウス〔活躍期一一七五年〕の考えを例に取ろう。おもにガレノスの業績をまとめた九世紀の『医学入門』〔フナイン・イブン・イスハークが著した医学書〕の注釈のなかのある個所で、バルトロメウスは心臓の動きを、アリストテレスの考えに沿って説明した。アリストテレスの著作と思想はヨーロッパで再発見され、十二世紀末には主流になりつつあった。[11] 心臓の動く力が心臓と血管を拡張・収縮させるとバルトロメウスは書いた。そのように動作することで「心臓のなかに怒り、よろこび、その他の心の情念が生まれる」。そこまではいい。アリストテレスもガレノスも異を唱えることはないだろう。しかしバルトロメウスは、情動が心臓で「始まる」というアリストテレスの考えには従わなかった。「それら〔情動〕の起源は脳にあり、その実行が心臓から生じる」これはアリストテレスともガレノスとも異なる考えだった。

バルトロメウスはどうしてこの考えにたどりついたのだろう？　彼はアリストテレスから、あらゆる情動の裏には判断があると学んだ。しかし彼は、判断が心臓にあるというアリストテレスの考えには、うなずけなかった。ガレノスの理論もよく学んでいた彼は、判断、想像、感覚知覚の解釈は脳に起源をもつはずだと考えざるをえなかった。なぜならガレノスの動物解剖学の研究によって、神経は脳を起点としていることが明らかになっていたからだ。ガレノスは感情《アフェクション》の展開における脳の役割はほんの一部だと考えていた。バルトロメウスは脳を舞台の中央に立たせた。我々がどのように怒りを覚えるのかについての彼の考えは、驚くほど現代の認知の説明に近い。彼は以下のように書いている。

あらゆる情動の起源は感覚または想像によって知覚された外的な要因にある。たとえば、我々は目で、向かってくる野獣や、通りがかった、横柄で尊大な態度の敵を知覚する。それらはそれぞれ、恐怖または怒りや義憤の原因だ。同様に、我々が目で乙女の美しさと踊りを知覚すると、心を動かされてよろこびを覚える。また耳で侮辱やお世辞を聞くと、怒ったりうれしがったりする。このように、あらゆる情動の原因はまず感覚や想像によって知覚されるのは明らかだ。

バルトロメウスが情動には「外的な要因」があるというとき、彼は現代の心理学者ナンシー・スティン（2章を参照）のいう「感覚経験」を意味している。バルトロメウスによれば、怒りの原因は、「通りがかった、横柄で尊大な態度の敵」かもしれない。これはスタインの次の段階に相当し、感知したものが「大事な目標の失敗」を示唆しているとの評価だ。バルトロメウスの目標は敵が我々の名誉と尊厳を認めることだった。スタインの最後の段階では、失敗は取り返せるという信念が続く。それはスタインにとっては、評価プロセスの一部である考えだ。バルトロメウスも同様の指摘をしている。「被った侮辱をやり返すという考えが怒りに先行する。考えは脳の明白な想像であり、それに続くのが、心臓の熱と復讐への欲望だ」。ガレノスにとっては、怒りは身体的なもの、つまり「心臓で熱が沸くようなもの」だった。バルトロメウスにとって怒りは精神的なものだった。つまり、心臓を沸きたたせる原因となるある種の考え。これは彼のキリスト教的文脈ともよく適合した。というのも、グレゴリウス一世の例で見てきたように、怒りの悪徳は外からやってきて、心臓の砦を攻撃する。バルトロメウスの言葉にある「外からの」という部分は脳を指し、その思考が心臓に怒りを燃えあがらすのだ。

＊

このように、中世の医師はガレノスの説を採りいれながら、さらに新しい仕組みを考案した。教会の独裁が終わる頃、活版印刷の発明、市民の識字率の上昇、ニュートンによる科学の勝利などの変化が起きたが、何よりも、十五世紀に始まった人間の解剖学的構造の学問と、十七、八世紀に修正されたガレノスの解剖学が、医学史の大きな変化の潮目となった。

ウィリアム・ハーヴェイがおこなった血流の実験は一六二八年に出版され、ガレノスの唱えた動脈と静脈の分離を否定し、心臓には従来考えられていたのとは違う役割があると主張した。心臓は魂を具現化したものではなく、要はポンプである。情動はポンプとどういう関係があるのだろうか？　何もない。では熱は怒りとどういう関係があるのか？　こちらもやはりない。ウィリアム・ハーヴェイと同時期のサントーリオ・サントーリオ（一六三六年没）が体温計を発明したことで明らかになった。彼はガレノスが言った、高体温の気質について証明しようとした。そこでガレノスが個人の性質ととらえたがった症状を、数字に置き換えた。ところが「高体温の怒りっぽい」人は、実際には他の人と変わらない華氏九八、六度（摂氏三十七度）だった。これはどういうことだろう？　機械を使った人体構造の新しい研究が幕を開けた。

ガレノスの説が有効性を失っていく一方で、新しい説が取って代わった。情動が生まれる場所として脳を重要視したバルトロメウスの説が、新たにおこなわれた正確な人体解剖によって、第二の地位に追い上げた。同じ頃、生気は軽視され、ガレノスの言う、精神は動脈血のなかにあり、怒りの熱は心臓から出ていくときに体中に広がるという説は、少なくとも最初のうちは、新たな誇りある居場所を得た。トーマス・ウィリス（一六七五年没）は、両方の流れを体現している。彼は自著『脳の解剖学』で、精神を議論の中心にすえた。怒りは他の情念と同様に、考えのようなもので、まずは脳で「想像され」、すぐに精神を動かす。精神が小脳を刺激し、次に心臓、内臓、「顔の筋肉」、ウィリスが「感情と心という概念にもっとも近いもの」とする目の筋肉の神経がかき立てられる。そうなると感情を隠そうとする意思まで暴かれる。このような全体的な身体の反応は不可避だ、とウィリスは言う。「なぜなら［……］精神は、あちこちに影響するから」で、あちこちというのは、脳と胸の間で、「たちまち（精神は）ハープの弦のように神経を爪弾く」。つまりウィリスは、精神には、現在の科学における神経経由の瞬間的電気化学的伝達のような、つなぐ役割があると考えていた。[12] 脳とその精神をかきたてる役割を強調することで、ウィリスは体液や熱しやすい気質といった「古い」説を捨てた。

精神の生まれる場所を脳であると定義し直すことによってもたらされたもうひとつの結果は、心臓の役割を降格し、それによって、情動を脳以外の体の大部分から切り離す、というものだった。情動はもちろん、必要としている動きを起こすために、体の他の部分と伝達作業をしなければならないものの、（新しい見方では）ほぼ純粋に精神的なものになった。心臓が情動の中心と見なされていたときあるいは怒りによって熱くなる、あるいは恐れによって冷やされる大釜だと思われていたときには、身体と情動を切り離す考えはなかった。なぜなら脳、あるいは心、あるいは魂は、身体の作用だったからだ。デカルトはしばしば身体と心を切り離したと批判される。しかし三章で見たように、精神は身体のあらゆる部分とつながっているとわざわざ指摘していることからも、切り離すことが目的ではなかったことが分かる。しかしデカルトの精神は、意識思考にしか関係していなかった。たとえば「後ろの車はクラクションを鳴らしている」という思考に、「あのクラクションはわたしを侮辱している」という思考が加わり、怒りと感じられる。デカルト主義の考える心とは、消化系や呼吸系のような身体の作用ではない。そうした作用は自動的で、時計の針が機械式に動くのと同じだ。哲学者スーザン・ジェームズが指摘するように、「デカルトの使命は、純粋に機械式の身体と、純粋に精神的な心が、果たして互いに作用し合うのか、するのならばどのように、という問題に答えを見つけることだった。彼はそれは脳の中央の松果体でおこなわれると主張した」[13]。

相互作用は可能である、とデカルトは考え、さらに説を進めた。精神は神経を通じて運ばれる。時には精神が、知覚に対する反射として「自動的に」作用することもある。熱いストーブに触れてしまい、精神が脳に移動し、脳が精神を手に送る、そしてその人は手を離す。この過程に思惟は含まれず、すべてのプロセスが身体だけで完結している。しかし同時に、精神は思惟を必要とする知覚によって動かされることもある。クラクションを聞くと、刺激が精神によって、松果体に送られる。そしてその人物は考える。もし「あれはクラクションだ」としか思わないのなら、精神はどこにも運ばれない。しかしもし「あのクラクションはわたしの運転を侮辱している」と思うのなら、その人物は怒りを感じ、精神は神経を通って血を沸騰させる。「顔面蒼白になり、震えるかもしれない」、「頬を紅潮させ、泣くこともあり得る[14]」。

もしデカルトが情動は心のなかにあるとするなら、他の思想家は、よろこんで精神と身体を切り離しつつも、情動は純粋に身体の機械式、液圧構造として考えはじめただろう。ウィリアム・クラークという医師（活躍期一七八〇年頃）は、身体を液体と固形物の集合体ととらえた。初期の顕微鏡では神経内の液体は見えなかったが、血管とリンパ系（その一世紀前に、ジャン・ペケが発見）の分析により、クラークは「神経の液体」が、それはつまり精神と同義なのだが、それが神経系を駆け巡っていることは「かなり確か」であると考えた[15]。これは非常に大切なことだ、と彼は言う。「心のすべての働きは、神経系に頼っているということになるからだ[16]」。情動こそが「神経の液体の流れ」を決定づけているかもしれないのだ。ということは、怒りは他の情動と同様に、「生き物の体の全システムに影響を与える[17]」ことになる。クラークはロレンツォ・ベリーニ（一七〇四年没）の説を引用した。ロレンツォは彼より少し前の有名な医学界の権威で、怒りが体に与えるあらゆる影響を考察した。怒りは「神経水分の流れを増やし」、そして筋肉や心臓の収縮を「より頻繁に、より速く、より力強く」させ、それによって脈と「血液の動き[18]」に変化を起こす。液体の量が増えすぎてしまうと、大変な病気が引き起こされる。

＊

わたしの人形叩きを怒りのせいだと解釈したとき、母は昔から医師たちに提唱されてきた体液比喩説に影響を受けていたということだ。体液の過剰や、神経水分の過多。最近の怒りについてのありふれた表現にも、そうした考えの痕跡がうかがえる。「怒りを体の外に追いだしなさい」「怒りに燃えている」「胃の中身がこみあげるのを感じた」「抑えていた怒りが体のなかで頭をもたげる」「怒りで爆発しそう」[19]。怒りは（何かが）十分すぎるか足りないかのせいだという説は、現代の科学的文章にも、名残が見える。「セロトニンの減少が（中略）、攻撃性やその他の感情的《アフェクティブ》行動に関わるＰＦＣ（前頭全皮質）扁桃体の流れに重大な影響を与える」。二〇一二年、そんな見出しで、ある研究結果が発表された[20]。別の言葉で言えば、研究者たちは、被験者の脳内のセロトニン不足が、怒りの表情に対する異常な反応を引きだしたと主張している。この実験によって、前頭全皮質が、扁桃体で生みだされたネガティブな情動やその他の感情的な行動を抑えこむのを、セロトニンが助けているという説が実証されたと考えた[21]。研究者がなぜ怒った表情が攻撃性を意味していると見なしたのか、そもそも、彼らはなぜ、怒りは顔にあらわれ、相手にネガティブな情動を引き起こすと考えたのか。それについては次の章で説明していきたい。本章のまとめはこうだ。セロトニンが足りていない。前述の研究者たちがわたしの子供っぽいふるまいを見たら、当時の母と大差なく、「あの子にはセロトニンが足りていない」と言っただろう。

10　実験室のなかで

今日では、子どもの怒りについて困っている親なら専門家の意見を知りたがる。我々の時代の専門家のなかでもとくに権威ある、そしてニュースにもよく登場するのは、実験科学者だ。だが悩める親たちがそのような科学者の結論を読んでも、もやもやが晴れることはないだろう。なぜなら、さまざまな、しばしば相反する意見が数多く存在するからだ。多くの記事には、誰が見てもそれと分かる、怒っている表情の顔のイラストや写真が添えられている。こういうものを目にすると、親のなかには、まじまじと我が子の顔を眺めて、類似点を探す者もいるだろう。さらには、子どもが怒っているときの表情を変えさせようと、そのやり方が書いてあるという絵本を見せて、教えようとするかもしれない。また別の記事では、色鮮やかに脳の構造が図解され、研究者が怒りが「存在する」場所を示したイラストがあるかもしれない。悩める親たちは、その場所を「不活化」させる方法はないものかと尋ねるだろう。なかには、実際にその方法があると考えた専門家もいた。扁桃体切断術と呼ばれるもので、扁桃核を不活化させる処置だということだった。しかしいうまでもなく、その手術にはさまざまな問題が伴う。扁桃核がつねに怒りの反応と結びついているわけではないからという理由だけでもじゅうぶんだが、扁桃核は他の身体行為や脳機能とも結びついているからだ。[1]

しかし、別の権威ある研究では、脳のスキャンや顔の表情など無意味だとされている。怒りは自然なものでもなければ、誰でも感じて表現するものでもない。怒りが脳の特定の場所に示されたり、顔の表情に表れたりすることもない。怒りは、脳が体や外界からもたらされる情報を監視し、それを理解する過程でつくりだした多くの構成概念のひとつに過ぎないと、彼らは論じる。怒りのような精神的分類が生存や繁栄にあまり役立たない文化では、怒りという形では存在しない。

こうした考えが、怒りにかんして実験科学が提案するおもな見解だ。他の見解もある。特筆すべきはアラン・J・フリードルンドのアプローチだろう。彼は、我々が「怒り」と呼んでいるものは（他の情動と同様に）、意図的で戦略的な社会的ジェスチャーだという。彼の見方では、「怒っている顔」は（文脈にもよるが）「近寄るな、攻撃するぞ」という警告に近いシグナルのようなものだ。[2] 怒りをテーマにする多くのセラピストは、たいていは違う理由からなのだが、フリードルンドと同様に、実験科学者による仮説には異を唱える。あるいは、その一部しか認めていない。そのようなセラピストはこの本のなかでも登場した。しかしこの章ではセラピーに注目するよりも、実験科学に基づいた主な理論について見ていきたい。もちろん、実験に基づいた研究はセラピーにも大いに重要な役割を果たす。

まずこれらの理論の学派を分ける大きな二つの問いがある。多数派は、我々が基本情動グループと呼ぶ学派だが、最初の、そしてもっとも基本的な問いに、ほとんど思い悩むことはない。その問いとは、怒りは自然な実体で、実際に存在し、根本的に生物学的で、基本情動のひとつなのか？ というものだ。基本情動を唱える科学者は、この質問を無視する。なぜなら、これらに対する彼らの答えはすべてイエスだからだ。彼らは二つ目の問いに集中する。怒りをどのように研究するのが一番いいのだろうか？

この学派の一部は、表情やリアクションだと言う。他の者は脳のスキャンで分かると言う。また写真とスキャンを組み合わせるべきだという者もいる。

しかしもうひとつの学派はどうだろう。心理学的構築主義者と名乗る研究者たちは、これらの問いに否定的に答える。彼らは怒った顔の写真や脳内スキャン画像のデータを提示し、実験科学者は大きな見当違いをしているという。彼らは、基本情動グループの学派の大多数と同じく、神経科学者だ。脳内の神経伝達経路を見れば、我々が怒りと呼ぶものの生成には、脳のすべてが関わっていることが分かるという。我々の脳は、特定の感情、表情（顔面の表情と心臓の動悸を含む）、そして反応をまとめて怒りと認識するよう、時間をかけて学んでいく。つまり怒りは遺伝的に我々に組みこまれているものではない、と心理学的構築主義者は主張しているのだ。両親、学校、社会などによるインプットで神経パターンが形成され、習得され、概念となる。泣き叫んで真っ赤な顔をしている赤ん坊を見て、その感情を怒りだと理解するのは我々だ。そしてその赤ん坊は成長するにつれて、その分類を内面化していく。

最後の学派は、エナクティビストと呼ばれる科学者で、最初のもっとも重要な問いの立て方がそもそも間違っていると考えている。怒りを「基本」情動に位置づけるかどうかという問いはすべきではない。問わなければならないのは、我々が怒りと結びつけている感情や考えや行動（他の社会では怒りとは別の呼び方をして、違うやり方で理解し、我々には怒りとは似ても似つかぬやり方で表現するもの）の基礎をつくる神経の回路が脳にあるのかどうか、ということだと。エナクティビストたちは、人間には誰でも生まれつきこのような回路があると主張している。その回路は、我々が世界でおこなう――「演じる《エナクト》」――他の多くのこととかかわっているのと同じく、顔とも結びついている。

我々は矛盾する見解があることに尻込みすべきではない。むしろその逆だ！　この本では、怒りに関しての、さまざまな、しばしば相反する考え方を紹介している。そこが狙いだ。怒りの多くの面を知れば、より深く理解し、感じ、自分の怒りをどうすべきかもわかる。それでは、実験室に入ってみよう。

＊

基本情動の学派は、チャールズ・ダーウィン（一八八二年没）とその独創的な著書『人及び動物の表情について』を祖としている。[3]ダーウィンの目的は、情動が、人間と動物両方において、同じかあるいは似たような筋肉と生理機能によって表現されていると明らかにすることだった。当時一般的だった、人間はある意味特別で、（以前の解剖学者チャールズ・ベルが言ったように）気持ちを伝えるための「特別な器官」があるという考えに反論するためだ。[4]ダーウィンは、他の動物にも人間と相同の器官があると考えた。復讐と怒りは人間以外にも備わっている「本能」だ。ダーウィンは、悪魔の扇動によって人間は楽園から追放されたというキリスト教の伝説をとって、「ならば我々の堕落が、邪悪な情念の起源ということになろう!!　ヒヒの姿をした悪魔が我々の祖父なのだ」と冗談を言っている。ここからはわたしの推測だが、もし彼がこの冗談を続けていたら、現代文明が悪魔の呪いを克服しつつあると言ったはずだ。ダーウィンは当時、かつては「不可欠で、ずっと続く」とされていた復讐と怒りは、おおむね制御されており、人間社会から「ゆるやかに消えつつある」[5]と考えていた。

「文明人」は通常、自制が強すぎる。よってダーウィンが怒りを観察した対象は、幼児、正気を失った人、また伝道師、地主、教師、そして広大な大英帝国の僻地の住民への詳細な質問によって調べた「人類における他人種」だった。ダーウィンはまた、「年齢と性別がさまざまな教育を受けた人物二十人」に、「肌が少し過敏な老人」の顔に表れた情動が何なのかを当てさせた。これはフランスの神経科学者デュシェンヌ・ド・ブローニュ（一八七五年没）が、さまざまな情動の表情を擬似的に起こさせるために老人の顔の筋肉を電気棒で刺激して撮った写真だった[6]（図10参照）。

ダーウィンがデュシェンヌの写真を使ったことは、現代の科学的実験の遠い手本であり、正当化の理由になっている。ダーウィンは顔が人間の情動表現の主要器官だと確信し、人類が服を着るようになってからはいっそうそれが当てはまると考えていた。彼は、デュシェンヌの写真の人物はたぶん誘発された情動をまったく感じていなかったという事実を、まるで気にしなかった[7]。彼は、俳優が「纏う（まとう）」感情の迫真性について述べたシェイクスピアの言葉を引用した。これと同様の前提が、現代の顔を使った科学的実験の特徴にもなっている。しかし現代では、顔はたいてい、デジタル化され、ある表情から別の表情に変える加工もできる。

ダーウィンは「基本情動」という言葉を使わなかったし、当然それがいくつあるのかにも言及していない。しかし彼はその概念に気づいていたのだろうと思われる。彼は伝統的な西欧の思想、少なくともギリシア時代からずっと続く、怒りは自然な実体で、「情動」と呼ばれる属のひとつであるという概念を否定はしていなかった。多くの学者の理解では、ダーウィンは人間の情動表現は不変で、異なる集団のなかでも多様ではないと考えていた。だから心理学的構築主義を唱えるリサ・フェルドマン・バレットはダーウィンを「本質主義者」と呼んでいる。本質主義者は、怒りやよろこび、あるいは犬や猫など

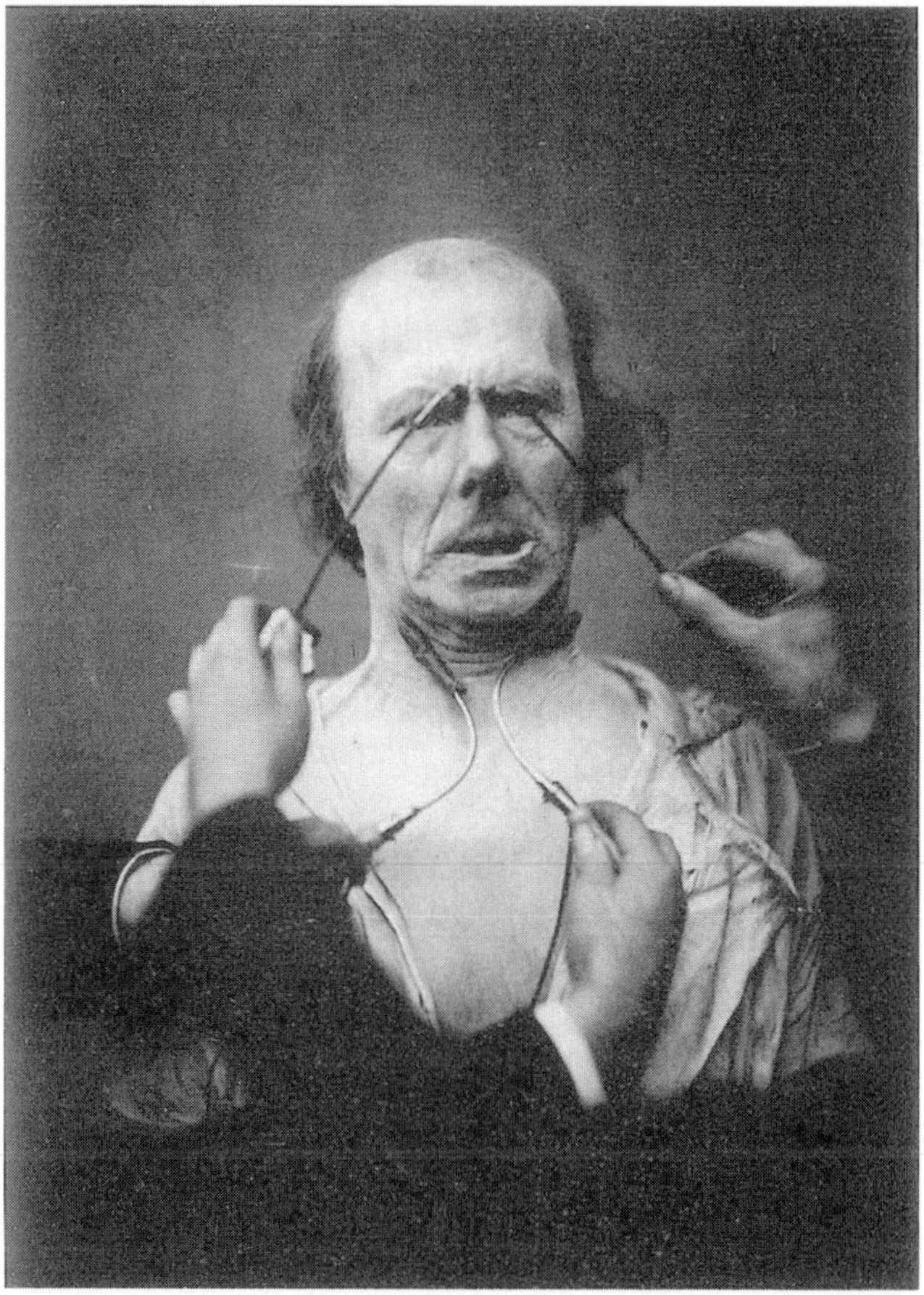

図 10　Colére（怒り）（パリ、19 世紀）。ギヨーム・B・A・デュシェンヌ・ド・ブローニュ（一八七五年没）は顔の痛みを感じにくい男性に電気刺激を与えることで、さまざまな情動の本物の表情をつくりだそうとした。一組の電極で眉を寄せる筋肉を刺激し、別の一組で頸部にある広頸筋を収縮した。その結果、デュシェンヌの考える怒った顔になった。現在、ポール・エクマンとそのグループは顔の筋肉組織に基づく 46 の「アクション・フェイシャル・ユニット」を提唱している。エクマンによる怒りの顔はユニット 4（下がった眉）、5（上がった上まぶた）、7（ひきつったまぶた）、23（ひきつった唇）が特徴だ。

のカテゴリーには、「普遍の真実、あるいは自然本性があり、そのカテゴリーのなかのメンバーは、奥深い、基本的な特性（本質）を共有している」と考えている。バレットはダーウィンが「情動は原始の動物時代の祖先から変わらず、我々に受け継がれている、と書いている」と主張している。[8]

バレットの理解は、ダーウィンが人間の情動は「受け継がれる」と考えていたという点においては正しい。しかしそれが「変わらない」とダーウィンが考えていたという理解は、完全には正しくない。少なくとも怒りにおいては実際に、引き起こす行動や使い方が長い時間をかけて順応したとダーウィンは述べている。怒りにはもともと生存のための役割があった。怒りは動物が攻撃するように、闘争・逃走反応の「闘争」を実行するように準備させた。初期の霊長類の時代にも、怒りは似たような使われ方をしていたはずだ。しかしダーウィンは、怒りの表現がもとから変わっていないとは考えなかった。「ごく初期の我々の祖先は、激怒したとき、現代の人間よりもおおっぴらに歯を剥き出したのではないか［……そして］憤慨したり少し怒ったりしても、頭を上げたり、胸を張ったり、肩をいからせたり、拳を握ったりはしなかっただろう」と言っていることからも分かる。[9]これらのポーズは、現代の我々が直立歩行をして、拳や棍棒で戦う能力を得たからできるのである。ダーウィンはまた、怒りには新しい役割があるとも言っている。哲学者ポール・グリフィスが、このような新しい役割を「二次適応」と名付けた。今日では、怒りは不快や憤慨を表現するための二次適応という側面をもっている。社会におけるコミュニケーションのなかで、ある形態となり、現代社会を生き抜くための独自の適応を遂げたのだ。[10]

しかしダーウィンは、習慣は受け継がれるのだから変化には限りがある、とも推論していた。遺伝子の発見はまだだったが、彼は獲得された性質は次の世代に継承されるとしたラマルクの進化論を強く信じていた。ラマルク説は、怒っている人物は、誰かを攻撃するつもりはないのに、それでも心拍数が速くなり、「顔の筋肉が意思に反して動いてしまう」という心地悪さを経験するのはなぜか、というダーウィンの疑問に答えるものだった。[11]

*

情動についての著書の最後の部分で、ダーウィンは心理学者にこの研究を続けるよう求めている。ダーウィンが基本情動のアプローチを認めたと考えた後継者のなかには、特定の特徴ある心理学的兆候をそれぞれの情動に見いだそうとした者もいた。研究対象（ヒトであれ動物であれ）を研究室に連れこみ、新しい器機を使って脈や呼吸を測定した。情動の具体的な、測定可能な記録を留めようとした。フランスの医師フェルナン・パピヨン（一八七四年没）は、当時の楽観主義を反映して、血圧を測る脈波計（図11参照）で、「さまざまな情念の影響下にある」心臓の動きを追うことができるのではないかと考えた。彼の解釈では、すべての情動には「独自の曲線がある」。彼は、脈が器機を通じて波状の曲線を描くような、そんな曲線を想定していたようだ。

脈波計のような発明は、機械の方が人間よりも人間の情動を計るのに優れているのではないかという、当時流行っていた考え方を反映するものだ。セネカの主張した、一日の終わりに自分が怒った瞬間を思いだし、次の日にはよりよく対処する、という説は消えた。我々の内にある自我は、意識を細かに詮索しても解明できず、客観的計測で生理的にとらえることしかできない。この考え方は、嘘発見器の基礎

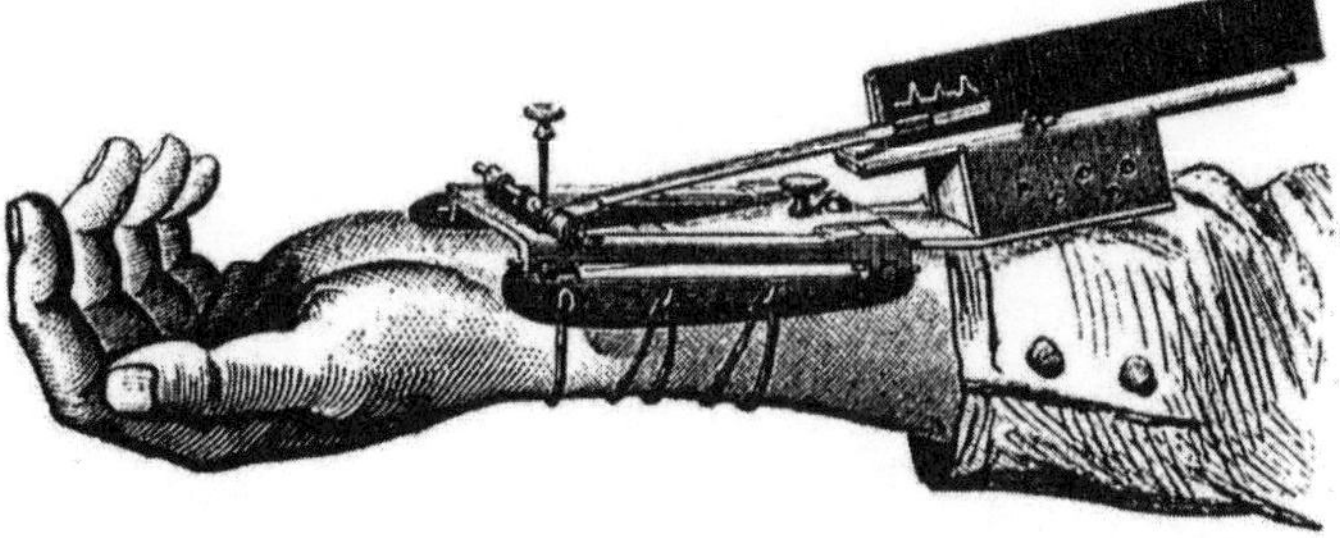

図11　脈波計（パリ、1878年）。19世紀半ば、固定式の血圧計が発明された。エティエンヌ＝ジュール・マレー（没1940年）はこのような携帯型の装置を考案した。腕の橈骨動脈の上に固定し、脈を反映する波型を記録するマレーの脈波計だ。当時の多くの科学者は、さまざまな波型のパターンで情動を客観的に読み出せると考えていた。

にも活かされている。実際、嘘発見器を初期に発明したレオナルド・キーラーは、それを「エモーショグラフ」と呼んだ。[13] しかし二十世紀初頭までには、各情動の「曲線」を発見するという望みは、ほぼ潰えた。あらゆる強い情動を示す生理的信号が、どれも似たり寄ったりだということが明らかになったからだ。

だが、顔が残った。顔は個々の情動をあらわす客観的な身体の信号なのだろうか？　実験結果は、最初はあまりうまくいかなかった。たとえば、アントワネット・フェレキーは、女性がさまざまな顔の表情をしている写真をつくった。そのうちのひとつは、「正当な怒り」（図12参照）だった。しかし「百人の信用に足る被験者」のうち、そのように認識した人はひとりもいなかった。四人は「不快」と認識し、三人は「警戒」と認識した。しかしフェレキーは落胆しなかった。誤答の一因は、「実際の顔の表情が何を意味するか知らなかったから、それに使われた用語の意味を知らなかったせいだ」と説明した。[14]

フェレキーは当時、生物学的に決定される基本情動の考

図12 「正当な怒り」ポーズ（ニューヨーク、1914年頃)。さまざまな「情動ポーズ」を撮影した86枚のうちの1枚で、アントワネット・フェレキーの情動表現の研究に使用された。このポーズでは、モデルはA.F.という女性で（研究者本人？)「正しい怒り」の考えや感情を思いだすようにと指示された。彼女が参加したのは、予想可能かつ計測可能な身体サインを探求する――現在も盛んな――科学的運動だった。

えには至っていなかった。これを最初に提唱したのは、哲学者から心理学者に転身したシルヴァン・トムキンス（一九九一年没）だった。彼は、遺伝による生得の八つ（後に九つ）の、基本「アフェクト・プログラム」というものを提唱した。それらは「人間の基本的な動機」であり、脳の皮質下で、身体の筋肉や腺の反応を指示・制御する特定の構造と連動している。トムキンスは顔がこれらのアフェクトの「主たる場」だと断言した。そして「顔面反応の構成要素」を添えて、（それぞれが程度の強と弱のペアになっている）リストをつくった。[15] この仮説を証明するために、「興味、よろこび、驚き、嘆き、恐れ、恥、満足、怒り」の表情をしている顔写真を何セットかつくり、すぐに対応できる消防士の被験者グループに、それらの表情に名前をつけるよう指示した。[16] のちにポール・エクマンがこれらのうち六つ（幸せ、悲しみ、恐れ、嫌悪、怒り）を「基本情動」と呼び、それ用の写真も用意した。ジョバンナ・コロンベッティが指摘しているように、エクマンが情動を六つに絞ったことに、正当な理由はほとんどない。ほかの情動については、彼とその助手たちが「よい写真」、つまり被験者に確かな印象を与える表情の写真を見つけられなかったというだけだった。[17]

怒りに関してはよい写真が手に入った。その写真と、残りの五つの情動をシミュレーションした写真を用意した。エクマンと助手は世界中の人々に、それらの顔の表情を、情動を表す言葉で示してもらった。怒りと幸せが一番正答率が高く、西欧社会とほとんど接したことのないニューギニアのフォア族でさえそうだった。[18] この研究が導きだした結論は、ほぼすべての心理学の教科書に載っている。怒りは基本六情動のひとつで、特徴的で誰にでも分かる表情を伴う。その表情は普遍的で、人に生まれつき備わっている。

とはいえ、その根拠はそれほど明確ではない。フォレの人々については四章で、人類学者が探険した「平和王国」という箇所で触れた。そこではE・リチャード・ソレンソンの研究について例証した。じつは彼は、もともとエクマンといっしょに研究していた。しかし別の手順による顔写真でおこなった彼の実験では、怒りの結果は当てずっぽうと変わらないものだった。しかしソレンソンは、反応そのものの正確さより、フォレの人々がどの顔にも怒りを見いだしたことのほうがはるかに興味深いと結論づけた。彼の推測では、フォレの人々は、すべての強い表情の顔に、ある程度の怒りを感じた。彼らの社会は密接な人間関係と助け合いが頼りだ。そのふたつには情緒の安定が要る。[19] 同じような傾向は、マレーシアのセマイ族でも見られた。

エクマンの研究に対するソレンソンをはじめとする数多くの批判にもかかわらず、[20] 実験者たちはポーズをとった写真、現在ではデジタル加工した写真を自信まんまんに使いつづけた。顔というのは非常に便利で、少なくとも西洋においては、「怒った顔」は実際に怒っていると認識されることが多い。この事実はよくも悪くも利用できる。よい使い方は、次のような研究結果が参考になる。あいまいな表情から幸せを読み取る訓練をすると、人は怒りを感じにくくなった、というのだ。実験者は同じ顔の写真を「明らかに幸せな表情から、明らかに怒っている表情に、その真ん中に曖昧な表情を挟んで」変化させる。「ハイリスクな若者」グループを被験者として、最初に「怒っている」と判断した表情を「幸せ」と読み変えるよう訓練したところ、若者の暴力行為を減らすことに成功した。[21] これはなんとも健康的な顔の使い方ではないか！

しかし一方で、顔に表出される情動を「正しく」読み取れない人は普通ではない、という結論も導きだしてしまう。それで障害とされる症状には、失感情言語化症、という名前までついている。小さな子どもは学校で、つくられた表情に正しい答えを出すことを教えられる。子どもに社会生活への順応を教えることに何の問題もない。実際、それはどの文化圏でも必要なことである。しかし、顔の表情を読むということは、そう簡単にはいかない。世のなかには顔面の筋肉が麻痺している人もいる。彼らも他の人々と同様に情動があるが、彼らの顔は、顔にあらわれた感情を読むことに慣れている我々にとっては、「変」なものに映る。彼らは誤解され、社会的に孤立していると感じてしまう。[22] また「異常」という言葉も危険だ。ドイツのナチスは自閉症の子どもを異常であると分類し、よって好ましくない存在と見なした。彼らは収容所に送られ、飢えさせられ、死ぬまでバルビツール酸塩を与えられた。[23] 今日では、我々は自閉症児を殺しこそしないが、それは未だにDSM（『精神障害の診断と統計マニュアル』）、いわゆる「精神疾患」のバイブルに載っている。[24] ソレンソンがフォレの人々におこなった実験は、完璧に普通の人でも表情を「読み違える」ことはある、つまり西欧人が見ない情動を読み取ることがある、ということを示している。ソレンソン自身は、フォア族の怒りの表情は悲しみに似ていると感じたということだが、もちろんその文化圏に暮らすフォレの人々にとっては、怒りと認識されたのだそうだ。西欧人だって、自分の文化圏でしばしば間違いをおかすことは普通にある。D・ヴォーン・ベッカーは、心理学の学生たちが、女性の表情を「幸せ」と読み、男性の顔を「怒り」と読み解くのに何の難しさも感じていないのに、女性の「怒った顔」と男性の「幸せな顔」を認識することが難しいようだと気づいた。[25]
我々は、他人の表情を読み取って受けた印象が当てにならないと認めねばならないし、健全な不確実さと、失感情言語化症を「病気」と見なさない必要がある。

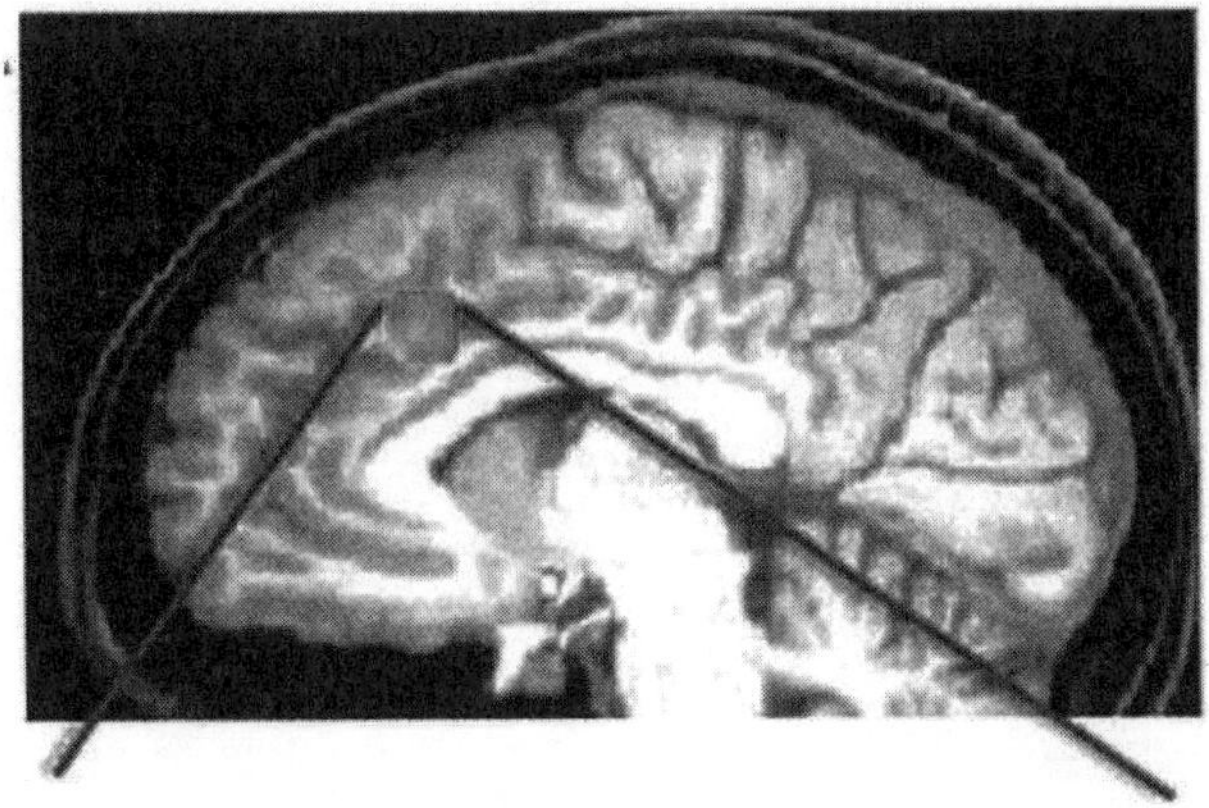

図 13　怒りの主観的経験の領域を示す脳スキャン画像（カリフォルニア、2009 年）。正常化された「脳」の断面図に帯状回（脳幹のすぐ上の白い「蛇」）と近くの領域が見える。論文「The Angry Brain（怒れる脳）」の執筆者たちは、四角い部分（左前帯状皮質背側部）が、一般的な攻撃および挑発後の怒りの自己報告と関連していると発見した。挑発（侮辱）が実験者本人から与えられたことから、この実験は現実をよく反映していると実験者は主張している。もっとも被験者たちはテストの最中ずっと、クッションを張った頭部拘束具をつけ、脳画像を撮影するスキャナーのなかにいた。

ポーズで表情をつくった顔は、それぞれの情動には個別の、見分けることのできる、身体信号《ソマティックマーカー》があるという説を裏付けているように思える。そこで脳スキャンの器機を使った多くの研究がおこなわれた。代表的なものを挙げてみよう。その記事によると、「怒りに符合する神経」を突き止めようと、研究者がｆＥＰＩ（ファンクショナル・エコープラナー法）を使い、被験者が侮辱されると、その怒りの感情が「前帯上皮質背側部の活動」と連動することを発見した。（図13参照）「活動」とは、酸素と血液の流れのことで、図版のオレンジ色の四角い部分が、活動が活発になった箇所を示している。[26] 図11で示した脈波計の曲線は、図13のスキャン画像と比べるとかなり見劣りするが、この二つの目的は似ている。ある情動の特徴的な痕跡、それが心臓であろうと神経であろうと、身体プロセスと連動しているものを、測定して示すことだった。

*

しかしもうひとつ、かなり異なる医学的見地もあり、それぞれの情動には特徴的な信号を伴う神経のようなものがある、という意見を否定している。その説の論者たちもまた、自分たちをダーウィン主義と呼ぶ。ダーウィンが基本情動がいくつあるか、明確に言及しなかった点を思いだしてほしい。彼はただ、ヒトと動物の情動表現の多くは驚くほど似通っており、人間は「下等動物」から進化したのだろうといっただけだ。怒りに関しては、人間が二足歩行するようになってから、その表現がかなり変わったはずだと考えていた。彼はその論拠を生理学だけではなく、身体の姿勢や顔から得られる証拠に求めた。ウィリアム・ジェイムズはダーウィンを読み、こう結論づけた。人間の情動を特定するのに顔はとくに関係なく、むしろ生理学が個々の情動を表している。ジェイムズの言葉を借りるなら「我々は泣くから悲しくなり、攻撃するから怒り、震えるから恐れるのである」[27]。体が反応すると、我々は心の「通常の認知過程」を経験する。かいてから、痒いのだと認識する。攻撃してから、それを怒りと呼ぶ。

ジェイムズは怒りについての西欧思想の多くをひっくり返したが、彼の見解にはつねにガレノスの思想が暗示されていた。心理学的構築主義者は、間接的な起源をこのジェイムズの理論に求めた。またドイツの医師であり哲学者でもあるヴィルヘルム・ヴント（一九二〇年没）の説にも影響を受けていると主張する。ブントは、心には二つの基本の「要素」、認知と感覚があると前提した。怒りの感情（彼はそれを他の情動と同様に「アフェクティブ・プロセス」と呼んだ）は、少しだけ喚起される（『わたしはやや不快にさせられた』）から、かなり喚起される（『わたしは怒りに燃えている』）まで幅がある。さらにそれは快楽（『あいつに仕返ししてやる』）にも、苦痛（『こんなに怒っているが、何もできない』）にもなり得る。心がさまざまなアフェクティブ・プロセスでざわつくとき、すべてが「情動」のレベルまでせりあがってくるわけではない。情動は強いものであると同時に複雑で、感覚とその他の何か、それが何なのかという「考え」によって構成されている。情動は絶えず揺れ動くので、自然な分類と特定はできない。「怒り」という言葉は便利だが、それは事物をではなく、感情の継続から成るプロセスを指す言葉である。そのプロセスには「心臓、血管、呼吸だけではなく、外の筋肉も含む身体的認知を伴う。怒りは、肘鉄を食らわしたり、復讐したり、といった行為で終わる。そうすると治まり、「通常の静かな感情の流れ」に戻る。[28]

心理学的構築主義者は、これらの説を受け容れ、脳に当てはめて考えた。彼らは情動を、脳が調整者、媒介者、身体の内外の状態の予測者として働くなかで生みだされると考えた。脳は絶え間なく、体から、そして外界から刺激を受け取っている。彼らはこれを「根幹反応」と呼ぶ。人生で根幹反応がない瞬間はない。それは脳が「褒美なのか脅威なのか、友なのか敵なのかを予測しながら、世界を安全に乗りきる[29]」ことを可能にする、体の内外からの情報の総合体だからである。

実際に、前出の章で何度か触れたリサ・フェルドマン・バレットは、予測こそが脳の大切な働きだと言う。脳は「神経会話」を活性化し、「目に映るどんなに小さな物も、音、匂い、味、感触といった人間が経験するすべてを予想する[30]」ことを可能にする。この予測機能で、脳はそれが何なのかを総合的に導き出す。脳を「位置的概念化装置」ととらえることができるだろう、とバレットは言う。「位置的」というのは、それが体の中と外の世界と、両方に存在するからだ。それが発達すると、言語や文化も概念化に関わってくる。概念化は両方の世界を調整し、対処する。情動は「知覚されたものを概念化している」[31]。情動は自然なものではなく〔本性として備わっているのではなく〕、脳が現在と過去の経験に基づいてさまざまな知覚をグループ化しようとする作業なのだ。それぞれの文化で、人生の一大事や知覚のまとめ方は異なるかもしれない。怒りは「もの」ではなく、概念であり、まとめられた蓄積物の一種なのである。我々が英語圏で使っている「怒り」は、他の文化圏では別の言葉になるかもしれない。もっと重要なのは、その文化の「怒り」という言葉が、我々の文化とまったく同じものを、まったく同じ範囲で表すことは希だということだ。もちろん文化人類学者や言語学者は大まかで手頃な同義語を示しはするが、それは彼らが西欧人の読者に説明しなければならないからだ。

心理学的構築主義者は神経学に答えを見いだした。とするならば、彼らは怒りが脳の特定の部位、「前帯上皮質背側部」（図13参照）の活動」と連動しているという研究結果には、どう答えるだろうか？もし怒りに脳内の「住処」があるのだとすれば、怒りは「もの」だということになりはしないか？心理学的構築主義者は、その研究の正体を暴いた。彼らは神経イメージのメタ分析（多くの研究の統計的分析）によれば、つねに脳内の一箇所と連携している情動はひとつもなく、他の多くの情動も同じ箇所と連携している。ある研究では怒りは前帯上皮質背側部に見られ、他の研究では扁桃体で見られた。この二つは脳のまったく違う部位だ[32]。

心理学的構築主義者は、怒りは脳のすべての部位の産物であると言う。なぜなら脳は、全体が循環して働いているからだ。ある研究が怒りの活動性を特定の部位に見つけ、別の研究ではまた別の場所に見つける、という説明がつく。実際、怒りは社会生活で役に立つ概念として構成されているから、脳のあちこちで、どこででも見られる。

心理学的構築主義者は脳が内的、外的自己の媒介者となると考えたので、脳に特別な注意を注いだ。と同時に顔や生理学といった体の他の部分も軽視しなかった。脳の概念と分類の第一義的な目的は、「推測を生みだす」[33]ことであった。推測は、我々が体のなかでの、そして外の世界でのできごとに対処できる準備をしてくれる。後ろでクラクションが鳴らされているのを聞いたとしよう。あなたは固まってしまい、心臓が早鐘を打ち、アクセルを踏みこむか、あるいは避けるために減速する。別の可能性としては、あなたはクラクションを聞いて、なんて素敵なクラクションの音だろうと思う。このどちらのできごとも、あなたの身体的な状況は変わり、それゆえ根幹反応も少なからず高まり、少なからず心地良くなっているだろう。もしあなたの意識がクラクションの音に向かうのなら、それは情動ではない。それは知覚であり、あなたがジョージ・ガーシュインのような作曲家で、映画『パリのアメリカ人』で使われた、フランスのタクシーのクラクション音に触発された楽曲を作曲するというのでない限り(!)、あなたの根幹反応はあまり高まらないだろう。もしあなたの意識が、喉をせりあがってくる塊、どきどきする心臓、張り詰める気持ち、に向かうのなら、あなたは怒っているのだといえる。この二つのパターンは、あなたができごとをどう概念化するかでまったく違い、その概念化はあなたの過去の経験にかかっている。しかしあなたはつねに新しいできごとから学び続けているので、推測を変えることができるし、それによって身体的反応も変えることができる。

これもまた、基調となる基本情動派とは異なった倫理観である。科学者は一般的に、怒りを、ともかく自然本性として備わっているもので、倫理的にはとらえられないと考える。彼らは、怒りは悪いものとする仏教やストア学派、あるいはキリスト教の伝統的価値観である、怒りは（人に向かうなら）悪くも（罪や邪悪さ、誤った行いに向かうなら）良くもなり得る、という意見に賛同するだろう。しかし科学者としての彼らの最優先の関心事は、怒りの性質、つまりその性質や影響が客観的に計測できるかもしれない、という部分にあった。ときは現代、彼らは正確な測定や視覚化ができる器機を使い始めた。それでも科学的理論はしばしば倫理的な意味合いをもっことを、心理学的構築主義者は自覚していた。器機が示す結果は、翻訳されなければならないし、たくさんの脳スキャン画像や表情の写真は文脈のなかで理解されねばならない。すべてを総合的に考えると、脳は全体で怒りを構築しているという裏付けが取れる。つまり、我々は過去の先史時代の習慣の奴隷ではないということだ。我々は自分を新しい概念化に開くことができる。我々はつねに学び、大人として、思索し、考え直し、癖を捨てることもできる。我々は倫理的な生き物で、〔状況に〕応じて自分の情動をとらえ直すこともできる。この考え方で素晴らしいのは、誰のことも「異常」というカテゴリーにはめ込まないで済むことだ。一方で、この本を読んで確信をもった人が、すべて（の反応）が正しいと思ってしまうのは倫理的に問題だろう。

＊

しかしここでは、二つの拮抗する、妥協点を見いだせないような考え方がある。ひとつは、怒りは普遍的な基本情動のひとつであり、おもに顔に表れ、文化に関係なく同じ認識をされる、という考え方だ。確かに文化によっては表情に違いが表れたり、表情を隠そうとする文化もあるかもしれない。研究者はこれを「表れの法則」と呼ぶ。しかし「本当の」情動は、それでも「微表情」という、顔にあらわれるわずかな動きににじみ出るものだ。そしてそれは目視もできるし計測もできる。この推測はテレビドラマ「Lie to me」の基本的なアイデアになっている。ドラマの三シーズンを通じ、ポール・エクマンをモデルにした心理学者がエージェントとともに、エクマンの表情分析術を使って、テロリストの可能性がある人物を割りだす。

この基本情動説と真っ向から対立するのは心理学的構築主義者である。脳は体と外の世界の意味を読み解くために、ある種の分類を構築している、という考えだ。我々の文化圏では、怒りはある刺激、感覚、衝動、行動を指す言葉である。我々が今のところ分かっているのは、怒りは根幹反応の活性化したものを指すもので、不快度と緊張の度合いが高いが、恐れほどには高くはない。

エナクティビストは二つの折衷論を見つけたと主張する。心理学的構築主義者のように、彼らもまた脳を、体と外の世界の媒介と見なし、それゆえ脳には情動《アフェクト》があふれている、と考えている。しかし彼らはまた、ウィリアム・ジェイムズのように、体全体により重きを置いている。我々は心臓の鼓動の高まりや、額に皺を寄せる、顔が赤くなる、などを経験したあとで、怒るからだ。

エナクティビストは英語の「怒り」という言葉が他の言語圏で意味するものとまったく同一ではないことを、積極的に認めている。彼らにとってこの問題は些細なものだ。言葉でピタリと言い当てられない感情を抱くことは、ごく当たり前で、それは単に「語彙欠損」[34]というものだ。彼らは心理学者ジャーク・パンセップ（二〇一七年没）の説をとった。彼は哺乳類で研究し、語彙欠損を「原形情動システム」と名付けた。彼はすべてを大文字で表した「RAGE」という表記を、セマイ族の「lesnees」、ウトゥク族の「urulu」、英語圏の「怒り」に当てた。[35] これらの言葉の使われ方と文脈はぴったりと一致はしなかったものの、パンセップはその事実を肯定的に受け止め、次のような理論を打ち立てた。「RAGE」のように遺伝要素で決まる皮質下のシステムは、高次脳の概念、つまり言語、社会的制約、社会的慣例、その他もろもろの我々が学んだ情動を反映している脳の部分と、相互作用している。

基本情動に対する多くの反対意見を唱えつつも、エナクティビストは、顔の表情がかならずしもその人物の感情を「読む」のに必要だとは考えていない。情動は文脈で理解されなければならない点には賛成している。また基本情動を六つに、たとえいくつであっても、絞る理由はないとしている。そもそも「基本」という言葉を使うのだろうか？　エナクティビストにとって大事なのは、皮質下の自然なものは、遺伝的には普遍的だが、実世界では文化や倫理、習慣といったものによって変容を遂げている、という点だ。彼らは心理学的構築主義者を「コア・アフェクト」が本当の情動に変わるときに起きているメカニズム」を説明できていないと批判する。[36] コア・アフェクトのような、つかみ所のないものが、どうやったら怒りのような具体的なものにまとまるのか？　心理学的構築主義者は、脳スキャンの結果を批判したのは、その一貫性のなさではなく、それが情動的な脳の活動のいい情報源ではなかったからだ。確かに脳の活動は見られた。しかし研究者が被験者に怒った顔を見せて、前帯上皮質背側部に顕著な活動が見られたからといって、脳神経が「怒り」に反応しているという推論を導くことには、疑問を抱かざるを得ない。飛躍がありすぎる。ひょっとすると脳神経は写真の「大きさ」や「色」や研究者の声色に反応しただけかもしれないのだ。脳神経の「言語」が分かる言語学者はいない。脳スキャンよりずっと良いのは、脳の特定の部位に電気や薬で刺激を与え、本当に言語的なフィードバックがあるか確かめることだ、とエナクティビストのファウスト・カルアナは言う。

カルアナはスレシュ・バートとその同僚がおこなった実験を例に挙げた。その実験とは、猫の脳の中底部の特定の部位に二つのタイプの刺激を与え、「防御的怒り」を引き出したというものだ。猫の主な反応はうなり声をあげることだった。刺激する電流のレベルを引き上げると、うなり声は大きくなった。似たような実験で、脳幹を巡回する特定のレセプターを活性化するとされている薬を注射した。この場合、猫はうなり声をあげた。それから、そのレセプターに拮抗薬（レセプターの活動を不活化する薬）を投与したところ、猫はうなり声を上げなかった。[37] このような研究は、とバートは考えた。パンセップのRAGEから導いた「脳処理システム」がすべての哺乳類にあるという説の正しさを証明している。[38] カルアナも、このような研究は決定打であると同意した。うなり声は脳スキャンの酸素量を読み取ることとは異なり、言語形態をとっている。猫は自分が怒っていると実際に「伝えて」いるのだ。これらすべてのアプローチは、異なるセラピーの可能性を示している。ここまで見たように、怒りに対する認識を基本情動という枠組みでとらえることは、たとえば、問題を抱える若者に、それまでは怒りと見えた感情を幸せに置き換えるという訓練に導くことができるかもしれない。心理学的構築主義的なセラピーは、より大脳的だ。我々にもっと自分を他の概念や別の想像の仕方、感じ方、怒りの表し方（たとえばまさにこの本に出てきたような方法で）に開くこと、そうすることで自分自身の経験や姿勢を覆すことを要求する。エナクティビストはRAGEシステムが特定の薬で不活化できると主張しているので、彼らのセラピーは薬に頼るかもしれない。

これらの異なる立場に共通しているひとつのこと、それは実験室である。実験の利点は、それが厳格であることだ。実世界では避けがたい、望まぬ不安定さや試練を排除することができる。しかしこの利点が同時に実験室の弱点でもある。情動は文脈のなかで感じられ、表現される。わたし自身は、怒っている顔写真を見分けることが苦手だが、自分の社会で誰かが怒っていることに気づくのには、何の問題もない。猫のうなり声もまた、電気棒やら何やらを突きつけられているのだから、敵に脅かされている、と感じた結果のものかもしれない。実験室のなかの怒りは、実世界の怒りと同じではないのだ。

11　社会の子供

我々が感じたり表現したりしている怒りは社会の産物だと、社会構築主義者は主張する（実験室では付加的かつより直接的に条件や期待によって形作られる）。社会構築主義の学派は、一九八〇年以前に前例がなかったわけではないが、人類学者、哲学者、社会学者らのあいだで本質主義的な前提の多くが間違っているという理解が進んだその頃、にわかに注目を集めはじめた。人々は厳密に二つのジェンダーに分かれず、人種は生物学的な本質ではなく、合理性は情動性と別ものではなく、遺伝と環境は対極ではなく、西洋の情動は普遍的なものではなかった。[1] 人間は生まれつき怒りの回路をもっているわけではなく、自分たちででっちあげているわけでもない。「人々は勝手に言語をでっちあげられないのと同じで、勝手に情動をでっちあげることもできない――他人に理解してもらいたいのなら」社会構築主義の草分けであるジェイムズ・エイヴリルは述べた。我々は子供の頃から内在化してきた価値観、考え、規則を使いながら、怒り――本書で見てきたように、さまざまな種類の怒り――について学んでいく。

現在、社会構築主義者のあいだで盛んな議論がおこなわれている。文化や社会がどの程度情動を形づくっているのかという点で、意見が分かれている。構築のプロセスは、支配者、エリート、規範を具現化し植えつける権威ある人間などの「トップ」に由来するのか、それとも人が感じて表現する感情を調整して折り合いをつける対面の共同体のような「ボトム」に由来するのだろうかという問いかけがある。また、生物学的に規定の事実が、どのように（そしてどの程度）情動に関与しているのかについても、意見が一致していない。それでもこうした学派をまとめているのは、情動は人がもって生まれた実体ではないという確信だ。怒りのようなものが存在するファジー集合には、多かれ少なかれ文化的プロトタイプと一致する行動、価値観、概念、感情が含まれている。それは一種のプラトン的な怒りの観念であり、我々英語の話者が自分に適用するように学ぶものだ。「怒り」は心であらかじめつくられた要素ではない。とはいえ、何らかの一枚岩的な社会によって与えられるものでもない。あらゆる怒りは、社会のなかで活動する我々と、社会が提供する道具（概念、言語、状況）によって相互につくりだされるプロセスの一部だ。

それなら、我々が社会構築主義に近づくのは、任意の怒りのエピソードにおいて、我々が家族や共同体や文化からさまざまな役立つ筋書を提供されても、自分の行動や内的経験は臨機応変に変えられると考える場合だ。「役立つ」という言葉が鍵になる。構築主義者のジェイムズ・エイヴリルは、古典となった怒りの研究のなかで、アメリカ社会では怒りはたいてい攻撃とペアにされると論じた。[3] これはアメリカに限ったことではないが、他の文化は必ずしもそうではない。エイヴェリルは、攻撃が怒りとなんの関係もない社会が多く存在すると指摘している。本書でも、彼の提示した例とは違うが、四章で論じた「平和の王国」と「平和でない王国」のなかにいくつかそうした社会を見てきた。その事実を踏まえると、アメリカでのそのペアはどんな機能があるのかを問う必要があるとエイヴェリルはいう。ひとつの答えは、司法における怒りの使い方に明らかだ。怒りが暴力につながるという仮定はアメリカ社会にとって都合がいい。それが攻撃的な人間の責任を免じるというのがひとつの理由だ。激情に駆られて犯罪をおかしたというのは、「わたしは我を失っていた」という便利な言い訳になる。五章では、この考えが中世と近代初期の法曹界においてどのように使われ、反論されてきたのかを考察した。

しかし怒りの使い方はそれだけではない。アメリカ社会では、家族や友人に向けられることも多い。場合によっては、怒りは自分の責任を相手に押しつける方法にもなる。「わたしは怒っている」ではなく、「あなたがわたしを怒らせている」というわけだ。初期の社会構築主義では、哲学者のC・テリー・ワーナーは怒りについての論文のなかで、怒りのこの機能を主張の中心に置いた。彼は怒りを「妄想」と呼んだ。要するに、我々が怒っている時にいいなりになっている錯覚のことだ。セネカのように、判断を間違うということはある。クラクションを鳴らした運転手は、我々を「侮辱」したのではなかったのかもしれない。しかしそれでも、クラクションを鳴らした相手が我々の怒りを引き起こしたのを否定することはけっしてない。怒りは現実であり、つねに真実なのは、評価が正しいかどうかには関係がない。それは我々の妄想だ。我々の怒りにはいつでも「隠された考え」があり、それは自分の尊厳を求めたり、自分は被害者だと主い張ったり、理想の自分を主張したりすることに関係している。そのため、怒りは消滅に抵抗し、どんな手段でもその情念を煽ろうとする。ワーナーは、ある夫婦の口論を想像した。

アリソン：「ねえ、わたしはあなたにひどいことなんて何もいってないわ」
ブレント：「そうだな、きみはけっして悪くないいんだろ？　あまりに偉すぎていっしょに住んでいられないよ」

しかしワーナーは、まったく妄想ではない怒りの機能のことは省いている。怒りは関係を再調整するのに役立つことも多い。実際、関係を新たな基盤に乗せたいという要求を伝えるのにいい方法だ。ワーナーが想像した夫婦の口論の先を、思い描いてみよう。

アリソン：「あなたが皿洗いをあまり手伝っていないと言ったらひどいの？」

ブレント：「そうだ、ひどいよ。でもいいよ。きみがゴミ出しをするなら、これからはぼくが皿洗いをすることにする」

別の筋書もあり得る。

アリソン：「あなたはまったく家事を手伝わない」

ブレント：「そうだった。悪かったよ。必要なことのリストをつくってくれ。やるから」

反対に次のような可能性もある。

アリソン：「あなたはまったく家事を手伝わない」

ブレント：「なんだよ！　なぜぼくが手伝わなくていけない？　ぼくがコーヒー休憩もなくダメ上司のもとで働いているあいだ、きみは一日じゅう暇にしてるんだろ」

アリソン：「いいかげんにして！　わたしが一日じゅう暇なはずがないでしょ！　娘たちの世話をして、料理して、掃除して、パートで働いているのに……もうあなたとはおしまいね」

このように怒りは、みずから煽るだけとは限らない。「刻一刻と変わる相互関係という状況下」で構成される。ブレントが謝れば、アリソンの怒りは、彼が「一日じゅう暇にしてるんだろう」と言ったとき（怒りの強度と否定性は急上昇する）とはまったく違うふうに構築される（強度と否定性はどちらも高から低に推移する）[5]。

*

歴史から引いたいくつかの例が社会構築主義の議論を拡大、強化する。中世学者のリチャード・バートンは、十二世紀初めに起きたある事件について論じている。ある封建領主ジュエルが自分の「男たち」――戦士と臣下――に対し、自分が目をかけている修道院に土地を寄進するように求めた。公式の寄進式典で、臣下のひとりが贈りものをするのを拒否した。ジュエルは怒り、不心得者に「乱暴に手を」出そうとしたが、見ていた者に引き離された[6]。彼の激怒の原因は、以前のより深刻な腹立ちにあった。その臣下はもとは農奴だったが、ジュエルの同意なしに農奴の身分から解放されていたのだ。ある隣人があいだに入り、全員に贈りものをとりまとめて和解案を交渉した。ジュエルは元農奴の自由な身分を認める、元農奴はお返しに領主の権威を認めて修道院に土地を寄進する。この逸話では、怒りは機能不全な関係を示唆しており、怒りを発散することが、ふたりの絆を再調整するのに必要だった。

なぜこのささいな口論の例を出したのだろうか？　なぜならこれが、情動の社会構築は（アリソンとベントンの例のように）そのときに起きるだけでなく、過去と未来のある継続中の関係においても起きるということを示しているからだ。さらにこの例は、我々の社会だけでなく、立腹して対決することが許される社会において、怒りがどのように関係を再構築するかを説明している。ウトゥクの文化では、ジュエルのような事件はけっして起こり得ない。ヒエラルキーがないからではなく（実際にはあった）、怒りが許容されていない。もうひとつの理由は、ジュエルの事件は中世社会に一般的だった怒りについての規範に新たな光をあて、中世における怒りと暴力のつながりについての我々の先入観を見直すきっかけをくれるからだ。この事件についてのバートンの社会構築主義的な解釈は、中世は血なまぐさい暴力しかないというよく知られた考えへの反論になる。そうしたステレオタイプはおおいに広まり、映画にも取りいれられた。タランティーノ監督のカルト的人気映画『パルプ・フィクション』で、マーセラスは、這いつくばっているゼッドを始末する前に、「中世風にやってやるよ」と言った。バートンの示した例は、「中世風にやる」というのが怒りを発散して友好関係に戻ったという反対の意味にもなり得ると示した。

一般に、歴史学者は社会構築主義に果たせる役割が大きいと言える。怒りの歴史を調べた最初の重要な研究は、ピーターとキャロルのスターンズ夫妻によるもので、怒りは基本情動のひとつだが、時間とともにその評価、機能、表現は変わるという前提だった。それがなぜ、どのように起きるかを理解するために、ふたりはアメリカ社会の変化するニーズを分析し、それがどのように怒りを形づくってきたか（だが完全に構築したというわけではない）を示唆した。

十八世紀、アメリカ人は「怒りを制御する息の長いキャンペーン」に取り組んだ。[7] 一八三〇年代から始まったこの戦いの焦点ははっきりしていた。家族だ。雑誌や啓発書が立て続けに出版され、中流階級の人々——礼儀正しくふるまいたがっていた男女——に対して、怒りは職場では許容されるかもしれないが、家庭は「聖地」であり、夫婦で「お互い努めて寛容な精神を養い、怒った争いや意見の相違は注意深く避ける」ようにと指示した。[8] しかし二十世紀初めになると、職場での怒りが非生産的ということになり、焦点が移った。何より、サービス産業は朗らかな笑顔が求められた。ホックシールドによる航空会社のスチュワーデス研究を思いだしてほしい。スターンズ夫妻は、このような種類の職場の要求が始まったのは一九二〇年頃だとしている。我々の多くは、ウエイトレス、セールスレディ、レジ係——そして同様の立場にいる男性たち——には朗らかさが求められ、実際にそれを表している。

スターンズ夫妻は、アメリカの中流社会における、変わりつつある怒りの基準と、それらの規範がどのように場所と結びついているかに注意を促した。最初は、家庭が（理想的には）怒りの表現をもちこむべきではない場所だった。半世紀ほどたつと、それが職場に拡大された。それなら怒りはいったいどこで表現されるのだろうか？ ひょっとしたら政治の場かもしれない。次章ではその可能性を探る。

スターンズ夫妻は、人々が感じているかもしれない怒りと、彼らが守ろうとしている規範を注意深く分けた。しかし同時に、やがて理想が情動経験に影響を与えるようになるとも主張した。ところが歴史学者の多くは、「談話」として以外の怒りについてを論じられると主張することには慎重だ。それでずばり『近代イングランドにおける女性の怒り』ではなく、『近代イングランドにおける女性の怒りの考察』のような書名になる。しかし「談話」は、社会的に構成された怒りは「本物」なのかという重要な問題を避ける方法だ。アリソンとブレントは、確かに談話していた。彼らの口論には、継続中の関係における問題をつくりだし、修正し、悪化させ、和らげるなどの社会的役割がある。だからといって、ふたりの怒りが本物でないようには感じられなかった。

＊

もちろん、アリソンとブレントの会話は仮想だ。それではいくつか現実の例を見ていこう。最初はアンソニー・Mだ。彼は家族や自分の期待にそぐわなかった人に対して激しい怒りを向けてしまった。彼は確かに怒りを感じていた――主観的に、直感的に。社会構築主義はどのように彼の怒りを解析するだろう？　アンソニーは社会不適応者ではないと仮定する。それはもちろん可能で、彼の怒りはその人間関係や文化、両方の舵取りをする独自の方法でつくられたものだろう。一章でこの症例にアドバイスを与えた仏教徒のセラピストC・ピーター・バンカートは、社会構築主義的な考察をしている。アンソニーは「正しく、尊敬され、従われる」ことを重んじる価値観の社会に生きている。こうした価値観は「硬直した性別限定の文化的規範だ」。これでは怒った男性は自分が、正しく、きちんとして、受けいれられるものの最後の砦であるだけでなく、無数の道徳違反のターゲットだとも感じる。[9]確かに、アンソニーはさまざまな文化的因習、とくにいまだに根強く残る、男は美徳の神のような怒りを表現する義務があるという伝統を参考にしている。

アンソニーよりもひどい虐待傾向のある男性に助言しているコンサルタントのランディ・バンクロフトは、社会化がどのように働き、子供に大人になっても続く価値観と信念をつくるのかについて、比較的トップダウンの考え方をもっている。バンクロフトの顧客である虐待者は「育ってきた家庭、地域、視聴したテレビ、読んだ本、耳にしたジョーク［……］そしてもっとも影響力の強い大人のロールモデル」によってつくられている。彼は文化の産物であり、バンクロフトのセラピーは文化によって叩きこまれた価値観を変えることに重点的に取り組む。[10]

しかし我々を社会化するものすべてに虐待が埋めこまれているわけではない――虐待者を社会化したものでさえそうだ。社会的影響は一方通行で働くわけではない。その影響下に入った子供たち、青少年、大人に多様な意味を示し、影響を与える。バンクロフトは、社会の一部が虐待者と共謀して、彼らを励ましていると考えている。たとえば、法律は伝統的に男性の妻に対する権利を正当だとしてきたと、彼は指摘する。家庭内暴力の起訴は「一九九〇年以前はめったになかった」。バンクロフトは、受賞歴のあるエンターテイナーが女性に対する暴力を承認していると非難し、エミネムの「Kim」を例にあげた。「座ってろビッチ／もしまた動いたら／ぶん殴るからな」。[11] しかし法的な定義が人々の生活に大きく影響する、エミネムの歌詞がそれを聴いた人すべてに同じように受けとめられるというバンクロフトの言い分は正しいのだろうか？

バンカートやバンクロフトの分析の問題点は、それがあまりにも一般的で、誰もが同じ文化情報を受けとり、同じ情動を得るとしていることだ。しかし現実はそうではない。各人の状況をよりよく個別に理解するためには、大ざっぱな抽象化の先を行く必要がある。

同様に、社会全体の一般化も、誰にでも一部はあてはまり、誰にもすべてはあてはまらないグローバルな社会的ルールを考えることを意味する。エイヴリルは、統計学的な平均に注目し、異常値を無視することで、この方法論的問題を回避した。彼はかなり同質な人々のグループに対して質問をおこない、各自の怒ったときを記録するように求め、その回答に共通する特徴を分析した。これはひとつのやり方だ。ハンネローア・ウェバーは別のやり方をした。人々に直接、怒りの原因は何か、どうするのがふさわしい反応だと思ったかと質問したのだ。最もいい結果が得られたのは、彼女が不適切な原因と反応を尋ねた質問だった。驚くほど多くの人々が、わざわざ怒る価値はないと、費用対効果分析をしていた。実際、彼らはマーサ・ヌスバウムの流れをくむ新ストア主義者であり、メディアの強烈な怒りは意味がなく、非生産的だと考えた（三章を参照[12]）。

*

わたしは歴史学者として、感情の共同体の観点から考えたい。つまりアンソニーのような人々――そして我々全員――が生活し、感じているミクロな文脈を深く考察する。完全に、適切におこなうなら、伝記、全ての関係書類、口述歴史、インタビュー、創造的な仕事をすべて研究するということだ――しかも対象の個人だけではなく、その友人、家族、同僚まで。人々の生活の基本的事実をできる限り完全に知る。そうして初めて、彼らの――彼らの社会の――たくさんの、しばしば矛盾する情動規範や価値観を知る入り口に立てる。異なる感情の共同体が表層的に似たような種類の怒りをあらわすかもしれない。その場合、感情そのものはまったく違う価値観と意味をもっており、したがって、違うふうに経験される。どういうことか、中世フランスで共存した感情の共同体―三つの短い例で説明しよう（いずれも他の箇所で詳しく説明されている）。

まずは騎士だ。中世の戦士が敵に悩まされて、独力で打開不可能な場合、彼は君主に助けを求める。彼は君主に「悲しげに、涙ながらに、恭しく」近づき、その怒りをかき立てようとする。うまくいけば、君主は腹を立て、同じ敵を攻撃する。こうしたことはたいてい何らかの解決が図られ、交渉による和解のしるしに全関係者による友愛の儀式がおこなわれる。

これを七章で見た修道士の抗議と比較してみよう。修道士にも敵がいる。敵に対処するために、修道士は聖人の聖遺物や十字架の置かれた教会の祭壇前にひざまずき、敵を呪う言葉を叫び、神の注目を引いて敵を負かすの助力を得ようとする。この二者の怒りのパターンにはいくつも類似点があるが、だからといって彼らの怒りの経験や意味が同じとはならない。修道士は、マレー半島のセマイ族やカナダ北部のウトゥクのように、「怒ることがない」。代わりに彼らは神の怒りを呼びかける。彼らの主観的な怒りの感情が、戦いにおもむく戦士とまったく同じはずがない。

最後に、トゥールーズの宮廷にいた吟遊詩人の怒りを見てみよう。彼らの歌は貴婦人への激しい愛を表現している。だがその情動は、恐れと裏切りの確信に囲まれている。詩人の愛は純粋だ（と本人は主張する）が、貴婦人の愛情は気まぐれで偽りだ。吟遊詩人たちは自分の怒りをうたう。しかし怒りは適当な言葉ではない。詩人はイラ ira という言葉を使った。それは彼らの言語では——フランス南部の言葉は古オック語と呼ばれていた——怒りと悲しみ両方の意味をもち、そのふたつが入り混じったものを意味することもあった。それを翻訳するには、ふたつの考えを組み合わせるしかない。悲しい怒り、怒りの悲しみ。ライモン・デ・ミラバルの言葉だ。

貴婦人たちのする悪事のため
愛の奉仕は退廃となる
彼女たちのあまりの偽りに
もっとも誠実な恋人も悲しい怒りをいだく

トゥールーズで吟遊詩人たちが歌った怒りは悲しみと混じりあっていた。たぶん詩人たちは自分の本心を歌っていたわけではないだろう。もっともその当時でも、彼らの歌は自伝的だと考える人はいた。だがここでは、単純に、彼らの歌はその聴衆——とくにパトロン——が理解し評価できる特別な種類の怒りについて歌っていたとしよう。そう考えるとこれは、詩人、パトロン、さまざまな廷臣、取り巻きたちが結託して構成した感情だということになる。哲学者のキャスリーン・ヒギンズは、吟遊詩人の音楽、ついでにエミネムのヒップホップの歌詞も含めて、音楽が文化的に構成されると同時に自伝的な基盤をもつさまざまな事例を研究してきた。まだその判決は出ていないが、演奏者、聴衆、聴衆の各自が互いに「調和する《アチューンメント》」という考えは有益そうだ。ダンス、ヘッドバンギング、足踏みなどは、文化と生まれつきの回路の両方による「連帯感」を強めている（またそのあらわれでもある）[15]。同様に、その音楽に調和しない人はそれに引いてしまうだろう。だが、中世の感情の共同体の概観のまとめに、トゥールーズの宮廷での娯楽のあいだに表現された怒りは、戦い前の戦士や心から神に祈る修道士の怒りとはかけ離れていた。

「イラ」の意味のあいまいさを、社会構築主義者は非常に重要だと受けとめる。怒りは我々の社会の社会的構成だ。理論的には、他の社会ではそんなものは存在しないこともあり得る。セマイ族やウトゥクがけっして――めったに――怒らないのは見てきたとおりだ。それでも、どちらの文化にも怒りを意味する言葉はある。イファルク（南太平洋の小島）の社会を研究した「Unnatural Emotions」という論文で、人類学者のキャサリン・ルッツは、そうした言葉の裏にはたくさんの違いが存在すると考えている。彼女の目指すもののひとつは、我々が英語の怒りという言葉を、純粋で本物の情動のように気軽に使っているのに疑問を投げかけることだ。他の言葉、たとえばオック語のイラは、なぜ複合語であらわされなければならないのか？　なぜイラを本当の情動だと見なし、英語の怒りを、骨抜きにされたイラ――つまりイラから悲しみを引いたもの――と考えることはしないのか？　イファルク島では、だれも「怒り anger」について話さない。もちろんそうだ。誰も英語を話さないのだから。だがルッツがいわんとしているのは、ただの言葉のことではない。イファルクには、「怒り」の前提、隠喩、関連性、理由、治療、行動など怒りにまつわるあらゆることに相当する言葉が存在しない[16]。

イファルクの言葉「ソング song」は、大ざっぱに怒りと翻訳されるかもしれない。しかしルッツは、〝ソング〟は西洋の怒りとは違い、本書が説明しようと苦心してきた多くの意味をもつ言葉だと言う。

〝ソング〟はつねに道徳違反を連想させる。誰かが道徳秩序を乱し、別の誰かが、その乱れをよしとせず、〝ソング〟を感じる。ルッツは〝ソング〟の意味を大ざっぱに翻訳する言葉として「理にかなう怒り」を使っている。（ここでは彼女は英語の言葉に応じている）。ルッツは西洋の怒りの概念には理にかなう怒りが含まれていることを完璧に意識している。それでも二者を慎重に分けるのは、イファルク島では道徳的な怒りは人々の関係を調整するが、西洋の道徳的怒りは個人の権利にかんすることだという違いがあるからだ。

これまで見てきたように、西洋の怒りには、関係を構成するという役割もあるが、つねに道徳的判断と結びついているイファルクの〝ソング〟はそれとは別ものだ。封建領主のジュエルは、農奴を自由にするときに相談されなかったことに怒ったが、自由にすることそのものが神聖なタブーをおかしていたとは言わなかった。〝ソング〟の正義と社会秩序との結びつきは、それを感じる人間を権力ある立場に高める。〝ソング〟は誰でも表現可能だが、しばしばイファルクの族長の特権として、トップダウンで人々に情動生活の構築を押しつけている。これは暴力を使わずに実現される――ゴシップを通して、道徳秩序を乱した人間を疎外するなどの方法で。犯人は恐れると期待され（実際に恐れて）、そのうち謝ったり、罰金を払ったり、〝ソング〟を感じている人に贈りものをしたりして、けりをつける。人々は日々多くの社会的義務を果たすなかで、他人の〝ソング〟を避けることが日課になっている。〝ソング〟の怒りが逆説的にイファルクを「平和の王国」にしている。

ルッツは〝ソング〟は英語の〝怒り〟とは違うと主張し、ソングの怒りは、病気のときのいらいら（tipmochmoch）や侮辱に対して感じるいらだち（tang）と区別していることから、言語学者は社会構築主義的な考えに傾いているのかもしれないと思える。一部は確かにそうだ。アンナ・ヴェジビツカは、情動をあらわすさまざまな言葉は、そうした情動がどのように経験されるのかについて何か本質的なことを表現していると主張する。彼女は英語の話者に対して、「別の文化の経験のカテゴリーを、英語で語彙的に認識されるあれこれの情動の亜類型と解釈するべきではない」とくぎを刺している。[17]一方で、ゾルターン・ケヴェチェシュは、「多くの非関連言語」は、「怒った人は加圧された容器だ」という、怒りの重要な構成的隠喩を共有していると主張する。これが関連した、より複雑な暗喩をうむ。「怒りは容器に入った熱い液体だ」。英語では、こうした類推の結果は以下のようになる。

——彼の抑圧された怒りが体のなかにこみあげてきた。
——ビリーは怒りを発散させている。[蒸気を逃がしている]
——わたしが彼に言ったら、彼は怒りを爆発させた。
——わたしはカンカンに怒っている。[18][煙突を吹きとばした]

歴史言語学者のなかには、同じ考えを取り入れて、古英語のなかに——苦痛や膨張を表現する——怒りの別の重要な暗喩を見つけた人もいる。古英語とは一〇六六年のノルマン征服以前にイングランドで主流だった形式の英語だ。[19]こうした研究は、社会が現実を、そして個人と世界の内における情動の役割を考えるうえで隠喩が重要な方法になるという点において、社会構築主義とかみ合う。しかし、少なくとも怒りにかんしては、「加圧された液体」の隠喩は我々の「実際の生理」ともかみ合っていると、ケヴェチェシュは主張している。彼はポール・エクマンと同僚による研究を引用した。その研究では、「アメリカ人被験者でもミナンカバウ族（西スマトラ）の被験者でも、怒ると肌の温度と脈拍が上昇した」という。[20] これで話はガレノスの体に戻る。しかし別の研究では、怒った人の心拍と最大血圧は恐怖した人と大差ないが、肌の温度は上昇し、指の温度は低下するという結果が出ている。[21]

＊

社会構築主義はどの程度有益だろうか？　たとえば呪いを吐く修道士や口論する夫婦のように、一見「不合理」に見える感情や行動に目的を見るのには役立つ。さらに、心理学的構築ともうまく適合する。心理学的構築では、脳は家族や学校や歌などから取りこんだ予測や概念化のため、つねに新しい回路をつくりだす、発達しつづける脳を前提として、社会的規範の重要性を認めている。しかし社会構築主義は、基本情動説ともいっしょに使える。表情や脳の領域の普遍性ではなく、表示規則が重視される場合はとくにそうだ。また、エナクティビズムが大脳皮質の下部の脳システムを修正する大脳皮質の役割を強調するなら、エナクティビズムとも相性がいい。

そのうえ、社会構築主義は我々に、生まれ／育ちの対は真の正反対ではなく、より複雑な現実の単純化だということを思いださせてくれる。人間の体は生物学的実体で、我々が何者で、どのように動き、ふるまい、話し、感じるのかをある程度は制約しているのは真実だ。だが体は我々の周囲の環境によって形づくられるというのも、また真実なのだ。後生遺伝学者（エピジェネティシスト）は、外部条件がある遺伝子のスイッチを切り、別の遺伝子のスイッチを入れて、さらに他の遺伝子を変化させるかを示した。そうした変化の一部は遺伝するかもしれない。そうした発見の社会的影響を警戒する人類学者は、「表現型適応」を口にしている。たとえば都市では、貧困地区は「とくに行動、認知、健康の面で（遺伝性の）生物成型的影響がある」生態的ニッチに等しい。ブラジルでは、貧困の影響は「肥満、骨格の丈夫さ、ある種の精神的疾患」が含まれる。[22] 我々の情動自己は、体の他のどの部分とも同じくらい、周囲の状況に影響を受ける。

しかし社会構築主義ではどうも満足できない人も多い。情動をつくりだす個人の働きを認めてはいるが、一般式を見いだしがちだ。バトジャ・メスキータらは日本人とアメリカ人被験者にインタビューをおこない、どちらの文化でも怒りと結びついている、対人関係での対立の経験について調べた。そして結果を以下のようにまとめた。

> 北アメリカの文脈では、立腹する状況は個人の自主性と自尊心に対する脅威だと受けとられ［……］自己を再確認し、相手に仕返しをすることで解決される。一方で日本の文脈では、立腹する状況は関係に対する脅威として受けとられ、相手の動機をよく知ることが求められる［……］。こうした場合の適切な行動は平常心を保つことだ。[23]

人類学者のアンドリュー・ビーティーはこうした大ざっぱな一般化に反対している。彼が提案するのは、「典型」ではない生きた人々の登場する生い立ちや経歴も含めて個々の事例の特殊性をじゅうぶんに理解し、物語の観点で考えることだ。[24]西洋人なら怒りを予想するところだが、関係者たちにはそのように経験されなかったジャワで起きた事例を紹介している。ビーティーは「ジャワ人は怒らない」と結論づけたくなる衝動をこらえた。彼はそれぞれの事例を唯一のものとして扱うべきだと主張し、そのような事象の物語を語っている。ある日の午後、隣人である農民が満面の笑みでビーティーを自宅に迎えてくれた。ビーティーにはあとでわかったことだが、その直前、相手は唯一の生活の糧である水牛が毒殺されたことを知ったところだった（農民があとでビーティーにした説明によれば）。いったい誰の仕業だろうかとも考えたが、その損失は「起きるべくして起きたことで、自分に『気がつかせる』よう運命づけられたショックだった」と思った。娘が助かってよかったと安心していた。ビーティーは、農民が怒りを感じているのにそれを見せないようにしているとは思わなかった。むしろ、「一種の離脱、感じることの拒否」を成しとげている、「気にしてはいるが、感じてはいない」状態だと推測した。[25]ビーティーの見たところ、農民が（セネカが助言したように）怒りを抑えたり、（ブッダならそうしたように）「怒りを捨て」たり、（マーサ・ヌスバウムが勧めるように）移行したりしなかったのは、彼が怒りをすっかり回避していたからだ。この結論に達するために、ビーティーはこの特定のときに、この特定の男性に起きたできごとのすべてを目撃し、この男性をよく知る必要があった。ビーティーは小説家のように考える人類学者で、ほかの学者にもそれを望んでいる。

この農民のケースでは、怒りは存在しなかった。ほかの事例では怒りは明確に存在するが、そこでも社会構築主義は感情の力と情念をまさに消してしまったため誤まっている。人類学者のレナード・ロサルドは長年、なぜフィリピンのイロンゴットの人たちでは、なぜ親しい人間との死別が人殺しの動機のひとつなのか理解できなかった。悲しむイロンゴットの男性は入念な計画と準備をおこない、犠牲者――これは誰でもいい――の待ち伏せ場所におもむく。そして犠牲者の首を切り落とし、空に放り投げる。こうすることで、自分の「怒り」を放り投げるのだと、彼らは言う。首狩りはイロンゴットの「もっとも目立つ文化的慣習」だったが、ロサルドはこの行動に、社会的ニーズや機能といった人類学者の説明によくある一般化の手掛かりを何も見つけられなかった。代わりに彼が、みずからの個人的な経験のなかで見つけたのは、イロンゴットの首狩りの理由だった。すばらしい人類学者であったロサルドの妻が、不慮の事故で亡くなった。そのときロサルドは怒り、悲しみ、その他「強力な理屈抜きの情動の状態」にのみこまれた。彼自身は首狩りには行かなかったが、それでイロンゴットの悲しみのなかに存在する強烈な怒りを理解した。[26]

ロサルドはこれを出発点にして、ある種の社会構築主義は、情動について考えるには非常に非情動的なやり方だと批判した。ビーティーと同様に、彼は人類学者に対して、儀式のそとで起きる、構成されたものではない自然発生的な活動に注目するよう求めた。感情の並はずれた力をつねに心に留めて、ゆっくりと姿をあらわす「平凡な意見」を見るようにと。

社会構築主義に対する批判の最後のひとつは、その道徳的中立性だ。ウィリアム・レディはその点を批判している。彼自身は社会構築主義者に近い立場で、権力をもつ人間はつねにその情動を人々に押しつけると主張している。「感情体制《エモーショナル・レジーム》」とは権力者を下支えする「規範的情動一式」だとレディは言う。[27]さらに彼は、ボトムアップの社会的構成は、彼のいう「感情の避難所《エモーショナル・レフェージ》」、すなわち人々が制度の拘束から解放されるためにつくりあげたスペースを通じて起きていると見ている。それでもレディは、社会構築主義の倫理的な意味あいを否定している。なぜならそれが、社会や政治秩序を批判する手段を何も提供していないからだ。もしあらゆるものは社会的に構成されるとしたら、観察者にはそこに立って道徳的判断を下す客観的なとまり木がない。第一に、観察者の判断も構成されているから。第二に、観察者はほかの社会や習俗を毀誉褒貶する道徳的権威をもたないから。レディ自身は、道徳的判断をおこなう客観的なとまり木を見つけたと主張していた。それはどんな情動がいいのか悪いのか、情動がどの方法で表現されるべきかといったことではなく、「情動の自由」がいいということだ。それは自分自身の情動を変える自由であり、学び、成長し、人生の目標を変えていくなかで情動を見直し、再編成することだ。多様なさまざまな方法で感じられる余地を提供する社会は、そうでない社会よりも自由で――レディにとってはよりよい。

しかしここでも、どの社会が自由かを判断するのは観察者だ。怒りを表現することについてアメリカがセマイよりも自由でも、恐怖を表現することではセマイのほうが自由だったら、どちらのほうが大きな自由があるのだろう？　恥を表現する自由は、愛を表現する自由と同等に道徳的に優れているのか？もちろんレディは、自由は単なる表現ではないと考えている。「目標を変える［……］転換経験をしたりそこからはずれたりする」自由だ。それらは精神的なプロセスだが、そのほとんどは世界での何らかの行為を伴う。しかしながら、誰もが自由に目標を変え、したがってコミットメントも変わる社会が、社会的に無秩序となって他の社会よりも道徳的によくなるどころか劣化しないかどうかはわからない。

＊

社会構築主義者たちは、怒りは人間の本質の自然な――実際、要素的な――一面だという一般の見方に反論する。最近ドイツで移民に対する攻撃が増えていることを考えてみよう。「ニューヨークタイムズ」のある記事で著者は、そうした暴力は、フェイスブックの「怒りや恐怖のような負の原始的な情動」の利用のせいだと非難した。[28] だが社会構築主義者の見方からすれば、フェイスブックは「原始的」な何かを利用するどころか、怒りや恐怖は簡単に利用できるという社会的に構成された前提を押しつけている。少数によってつくられた情動を増幅することで、自分たちが多数決主義者に見えるようにしている。そのような少数者の情動制度をつくったのはフェイスブックだ。

12　称賛される怒り

友人や知人に、怒りについての本を書いているというと、ほぼ例外なく、「タイムリーだね！」「それは必要な本だよ」という反応が返ってくる。近頃、今はパンカジ・ミシュラのいう、怒りの時代だという考えが広く共有されている。[1] しかし同じことが、一九八〇年代にピーターとキャロルのスターンズ夫妻がアメリカにおける怒りの受容の低下についての本を出版した頃にもあった。スターンズは、一見「自由気ままな怒りの表出」は、誤解を招く「非定型の情報源からの手掛かり」だと穏やかに異を唱えた。彼らによれば、怒りを撲滅しようとする運動は、ヴィクトリア時代の始まりからそのあいだずっと続いた。[2]

現在も似たようなことがあると思われる。世間の目につく人々はみんな怒っているように見えても、古い基準は残っている。最近の礼儀作法の本でも怒りは勧められないし、アンガーマネジメントの教室は多数ある。それでも今の時代、怒りが高く評価されている、少なくとも一部の界隈では称賛されている考えるそれなりの理由がある。それはまったく新しいことではないが、現在我々をとり囲んでいるメディアがあらためてそれを増幅している。

これがまったく新しいことではないという点は強調しておく。ミシュラは著書の冒頭、詩人、未来派主義者、ファシストの先駆だったガブリエーレ・ダンヌンツィオ（一九三八年没）の例をあげた。ダンヌンツィオは「フィウーメ自由国家」を樹立し、暴力、死、犠牲を通じて男らしさの復権を唱導した。ダンヌンツィオは、ミシュラの言葉を借りれば、「ヨーロッパの怒れるはみだし者たちの日和見主義な預言者」だった。[3]

だがそうしたはみだし者たちは怒りを美化していたのだろうか？　称賛していたのだろうか？　それとも怒りは単に、ダンヌンツィオへの追従の背後に隠された情動だったのだろうか？　ミシュラは、一九〇〇年頃の政治的ナショナリズムと経済のグローバリゼーションは我々の怒りの時代の前例であり、ダンヌンツィオは現代のポピュリストの先駆者だったと考えている。ウッファ・イェンセンが著したドイツの「怒りの政治」についての本にも、同じようなことが書かれている。二人の主張は、十九世紀、近代化によって西洋人は村落、共同体、家族といった伝統的な社交の繭から引き離され、恐れ、不安、恨みの大混乱のなかに放りこまれたということだ。[4]現在、それと同じ力が人間の住むありとあらゆる場所に及んでいる。イスラム国（ISIS）とダンヌンツィォに率いられた義勇兵たちは同じ布からかたちづくられたようなものだ、ミシュラは考えている。十九世紀の反ユダヤ主義は現在の極右のドレスリハーサルだったと、イェンセンは論じている。

わたしもおおむね同意するし、ときどきこの議論を指し示すことになるだろう。しかし本章のほとんどでは少し違うことを考察していく。現在、聞こえてくるのは、暴力を利用するだけでなく、暴力を褒めたたえ、要求し、承認し、称賛する声だ。このような怒りは、過去に根ざしてはいるが、現代生活の一部である寄る辺なさや不幸や不安だけではなく、これまであまり注目されてこなかったものにも由来している。それはすなわち、自分の名誉が侮られ、中傷されているから、それを強く主張し、認めるように要求しなければならないという感覚だ。今は昔のように決闘もなく、名誉という言葉が使われることも減った。例外は、遠くの文化でおこなわれる「名誉殺人」くらいだろう。だが名誉を重んじる心はどこでも却下され、無視され、軽視されている——ひと言でいうと、ディスられている。このように考えると、そんな権利もない誰かに故意になされた侮辱に対する反応という、古い怒りの定義が思いだされる。インターネット、ケーブルテレビ、誤情報の拡散、ラジオの談話などに被害者意識を増幅され、怒るように促されて、我々は本書で概説してきた、怒りを捨てる、制御する、批判するという古い伝統を見失いつつある。

従来、怒りはおもに非難されるか、ごく限られた状況でのみ理にかなうとされた。それは褒めたたえられたか？　そういうこともあるにはあったが、怒りを感じたり表現したりする「価値のある」人物が怒ったときだけだった。他の人々は大騒ぎしたり逆上したりすることはあっても、それは真の怒りではなく、尊厳もなければ正義でもなかった。怒りを七つの大罪とした中世の聖職者は同時に、人は誰でも罪に対して怒るのは正しいと考えていた。しかし、現実に正しく怒る権利を有するのは誰かを厳密に問えば、それは男性聖職者か男性の戦士だった。正当な怒りをいだいた中世の女性もいたが、彼女たちはおもに聖人伝に載っている人物だった。聖人はあらゆる人々のなかでももっとも選ばれた人間だ。

その状況が変わった。抗議運動では生得権として怒りを主張することが増えた。

中世後期の人々はその考えを非難した。やがてヒュームやスミスといった啓蒙主義の思想家の哲学では、怒りは道徳的な役割を与えらえた。ルソーは、不正義に対する怒りはあらゆる男性の——そして女性の――の権利と義務であると書いた。実際、怒りは十七世紀と十八世紀のあいだに、理論上は民主化された。フランス革命のときには、文筆家たちは「フランスの人民」がバスティーユを襲撃したとき、彼らは「正義の怒り」を行使したと主張した。とはいえそれは、かなりまれな事例だった。ほとんどの場合、フランス革命のレトリックがで重要だったのは「人間と市民の権利」だった。

「情熱は疾風」だと、アメリカ独立革命家は言った。彼らとほぼ同じような意見をもっていたのが、イギリスのパンクロックのヴォーカル、ジョン・ライドン（ジョニー・ロットン）だ。彼が一九八六年に録音した「ライズ」では、「怒りはエナジー」というリフレインがくり返されている。誰でも、正しくても間違っていても、黒人でも白人でも、「書かれている言葉は嘘だ」と知っておく必要がある、とライドンは歌う。「くそ制度」と闘い、立ちあがり、始めるんだ、それには怒りのエネルギーが要る。[5]「怒りはエナジー」〔ジョン・ライドン著　田村亜紀訳　シンコーミュージック　二〇一六年〕は彼の自伝のタイトルになった。[6]

アメリカ独立革命家によってかき立てられた情熱とライドンの歌詞を比較するのは、不真面目に思われるかもしれない。だがそんなことはない。ライドンはアパルトヘイト政策がおこなわれていた南アフリカのことを考えていた。それが歌詞に重要な意味を与える。「やつらはおれの頭に熱いワイヤを取りつけた／おれがしたこと、言ったことのせいで／そして感情を消し去り／あらゆる点で模範市民に」こうした言葉は、「アパルトヘイト政府が使っていた拷問方法について歌った言葉だ」とライドンは説明している。[7]要するにライドンは南アフリカで拷問を受けた人間の痛みを自分自身の心の痛みに変えた。彼は怒り、「ライズ」で他の人々にも怒れと命じている。非常に公的で、やかましく、激しい疾走感の曲だ。一九六〇年代の女性運動は「個人的なことは政治的なこと」というスローガンを広く知らせた。[8] 現在、ライドンら多くの人々にとって、個人的な怒りは政治的な声を要求する言葉、隠喩、最適の表現方法だ。すべての政治的領域の人々が、自分の声が聞かれるように求めている。

二〇一八年九月、ドナルド・トランプ大統領が米連邦最高裁判所判事に指名したブレット・カバノーは性的暴行を告発され、上院司法公聴会で証言した際、怒りをあらわにした。そのとき彼は、まさにポール・エクマンが実験に使ったような顔をした。口元は冷笑するように歪み、眉間にしわが寄っていた。彼は「激怒」を表出していた。カバノーは「明らかにトランプ大統領と二〇一六年の大統領に対して鬱積した怒りによる政治的打撃」を画策したとして、民主党を非難した。[9] カバノーの証言のあとで、彼自身「けっして弱みを見せるな」という格言の信者であるトランプは、見るからによろこんでいた。[10] 他の人々も称賛した。

政治理念で対極にいる、トランプに反対する人々も怒りを感じたが、それは正反対の理由でだった。カバノーを告発したクリスティン・ブラジー・フォードと自分を重ね合わせた女性たちはとくにそうだった。「女性として、子供を愛する親として［……］わたしは怒っている。怒りという言葉では足りない」作家のジェニファー・ウェイナーは、来る上院公聴会のことを「ニューヨークタイムズ・サンデー・レビュー」に書いた。「気づくとわたしは［……］ふつふつと湧きあがる忿怒にはまりこんでいた。両手をきつく握りしめた。あごがこわばった。夜には歯ぎしりした」彼女の怒りの描写はガレノスかダーウィンの記述そのものだった。しかし彼らの考えとは異なり、ウェイナーの怒りは制度に対して向けられた――「昔、友愛会に所属していた男子」と彼女が呼ぶ、我々の社会を運営し、セクシャルハラスメントをおこなったり、そこまでしなくとも見て見ぬふりをする男性たちだ。ウェイナーは特定の誰かに怒っていたわけではなかった――ドナルド・トランプやブレット・カバノーでも、カバノーを承認するつもりの共和党の上院議員らさえでもなかった。彼女は丸ごと友愛会館である我々の社会を「焼き尽くしたかった」[11]。

＊

どうしてあらゆるグループが怒りを賛美することになったのだろうか？　十九世紀後半から二十世紀初めにかけて、国はそれまで独立していた地域の文化をまとめて、ひとつの理想的な均質の国民にする必要があった。その不慣れな統一の足をひっぱったのが、深く根付いた偏見だった。それは宗教まで人種のカテゴリーにした新たな偽科学の人種概念によって増強された。それで十九世紀のドイツ人は自信まんまんに、ユダヤ人がたとえキリスト教に改宗したとしてもけっして捨てられない「民族精神(Volksgeist)」について書くことができた。彼らはドイツ社会にけっして溶けこむことはできない。なぜならその性質のせいで、他のドイツ人にとってのよそ者だからだ。

古代人は人種について論じ、国境の向こうの人々を嫌悪した。だが人種が遺伝し、(劣っているにせよ優れているにせよ)消去できない文化の原因であり、それに属する人間を特徴づける、生物学的で逃げられないものだという考えは、ヨーロッパ人がつくりだしたものだ。「血の純度」は十五世紀のスペイン異端審問所によって使われたスローガンで、(大衆の感情《センティメント》の支持を受けて)改宗ユダヤ人がスペイン社会に同化するのを防ぐことが目的だった。十九世紀になると、フランス革命の結果としてヨーロッパの貴族がしだいに特権的地位をなくし、人種の特徴分析がより盛んになった。アルチュール・ド＝ゴビノー（一八八二年没）は、「あらゆる文明は白人種から生まれ、どの文明もその助けなく存在できず、社会はそれを生みだした高貴なグループの血を守る限りにおいて偉大で優れたものになる、もちろんこのグループ自体がもっとも輝かしい人種の一派である場合に限る」[12]グレゴール・ヨハン・メンデル（一八八四年没）による遺伝の発見によって、優生学者たちは精神衛生、犯罪性、知性、道徳が遺伝しさまざまな人種に特徴的な不変の形で分配されていると主張した。「管理繁殖」および人類の「淘汰」が優生学者の計画の一部だった。

人種という誤った通説を否定しようとする人類学者、科学者、その他の人々による長期にわたる努力は、限られた成果しかあげていない。米国勢調査局は人々に自分の人種を特定するように求めているが、「人種」には生物学的な根拠はなく、社会的に構成されたカテゴリーだという考えに、いちおう口先だけの賛成はしている。「国勢調査の質問に含まれる人種カテゴリーは一般的に人種の社会的定義に基づいており［……］生物学的、人類学的、遺伝的に人種を定義しようとするものではない」[13]したがって、国勢調査ではひとつ以上の人種にチェックマークをつけることも可能だ。それでも、固定した人種という考えは我々の認識に染みこんでいる。

人種の考えによって、多くの人々は否応なく自分とひとつの人種を重ね、それによる名誉が与えられていないと感じ、ほかの人種の存在自体が自分の尊厳を傷つけると断言した。これは極右勢力「オルトライト」のデモで参加者たちが唱える、「おまえらがおれたちに取って代わることはない」という白人ナショナリストのスローガンにつながっていく。もっとも有名なデモは、二〇一七年、ヴァージニア州シャーロッツヴィルで、ロバート・E・リー将軍像が撤去されることに抗議しておこなわれ、そのときスローガンが「ユダヤ人がおれたちに取って代わることはない」と変えて唱えられたこともあった。[14] オルトライトにとって、リーは「白人」の英雄であり、その像を撤去することは「白人種」への侮辱だった。

「おまえらがおれたちに取って代わることはない」というスローガンは、フランス人極右作家のルノー・カミュによって提案され、著書の『大規模な入れ代わり』によって広く知られるようになった考えから派生した。フランス社会は中東出身の移民によって入れ代わられている、とカミュは主張する。おなじことがアメリカでも起きている。「国をつくった人々の子孫が、気づくと少数派になっている」。誰でも、「統合」、「同化」、「多文化主義」といった抽象的な考えは理論的には大好きだが、実際にそれが実行されると恐怖を感じる、とカミュは書いている。[15]

この「恐怖」が視覚的な迫力をもったのが、カナダ人極右活動家のローレン・サザンのYouTube動画だ。彼女は移民人口の「とんでもなく高い増加率」を証明するために、動画を見せたり統計を引用したりしている。大勢の人々が障壁を跳び越え、国境を通過している。わたしたちの「西洋的価値観」は消えようとしている、と彼女は嘆く（それが何なのかは言わないまま！）。サザンはたんに怒っているだけではなく、彼女の怒りはとてもきれいな顔をしている。セネカとは異なり、彼女は鏡で自分の姿を見ても、恥ずかしくなることはないだろう。彼女の怒りは、「わたしたち」は「彼ら」に取って代わられようとしていることに気づかない無知な人々に対する憐れみと当惑を装って表現される。これは長もちする息の長い怒りだ。この怒りは移民が目につくあいだじゅうずっと、ゆっくりと燃えつづける。ウッファ・イェンセンが指摘するように、今の時代の怒りは「永続的な状態であり——現実でも想像でも——何か不正があればすぐに爆発し、その後ずっとそれを正したいと望む」。しかしこの永続的な怒りは「完全な情動になろう」としている。[16]その爆発は、シャーロッツヴィルのデモに参加した白人ナショナリストのしつこい連呼にも見られた。彼らの怒りは、名誉が傷つけられたという道徳的な忿怒によって煽られていた。白人は皆から「ばかにされている」という考えを利用していた。皆というのは、白人以外の人種の人間および白人でも政治的にリベラルな人間を差す。同じパターンで、白人至上主義の雑誌「アメリカン・ルネッサンス」を創刊したジャレド・テイラーは、「ニューヨーク・タイムズ」がアジア系のサラ・ジョンを編集委員に昇進させようとしたことを激しく非難した。「ミス・ジョンの指名は二重基準を記念するものだ。保護された階級への無礼は不道徳だが、白人を侮辱することは構わないという」[17]

テイラーが「ニューヨーク・タイムズ」や他の場所で感じている「侮辱」は、怒りの中核に存在する苦痛でもあり、アーリー・ホックシールドが著したルイジアナに住む極右信奉者グループの情動についての本で考察されている。[18]彼らの怒りは、「エリートの新聞」による中傷だと彼らが思うものによって煽られる。彼らは「レッドネック〔貧しい白人労働者や農民〕という言葉にいらだつ。彼らは自分のキリスト教徒の価値観と生き方に誇りをもっており、それらが攻撃されていると感じている。彼らは自分が一生懸命働いてきて、犠牲を払ってきた、強い道徳心のもち主だと自認している。ホックシールドはある種の虚構のなかに彼らの「ディープストーリー」を見出した。彼らはアメリカンドリームの列に辛抱強く並んでいたが、他の人々、自分よりまったくそれに値しないようなやつらが、自分たちの前に割りこんだと感じている。ホックシールドがインタビューした人々が税金として払った金を受けとっている生活保護受給者、アファーマティブアクション〔マイノリティーの差別解消のための優遇措置〕によって昇進した人々、ただ黒人だというだけで出世した人々、「女性、移民、難民」のように鼻もちならない人たちだ。

それではなぜ、インタビューされたルイジアナの人々は、自分たちの健康を害し、環境を汚染し、従業員をレイオフして賃金と年金を削減した産業によって味わわされた苦痛には怒らないのだろうか？ 人々はこうしたことをちゃんとわかっていた。心の底では、かつて自分たちが魚釣りをしたきれいな水が失われ、自然のままだった土地が汚染でむしばまれたことを嘆き悲しんでいる。つまりこういうことだ。ルイジアナの人々は進歩を信じており、それには代償が伴うことを受けいれている。環境を汚染する企業も、同じ目標を目指す隣人だと見なしているのだ。実際、彼らは自分のこともビジネスマンだと思っている――その規模は、石油会社やその他彼らが勤めている大企業とはくらべものにならないほど小さいけど。こうしたルイジアナの人々にとっての本当の侮辱は「リベラル」から、リベラルが支持する連邦政府プログラムからやってくる。政府は、彼らの見るところ、彼らの名誉を――勤勉で、白人で、異性愛者で、キリスト教徒の男女の名誉を――否定している。

「おまえらがおれたちに取って代わることはない」というスローガンの動機となる恐怖、憎しみ、怒りをいだくグループを生みだしているのは、ヨーロッパとアメリカだけではない。ミャンマーでは、前に書いたように、仏教徒がラカイン州のイスラム教徒のロヒンギャを殺し、レイプし、追いだしている。

仏教それ自体の内部に——西洋のスローガンとはまったく無関係に——殺しや追放を美徳とする長い伝統があるが（一章を参照）、とは言え、ミャンマーは西洋の人種差別主義とそのスローガンに大きな影響を受けている。

ミャンマーについての自著のなかで、ジャーナリストのフランシス・ウェイドは、九世紀にイスラム教徒がラカインにやってきたとき、彼らはすぐに受けいれられたと指摘している。当時の国境は穴だらけだった。ラカインの人々は西側に隣接するベンガル人の政治組織に進出し、反対に移民がラカインに流入した。その頃、ラカインは独立国であり、その支配者は仏教を優遇していたものの、あらゆる民族、あらゆる宗教を歓迎していた。その多様性を失わせたのはイギリスだった。イギリスは十九世紀にビルマを植民地として王政とラカインの独立を終わらせた。ここでも（ヨーロッパやアメリカと同様に）国の統一はそれまでいくつもに分かれていた地元の文化を吸収、同化させることを意味し——ここでも〝解決策〟は中途半端だった。イギリス人は人種は生物学的実体だと確信し、自分たちの支配を容易にする分断をつくりだすために、ビルマ国内で百三十九の民族、すなわち「人種」を分類した、というかむしろ創作した。植民地になるまで前例がなかったにもかかわらず、占領者がつくった人種の分割は人々に、反植民地主義独立運動にまで受けいれられ、採りいれられた。独立運動の革命家たちのスローガンは、「人種、言語、仏教徒の宗教！」だった。

一九六二年、軍が権力を握り、「優れた人種」いわゆる「仏教徒の人種」に公務を任せたとき、ロヒンギャは市民権を剥奪された。しかし特にロヒンギャを狙った暴力が始まったのは、ミャンマーの軍事政権が権力の一部を民政に譲った一年後の二〇一二年のことだった。ウェイドが仏教徒にこの暴力についてインタビューすると、ある僧侶は、「我々は自分たちの骨で柵をつくり、自分たちを守らなければならない」と言い切った。[19] 言い換えれば、殺しをおこなっているのは自分たちではなく、仏教そのものを殺そうとしているイスラム教徒だということだ。僧侶はさらにこう続けた。「仏教は真実と平和をあらわしている。したがって、もし仏教文化が消滅すれば、真実と平和も着実に失われる〔……〕仏教の衰滅になりかねない。そうなれば我々の人種は根絶される」[20]。ロヒンギャの集落への放火に参加したラカインのある村の住人は、説明した。「わたしが自分の人種を守らなければ、それは消えてしまう」[21]。要するにこの人々は、白人至上主義者たちのスローガン「おまえらはおれたちに取って代わることはない」と同じことを言っているのだ。

＊

民主主義はその本質として、自分たちの言い分を聞いてもらえるという期待をいだかせる。一九九〇年にベルリンの壁が崩壊してから、その期待が活気づいたとパンカジ・ミシュラは述べた。「願望の民主革命が〔……〕世界中を席巻し、富、地位、権力への切望を刺激した。〔……〕誰もが平等にもてる野心が古い社会的階層から解放された」[22]。そうした野心はあらゆる方面で被害者意識の言語化に役立った。「おまえらはおれたちに取って代わることはない！」のスローガンは極右の差し迫った承認欲求と、その信奉者の見方ではただ違うという理由で自分たちを侮辱しているやつらに報復してやりたいという欲望をも反映したものだった。

多くの女性にとっての「民主革命」は、ミシュラが指摘した何年も前に始まった。投票権を求める運動と一九六〇年代の女性解放運動だ。しかし怒ったレトリックやより男性の表現方法に近い新たな形の怒りがあらわれたのは、ここ最近のことだ。

最近までそうではなかった理由のひとつは、怒りはひとつの力ではあるが、力を得る唯一の方法ではないからだ。アメリカ独立革命とフランス革命が「権利」を強調したように、十九世紀から二十世紀初めの婦人参政権運動もそれに倣った。アメリカで最初に開かれた女性の権利獲得のための会議〔セネカ・フォールズ会議〕の冒頭で「所感の宣言」が採択されたが、この宣言では怒りがまったく除外されていた。「所感の宣言」は「独立宣言」になぞらえて、「男性と女性は平等につくられた」という「自明の真理」で始まる。そして「絶対専制」の政府のもとでの女性の「忍耐強い黙認」について述べる。そして「男性による女性へのくり返しの侮辱や権利の侵害」を列挙し、女性は「不当に扱われ、抑圧され、もっとも神聖な権利を不正に奪われている」と感じていると断言する。権利という言葉と「偉大なる自然の教訓」に力を得て、当時の女性たちは自分たちが貶められていることに言及しながら、「敵のもっとも鋭い武器である軽蔑や揶揄にも耐えられる鎧をつける」ことでそれに反撃した。彼女たちはジャンヌ・ダルクの「信仰の熱」と勇気をもつようにと女性に呼びかけた。[23]

権利、自然の教訓、宗教、聖人の勇気、これらには確かに古風な訴求力がある。現在はほかにも力を得る手本があり、また必ずしも怒りではない。二〇〇七年にタラナ・バークがMeToo（ミートゥー）運動を始めたとき、彼女はただ「恵まれない共同体の性暴力被害者に手を差しのべたかった」[24]。運動がツイッターのハッシュタグになり、二〇一七年に女優のアリッサ・ミラノによって広められたあとでさえ、苦痛、悲しみ、癒し、共感といった情動のほうが怒りよりもずっと優勢だった。しかしミートゥー運動、さらには（二〇〇五年の録画のなかで性的暴行を自慢していた）ドナルド・トランプの当選という文脈で、現在、女性の怒りが大きなうねりとなっていることを理解する必要がある。

ここでも、婦人参政権運動との比較は、何が変わって何が変わらなかったのかを見極めるのに役立つ。女性政治同盟が一九一一年に出版したブロードサイド（片面に印刷したビラ）は、ニューヨーク州では元受刑者には女性がもたない投票権があると指摘した。添えられた挿絵では、見るからに高潔な婦人ふたり（ひとりは赤ん坊を抱いていて、もうひとりは卒業式用のガウンとキャップを身につけている）が、警察官に制止されて投票箱に近づけず、その同じ警官が手ぶりで、囚人服を着た男たちの列に、前に進んで投票するようにと促している。政治同盟の女性たちは怒っていただろうか？　そうではない、とはっきり否定されている。彼女たちは「報復の精神に駆りたてられ」てはいないと断言している。そして刑を終えた元受刑者には投票権があることも認めている。しかし「我々はニューヨーク州のすべての有権者に自信をもって問う。なぜ女性をレイプした男四人が、彼らの肉欲の犠牲者の政治的支配者になるべきなのか、正当な理由を答えてくれと[25]」

我々なら、そのブロードサイドは怒っていると言うだろう。それが我々のそうしたことについての評価だからだ。だがそのブロードサイドは女性の怒りを称賛してはいなかった――その正反対だった。それもそのはずで、支持者を求める女性たちが怒りをあらわにすることは、逆効果になる。英語の「がみがみ屋」は、怒れる女性を指す言葉で、つねに女性を軽んじている。「怒れる黒人女性」のイメージを思いだしてみよう。それはつねに否定的だった。ホックシールドが観察したスチュワーデスは怒ったとき、そうした感情を押さえこんで代わりにほほえむため、大変な感情労働をおこなう。極右のカナダ人、ローレン・サザンでさえ、YouTubeの動画で眉をひそめたり、顔をしかめたりしたことは一度もない。実際、彼女は温和を絵に描いたようだ。上院司法委員会の公聴会でブレット・カバノーを告発したクリスティン・ブラジー・フォードは、落ち着いて、ふたりとも十代だったときにカバノーが彼女に襲いかかり、ベッドに押し倒して、彼女が悲鳴をあげないように口を手で覆ったと証言した。しかし彼女は事件について、またその後ずっとトラウマになった影響について、怒っているとは一度も言わなかった。彼女が認めた唯一の情動は、議会の前で話すことの「恐怖」だけだった。彼女は融和的であり、その声は少し震えたが、泣くことはなかった。冒頭陳述を終えたあとで、ほほえみを浮かべながら、カフェインが必要かもしれないと冗談を言い、「もしあれば」と続けた。チャック・グラスリー上院議員がマイクを彼女のそばに引き寄せるように言ったができなくて、彼女はそれでも頼みを聞き入れた。「わたしが身を乗りだします」。襲われた記憶が真実だとなぜわかるのかと訊かれて、彼女は記憶の性質について短い科学的講義をおこない、「海馬のなかは消去できない」と述べた。[26]

「あれは女性が怒ったときには、そのようにふるまうべきだと教えられてきたことです。怒っていることは誰にも知られないようにする、冗談を言い、親切にして、理性的で、弱さを見せる」レベッカ・トレイスターは、公聴会の翌週の「タイムズ・サンデー・レビュー」の一面でそう書いた。彼女によれば、対照的に、男性は大声をあげたり、うなったり、口をとがらせたり、「派手に」泣いたりすると称賛される。

トレイスターが説明しているのは、アメリカ文化において女性と男性で異なる怒りの表現のルールだ。

女性はもっと男性のようにふるまうべきだと彼女は提唱している。彼女の不満は婦人参政権論者のとそれほど変わらない。男性が女性の平等と尊厳を踏みにじっている。しかし彼女は、権利というレトリックはあまり使わず、怒りの談話を採用した。女性は男性と同じ怒りをもっており、それを男性と同様に利用するべきだと、彼女は言う。

男女で情動の表現の仕方に差があるケースばかりではない。セマイ族、ウトゥク、フォア族の人々は男性も女性も怒りを表現しないことになっている。だがアメリカではこうしたジェンダーの同等はなく、スターンズはそのアンガーマネジメントの根深い伝統を明らかにした。男性は女性よりも声高に言うことが認められており、称賛さえされる。男性にとっては、ある状況において怒りを表現することは自分の思いどおりにしてゴールを達成するための効果的な道具だ。上院司法委員会最高裁判事承認公聴会におけるリンゼー・グラム上院議員のふるまいを考えてみよう。「男性のひな形」を実現し、グラムはダイアン・ファインスタイン議員を裏切ったと怒鳴りつけた。ファインスタインは司法委員会のメンバーで民主党だ。グラムは彼女に指を突きつけ、公聴会は「偽装」だと言った。彼はカバノーに向かって、「あなたとあなたの家族が経験した」ことを想像すると言いながら、涙を浮かべた。[28] 一方のファインスタインのふるまいはどうだっただろう。彼女は何も言わなかった。人々はどこでも感情ルールに従っている。しかし民主化という文脈では、男性の怒りが口達者で対立的であり、それが威信と権力に関連づけられているなら、男性のように闘争的な怒りの表現を用いる権利を要求する女性がいるのは当然だ。

別の言葉で言えば、怒りは他の何より権力の隠喩になった。そしてここでも古典的な定義をもちだすと、こう言えるだろう。現代の女性は男性が特権や一般的な権力をもつことに、侮辱されたと感じている（それは婦人参政権論者と同様だ）、だが彼女たちは自分を表現し尊厳を取り戻すために、怒りの成分の男性的な表現様式を採用したいと思っている。だからこそ、そうした女性たちにとって、カバノーの公聴会のあとでジェフ・フレイク上院議員とエレベーターに同乗した女性ふたりが彼に怒鳴りつけたことが重要なのだ。ひとりはフレイクに指を突きつけ、もうひとりは自分の顔を直視しろと命じ、彼が「あらゆる女性に価値がないと思い知らせた」と非難した。[29]

もちろん、このような女性の怒りが称賛された前例がある。サンドラ・ホックマンによるドキュメンタリー映画「Year of the Women」（一九七三年）は一九七二年の民主党大会で女性たちが、「わたしの目は女性の怒りが生む炎の光を見た／何世紀もくすぶりつづけ、今、この時代に燃えあがる［……］／怒りはわたしたちに食いこみ、わたしたちはもう王にひざまずかない」と歌うのを描いた。[30] また、一九八一年の全米女性学協会会議の基調講演をおこなったオードリー・ロードは、人種差別主義の定義から話を始めて、こう続けた。「人種差別主義に対するわたしの反応は怒りです［……］排除される怒り、絶対的な特権の怒り、人種のねじれの怒り、沈黙し、酷使され、ステレオタイプで、保身の、誤った名前で、裏切りの、新会員選出の、怒りです[31]」これは神が罪に向ける理にかなう正当な怒りで、高潔な人々が人間の務めとして引き受けるものだ。当時の女性たちがかき立て、現在の女性たちが勧める怒りは、いろいろな意味でそうしたキリスト教の伝統の世俗版、遠い孫だ。だが今日のメディアのエコーチェンバー〔同じような意見が反響し合って増幅されていく閉鎖的な空間〕では、増幅されて合唱になる。

女性の政治的怒りについての本『Good and Mad』の著者、レベッカ・トレイスターはこの種の怒りと、ブッダの時代から哲学者たちの関心を引いてきた個人的関係に特有の怒りを区別している。トレイスターが考えている怒りは、ジョン・ライドンの怒りだ。彼女はその「勝つためには強烈で緊迫しなければならない戦いにエネルギー、強烈さ、緊迫感を」注入する力を称えた。[32] トレイスターにとって、社会改革を目指す運動すべて、女性の権利のために起こされた訴訟のすべてが、社会的に生産的な怒りに力を得ている。この考えは婦人参政権論者には驚きかもしれない。それでも、現在の女性の運動の背後には正当な怒りという感覚があるのは事実だ。

女性の怒りに対する称賛の大部分は、公的な理念のための公的な怒りへの褒め言葉によって形づくられている。しかし公的と私的の境界線はしばしばあいまいになる。一九七〇年代の「フェミニスト意識の高まり」の運動についてのエスター・カプランの記憶を考えてみよう。彼女は「そうした女性たちは〝夫を捨てた〟」と強調している。「社会運動には可能性があった」――彼女の言葉だ――「根本的にわたしたちを変える可能性だ。根本的に世界を変えるのではなく[33]」怒りが公的なものであっても、その表現は我々の私的な、内面の、家庭の生活のあらゆる面に染みこみ、満たす。

反対に、ツイッターやフェイスブック全盛の今の時代、私的な怒りは公的に称賛されるものなのかもしれない。ジョージタウン大学の安全保障学の教授がカバノーの上院公聴会に激怒した。それで彼女は以下のようにツイートした。「見てよ。[この]特権をもつ白人男性連中が連続レイプ魔の責任転嫁する権利を正当化している。全員、フェミニストに笑われながらの惨めな死に値する」あとになって、彼女は「わたしはこの政権で無理やり感じさせられるのと同量の不愉快をつくりだす言葉を狙ってつくりました。あの司法委員会の男たちが性的暴行サバイバーの腹を蹴りつけるのを見てどれほどの怒りと苦痛を感じたか、言葉では言えません[34]」ここで出てくる苦痛とそれが生む怒りの言葉は、神の怒りよりも、アリストテレスの美徳としての怒りを思わせる。

カリフォルニア大学バークレー校の古典学者のジュリア・シッサにもそれが当てはまる。彼女はメディア像を書き直し、彼女を英雄的に描いたが、それはイアソンがおこなった壮大な間違いを正したからではなく、自分の怒りを恐れなかった——それどころか誇らしく思ったからだ。シッサは女性の嫉妬、すなわち恋人に捨てられた女性の官能的な怒りを称賛している。彼女はセネカが怒りを咎め、メディアを非道な人間にしてしまったと非難する。「わたしはメディアなのです！」シッサは誇らしげに宣言する。[35] 彼女は怒りに我を忘れている。彼女が本で詳細に論じているように、西洋文明を通じて、男性はいつも嫉妬を「許されて」きたが、女性の嫉妬はばかにされ、咎められ、禁じられることさえあった。シッサはその伝統を否定する。自分の私的な怒りを公にすることで怒りに尊厳を与え、回復し、賛美する。そのプロセスにおいて、「禁じられた」恥ずかしいものである女性の嫉妬に、男性の嫉妬がずっと有してきたのと同じ名誉を与える。

*

二〇一七年初めに、トランプ大統領の当選と就任に抗議するためにおこなわれた最初のウィメンズマーチ・オン・ワシントンDCで、アメリカ・フェレーラは女性の運動とブラック・ライヴズ・マター（黒人の生命の尊厳）を結びつけた。「わたしたちは黒人のブラザーとシスターの組織的な殺人と投獄の中止を要求する。［……］我々はともに、全員で戦い、抵抗し、我々の共同体に所属する者の命と尊厳を脅かすあらゆる行動に反対する」彼女はそう宣言した。[36] しかし実際には、ブラック・ライヴズ・マターの闘い、抵抗し、反対するレトリックは比較的目立たなかった。二〇一三年に最初にウィメンズマーチの運動があらわれたとき、その情動的テーマは愛だった。「黒人のみなさん、わたしはあなたを愛しています。わたしはわたしたちを愛しています。わたしたちの命は大事です」カリフォルニアに拠点を置くライター・活動家のアリシア・ガーザは、非武装だった高校生トレイヴォン・マーティンを殺した犯人が無罪になったことを受け、ネットに投稿した。[37] ガーザの友人、パトリッセ・カラーズは#blacklivesmatter のハッシュタグをつくった。もうひとり黒人の若者、マイケル・ブラウンがミズーリ州ファーガソンの警察官に殺された事件のあと、運動は急速に広まった。

「トレイヴォン・マーティンの死と彼を殺した人間の無罪に激怒して［……］我々は通りに出た。一年後、我々はブラック・ライヴズ・マター・フリーダム・ライド・トゥ・ファーガソンにいっしょに乗っていた」ブラック・ライヴズ・マターのウェブサイトにそう書かれている。[38] 実はファーガソンの抗議活動でブラック・ライヴズ・マターの運動がそれほど目立っていたのかどうかは不明だ。ジェラニ・コブが指摘するように、運動の組織は分権的で議論も多い。[39] ファーガソンの現場には怒りが存在したが、他のさまざまな情動もあり、基本となっているテーマは共同体精神だった。近くのセント・ルイスからやってきた参加者のひとりの言葉を借りれば、「わたしたちは全員、このことに同じ苦痛と怒りを感じている。あの日わたしたち全員がひとつになった[40]」。地元の公民権運動活動家は、抗議活動への参加を報告する形で、道路に残っていたブラウンの血痕を見たトラウマについて語った。警察署の正面で行進する彼女は、「みんな怒っていました。わたしも怒っていました。［……］攻撃準備ができた警察犬を実際に目にしたのは初めてでした。［……］一触即発の状況でわたしはできるだけ落ち着いていようとしましたい。でもあの警察犬たちが黒人の子供たちにうなっているのを見て、わたしのなかが怒りと忿怒でいっぱいになりました。それで直接警察官らに怒鳴ってやろうと決めました」[41]。怒りは確かに、ブラック・ライヴズ・マターが参加している最近のデモで情動のひとつとして存在した。ある事件記録者が二〇一六年に書いた文章によれば、それは「殴られ、投獄され、屈辱を受け、虐待された普通の黒人たちの深い怒り」と関係している[42]。そうだとしても、このグループは必ずしもその深い怒りを称賛してはいない。運動のウェブサイトでは、癒しや、「誰もが認められ、言い分を聞いてもらい、支えらえる文化」へのコミットメントについて書かれている。そこで言明されている価値観は、包含、絆、共感、違いの尊重だ[43]。

ガーザの司会でおこなわれた、トレイスターーの著書『Good and Mad』についての議論で、ふたりは怒っていること、多くの女性が怒っていること、その事実を称賛することで意見が一致した[44]。しかしふたりはどんな種類の怒りについて話しているのだろうか？　ガーザがトレイスターにずばり重要な問いかけをした。「なぜ怒りなのか？　なぜただの組織でも、主張でも、行動ではないのか？」。トレイスターは、怒りは――彼女の場合、本を書く前に脳のなかで〝ふつふつと湧き〟あがっていたもの――現在起きていることを整理する原則となった。怒りについて書こうと決めたとき、「すべてがしかるべき場所に収まり、わたしはそのときこれはどうしても伝えるべき物語だと感じた」。しかしガーザにはそれほどの確信はなかった。彼女の視点から、そしてブラック・ライヴズ・マターの視点から見れば、さまざまな領域の怒りがあり、人々はそれぞれのなかで行動している。［……］そうしたさまざまな領域の怒りは同調していない」

ガーザの言うとおりだ。すべての怒りが同じではなく、すべての政治的怒りも同じではない。それぞれ異なる起源と目標があり、したがってその怒りは――おそらく――違うふうに感じられるはずだ。「おまえらはおれたちに取って代わることはない！」は、「わたしたちは力をもつ」と同じ怒りではない。そのふたつは「わたしの前に割りこむな」とも違う。最初の怒りは排他的で憎悪と交じりあっている。二つ目は政治的には包括的で、勇気と融合している。三つ目は懐古の念、悲しみ、悲嘆の化合物だ。すべてに共通するのは、自分が正しいという気持ち、神はこちらの味方だという気持ちだ。そのため、これらの称賛される怒りはいずれも、それを感じる人々に善で正しいことだと感じられるのが普通だ。それで人々は揺るがなくなる。これは情動の長い歴史を占めてきた、短期でしばしば後悔される怒りとはまったく違う。

こうして分けられたグループのなかでも、怒りは同じではない。左派の女性たちの「わたしたちは力をもつ」という立場を考えてみよう。トライスターは怒りを権力の道具だと見なし、無力な人（あまり力をもたない人）にその方法と力を手に入れてほしいと願っている。彼女は民主主義が機能し、人々（特に女性）が活力を得て、投票し、公職に立候補し、ほかの女性たちとともに組織をつくったり戦略を立てたりすることを望んでいる。怒りは「生産的で触媒的な力」になれると彼女は言う。[45] しかし文化批評家のローラ・キプニスは、自分が「怒っている」理由は女性に権力がないことや男性が女性に対する性暴力を働いても責めを逃れるのが多いこともあるが、それより大きいのは公的資源が社会プログラムに分配されていないからだと話す。[46] 作家・活動家のソライヤ・シェマリは、女性は政治的なことだけでなく家庭でも怒るべきだと考えている。[47] ガーザのおもな関心は「インパクトを与え、責任をもち、効果的な」運動をつくりあげたいということだ。そして怒りがそれに役立つ道具であるなら、それを使う。[48] もし役立つ道具でないなら、怒りは本当の問題にはならない。

同様に、右派を見ると、ホクシールドのインタビューを受けたルイジアナの人々も、一様ではない。その一部は地元に雇用をもたらしている企業に逆らうべきではないという、忠義心に従っている。その仕事がひどい危険を伴うものだとしてもだ。また一部は妥協して、自分たちの真ん中に存在する環境を汚染する企業に受けいれ、そのニーズに合わせている。最後に、英雄志向の男らしさや向こう見ずな態度を身につけ、何も文句を言わないと決めている。こうした、いずれも苦労して手に入れた価値観を強化する怒りは、彼ら独自のものだ。

宗教哲学者のジョン・ガイルズ・ミルヘイヴンは著書の『Good Anger』のなかで、「純粋に構築的な怒りは種類にかかわらず」論じないと書いている。それは「そういった怒りの価値を問う必要はないからだ。変化や解放を求める怒りには疑いなく価値がある」。[49] 彼にとって、そうした怒りの倫理的正しさは明白だ。確かに怒りは昔から、（セネカや仏教徒のように）完全に否定されるにしても、（アリストテレスやその後継者たちのように）正しいときに正しい相手に向かって正しいやり方で表明される場合に限って慎重に受けいれられるにしても、道徳の問題だと考えられてきた。だがひとたび神の怒りと結びつけられると、それは硬直した、永続的で、確固たるものになる。今日の政治グループはどこでも、自分たちの怒りは「純粋に構築的であり、望みは「変化または解放」だけだと主張する。問題は彼らの正義、向上、自由の概念が、大きく異なるということだ。どうやら我々は行きどまりに入りこんでしまった。

罪についての多くの（一般に世俗化された）概念が、正当な怒りのバッジをめぐって競い合っている。

この問題が浮き彫りにされたのは、ウィメンズマーチでアメリカ・フェレーラが、女性運動とアメリカの黒人の主張を結びつける以上のことをしたときだった。彼女は移民と女性の両方の代表として、自分の感じている苦痛を嘆き、自己の尊厳と権利を主張した。彼女は、権力を握ったばかりの「憎悪と分断のプラットフォーム」を悲しんだ。「でも大統領はアメリカではない。彼の閣僚たちもアメリカではない。連邦議会もアメリカではない。わたしたちがアメリカなのだ、そしてわたしたちはずっとここにいる」[50]

これで、残念なことだが、左派も右派もほぼ同じ言葉を使っているのがわかる。どちらも失われた名誉のことを嘆いている。それは却下され、無視され、軽んじられた。フェレーラのレトリックは、シャーロッツヴィルのデモがくり返し唱えていたスローガンの鑑映しであり、極右のローレン・サザンの長広舌は、フランスの小説家ルノー・カミュの言葉にそっくりだ。フェレーラの、「大統領はアメリカではない［……］連邦議会はアメリカではない。わたしたちがアメリカなのだ」という演説は、危なっかしいほど「イスラム教徒はおれたちに取って代わることはない」というスローガンと似ている。そして彼女の、「わたしたちはずっとここにいる」は、まさに極右が恐れ、嫌悪し、受けいれない公約だった。実際、トランプ大統領、連邦議会などはアメリカで*ある*、少なくともアメリカの一部ではある。それはまさに、彼らが多くのアメリカ人にとって、その名誉と尊厳を回復する方法を象徴しているからなのだ。

このように、左派も右派もその怒りはさまざまに異なるが、共通する特徴、共通した談話に寄る傾向があり、抑圧された人々のため社会正義を求めて戦う左派と、自分の縄張りを守ろうとする右派を隔てる本物の境界がある程度あいまいになっている。どちらも、もとは一九七六年の映画「ネットワーク」によって広まった、いずれ怒りが評価されることを予想し皮肉ったスローガンをよろこんで思いださせる。それは映画で俳優のピーター・フィンチが言った「わたしは猛烈に怒っている（I'm mad as hell）」という台詞で、ポピュラーカルチャーのなかでひとり歩きをしはじめた。「The Young Turks」というウェブシリーズについてのドキュメンタリーの題名にもなり、U・S・ガールズ〔カナダのポップグループ〕、Funkoars〔オーストラリアのヒップホップバンド〕、Thor〔カナダのヘビメタバンド〕の曲の題名にもなり、ディキシー・チックス〔アメリカのカントリーミュージックバンド〕の曲「Not Ready to Make Nice」のサビの歌詞にもなった。ピーター・フィンチがニュース室で怒りくるっている短い動画は、無数のGIFになった。オーストラリアのABCネットワークは、「ショーン・ミカレフズ・マッド・アズ・ヘル」という、時事ニュースを風刺する番組を放送している。「猛烈に怒っている」という言葉は、デモのプラカードにも書かれている。（図14参照）新聞の見出しにもよく使われる。この言葉は何を意味するのだろうか？　実は何の意味もない。「猛烈に怒っている」はあらゆるものに対する怒りであり、何に対する怒りでもない。何に対するどんな抑圧にも使えるレッテルなのだ。

＊

昨今のさまざまな政治的怒りの背後にあるものを知るのに、アリストテレスの怒りの定義が役立つの

図 14 「猛烈に怒っている」プラカード（ワシントンＤＣ、2017 年）。1976 年の映画「ネットワーク」に出てきた狂気と解放の叫び「猛烈に怒っている」が「金持ち減税反対」「億万長者の減税に反対する女たち」というプラカードと並んでだ。上院がトランプの 2017 年税制法案を可決する一カ月前、国会議事堂前でおこなわれた集会にて。

なら、我々の定義とアリストテレスの定義の違いを認めるのも、同じくらい役に立つはずだ。アリストテレスは、怒りは快と不快の両方だと考えていた。不快なのは、我々を侮辱した相手に復讐したいと思うのは苦痛だからだ。復讐の現実的な可能性は、なぜ「はるかに強大な権力をもっている相手」に怒ることができないのかの理由だ。つまり、そういう場合は相手に借りを返せる可能性はほとんどない[51]。さらにアリストテレスによれば、相手が特定の人物ではなく、一般的な人々やグループの場合、怒りという言葉を使うのは間違っている。

　つまりアリストテレスの怒りは、かなり短期的かつ実際的なものだった。誰かに侮辱されたら、侮辱を返して、それでけりをつける。またはどう侮辱するか計画を立てて後日実行する。ところが「おまえらはおれたちに取って代わることはない！」という怒りは、短期ではない。あまりにも多くのグループを相手にしているからだ。じっさい、論理的に考えれば、このスローガンの「おまえら」は「おれたち」以外の全員になる。まったく別の理由から、女性のトランプに対する怒りも耐久性がある。なぜならその怒りの相手はトランプ本人だけではなく、トランプ主義が象徴するすべてのこと、つまり中絶する権利の剥奪、移民の抑制、気象変動の否定、教育費の打ち切りといったことすべてだからだ。

アリストテレスによって、我々の時代のさまざまな怒りに共通しているのが、名誉を傷つけられたという気持ちだとわかった。だが彼の助けはそこまでで、また彼ばかりに頼るわけにもいかない。それなら、現在の怒りへの称賛を理解するために、社会的構成を考えてみよう。社会と我々は相互に怒りを構成する。いま現在、我々にはさまざまな役立つ怒りの台本があり、新たな目標や目的に合った新しい怒りをつくりだすことあるだろう。アメリカ社会では怒りは伝統的に暴力と結びつけられるから、新しい台本は「アメリカ式に」怒ることだと、一部の女性たちは主張している。また怒りの別の伝統には、人間関係がうまくいっていないときの信号としての役割もある。そう考えれば、本章で見てきた怒れる人々は皆、本当は、多くの集団を巻きこんだ公的な場での交渉の準備をしているのかもしれない。

危険なのは、自分たちを「神の側にいる」と見なすグループはその姿勢を硬化させ、修正することが不可能かもしれないということだ。女性の怒りに賛同するトレイスターでさえ、「怒りには限度、危険があり、もちろん腐食することもある。不正義や不公平に対する怒りは、多くの意味でまさに燃料だ。必要な燃焼促進剤であり、それが気高く困難な十字軍を駆りたてる――それにある程度は駆りたてなければならないこともある。しかし怒りはまた、可燃性の爆発物でもある」と警告している。[52]トライスターが十字軍の隠喩を使ったのはあいにくだった。それが多くのイスラム教徒にとってどれほど不愉快なことか、わかってないのだろうか？　しかし本当に重要なのは、トレイスターの想定する敵――権力者や極右――も全員、自分たちは正義のために戦っていると信じているということだ。困ったことに、彼らの言葉の定義は彼女のとは違っている。それでも、トライスターのいうポイントはよくわかる。今日のさまざまな怒りの称賛にとって大きな課題は、燃えやすい爆発の火種から離れて、話しあいを始めることだ。

結論　わたしの怒り、わたしたちの怒り

最後にもう一度、人形を叩いていた小さな女の子のことを考えてみてほしい。わたしは怒っていたのだろうか？　二十世紀のアメリカ人であるわたしの母から見れば、怒っていた。わたしの攻撃性がそれを証明している。母は、それが気に入らなかった。でももしかしたら、わたしは怒っていなかったのかもしれない。ひょっとしたら絨毯におしっこをした人形に、セネカの言葉でいうなら、わたしは「理性にもとづいた罰」を与えていたのかもしれない。やはりわたしは怒っていたのかもしれない、でもそれは、若いときの聖アウグスティヌスのように、人形自身の救いのために人形がおかした罪を正すという、善良で宗教的な理由からだったとも考えられる。もうひとつ可能性があるのは、わたしは小さな子供として、哲学者のデカルトやヒュームが人間が倫理的感覚を成熟させるために必要だと考えた、怒りの経験を得ているのかもしれない。

これらの例が示すように、たいていの怒りの議論の中心には道徳があった。怒りはいいものか悪いものか？　怒りは正しいのか間違っているのか？　社会が怒りを構成している、少なくともその構成にかかわっていると確信している社会科学者でさえ、怒りの道徳的次元を考察する。彼らが理論を立てるとき、怒りは地元の共同体によってボトムアップでつくられるという理論のほうが、トップダウンで押し

つけられるという理論よりも必然的に評価される。怒りが人間関係を調整したり、世界の不正義を正したりするために働くとき、多くの人々が怒りを肯定的なものと考える。愛想よくするために投入される感情労働を非難する人々も、激怒しても当然のことに対して怒りを制御したり抑えたりできる人には敬服する。

　ほとんどの科学者は怒りは人間の本質の根絶不可能な一部だと見なし、その果たす目的について考えている。ガレノスは、怒りは現在の言葉でいうなら、自律神経系によって生みだされると考えた。彼の言葉でいえば、怒りは精神のあらわれであり、体を活気づける。強すぎる怒りは体に害を及ぼす。しかしある程度の怒りはつねに必要だ。生きている人間は、その血液のなかに少しばかり火を必要とする。しかしダーウィンとともに、新たなより説得力のある理論が登場した。怒りは種の起源と進化にある役割を果たしているという理論は、その他の理論を圧倒した。以来、あらゆる科学的理論は――基本情動や心理学的構成やエナクティビズムを前提としていてもいなくても――完全にダーウィンの信奉者を名乗った。

　したがって、怒りの道徳的意味と、それに対する完全拒絶から大歓迎までさまざまな態度から逃れる方法はない。そのような幅広いスペクトルが存在するという事実に、我々は自分たちの怒りに何らかの助言を見つけられるかもしれない。なぜならそれは、怒りはひとつではないと示しているからだ。（仏教で理論化されたような）憎しみの一部である怒りは、（アリストテレスが考えたような）よろこびや苦痛と交じりあった怒りと同一ではない。ホックシールドがインタビューしたルイジアナの人々の感じている悲痛な怒りとも違う。

そうしたいくつもの怒りが今日の社会には共存している。ところが我々は、頭のなかでも一般の言葉遣いでもそれらをいっしょくたにして、入り交じったもののどれをとっても「怒り」という言葉であらわしている。これはとても残念なことだ。実際、本書の目的は、過去に存在した、また現在存在するさまざまな種類の怒りを考察することだった。怒りの道徳性は、その多様さそのものにある。それは政治的な怒りと個人的な怒りのことだ。

合衆国憲法についての議論の最中、一七八九年に可決される以前、ジェームズ・マディソンはさまざまな州を連合することは「国内の党派」に対する予防対策となるはずだと論じた。[1] 彼のいう党派とは、他のグループと対立したり「共同体の恒久的、全体的な利益」に反したり、「何らかの情熱や利益の衝動を共有」することで団結して動く人々のグループだった。マディソンは党派主義を根絶する唯一の可能なやり方——自由を奪うことはしたくなかった。彼は「人民政府の友」だったからだ。とはいえ、全員に「同じ意見、同じ情熱、同じ利益」を与える現実的な方法があるとも思わなかった。そこで彼が出した答えは、ひとつの党派がその意思を他党派に強要することを防ぐ統治システムだった。「何らかの情熱や利益の衝動」によって団結したグループとマディソンが言ったのは、わたしが感情の共同体と呼ぶものとほぼ同じだ。わたしなら、「や」を「と」に変えるだろう。情熱と利益は両立する。現在、我々の社会はさまざまな怒りと利益によって動くグループによってばらばらになっている。いずれも自分が正しく、正義で、啓示を受けたとさえ思っている。いずれも自分の利益や、どのように怒りを解決すべきかについての自分の考えを他の人々に強要したがる。これは行き止まりだ。自由をすべて抑圧しなければ不可能だが、それは解決とは言えない。人々は自由でいるべきであり、つまりそれはそれぞれの怒りをもちつづけるということになる。だがそれは必ずしも、他の怒りを否定しなければならないということではない。マディソンはさまざまな情熱と利益を抑制・均衡させるために、制度による解決策を採用した。わたしの提案は、怒りはひとつでないと認めること、今日存在している多くの怒りの価値と根源を理解すること、ダーウィンがしたように、進化と変化の条件として多様性そのものの純粋な価値を評価することで、この政治制度を活性化することだ。

実際にはどのようなことになるのだろう？　わたしたちは子供たちに、怒りをあらわす顔はひとつではなく、怒りにはさまざまな形、ほかの情動と組み合わさった形があると熱心に教えるようになる。ラジオ、テレビ、インターネット、テレビゲーム――我々の形成に役立つそうしたメディアが、怒りの多元的見方に備わる可能性に敏感になる。我々自身も自分がいだいた怒りの種類は何かを意識し、他の人々の怒りと利益について学び、それを借用したりそれに順応したりする。

あの格言をアレンジすると、「政治的なことは個人的なこと」になる。わたしたちは（自分の傾向や気質の影響を受けて）家、学校、経験などによってつくられる産物だ。わたしたちは自分が怒りはどんなふうに感じられるか知っているし、それは変わらないと思っている。だがその知識そのものが、学校教育、思いこみ、自分たちが習ったことと調和するものだけを受けとりつづけた結果なのだ。ウィリアム・レディは情動を、「目標に関連した思考材料の活性化であり、短い期間内における注意の翻訳能力を越えるもの」ものと定義している。[2]　つまり、我々のある瞬間の特定の怒りは、目標に関連した怒りの思考材料の活性化であり、それはその怒りの引火点において我々が考えるよりも大きく、深く、複雑なものだ。我々のなかは、認知されたがっている党派でいっぱいだ。さまざまな種類の怒りを知り、それについて考えることは、自分の注意の容量を増やすいい方法だ。

そこで本書の出番となる。過去の怒りは今も我々とともにある。一部は先の章で論じた現代の心理学者によっておこなわれるアンガーセラピーのなかにだけでなく、書物でも、地域でも、インターネット上、その他の場所でわたしたちを囲んでいる多くの感情の共同体のなかに存在する。書店にたくさん並んでいる心理学のセルフヘルプ本、オンラインでアドバイスを提供する多くのブログ。それらが提示しているのは、まったく新しく生まれた考えではない。すべて過去の伝統に依存している。それらがどこからやってきたのか、それらの暗示する道徳は何か、それらの限界はどこか——そうしたことをよく理解することで、わたしたちは自分の生活の舵取りがよりうまくできるようになる。本当に? セネカやガレノスやジェイムズ・エイヴリルを知ることが、本当に役に立つのだろうか? 答えはイエスだ。わたしはそれで、人形を叩いたこと(その他の同様の行動)を恥じることが減り、自分が怒りを感じるときに必ずしも正しくないという事実に向きあうようになり、特定の状況で自分がどのような種類の怒りに対処しているのか、以前に遭遇した怒りそっくりだと思いこむことなく、評価できるようになった。

このような知識は、国民にとっても同様に有用だといえるだろうか? もしマディソンが党派の本質と危険性について危惧したことが正しければ、対立を引き起こす怒りの構築についてよく知ることで、より積極的に話し合い、解決を見つけようとするになる。十七世紀、ハリファクス卿(ジョージ・サヴィル、没一六九五年)は「日和見主義者」の概念を提唱した。つまり状況に応じて帆を調整する船乗りのように、自分の見解を修正する人間のことだ。彼のいう日和見主義者は絶対的な国家(当時の主流)の論理に逆らい、国という船を、一方では専制に屈することも、他方では「人間の情熱や利益[の]争い」に左右されることもなく、航路からはずれないように運航する人間だった。日和見主義者になるには妥協は不可欠だ。風を読み、上手回しやジャイブによって風を利用する。確かに目標を達成したいし、怒りはそれを実現するのに便利な道具かもしれない。だがわたしたちの目標は現実の世界にあり、その海を航行するためには、海をかき乱す潜在的な問題を理解する必要がある。ハリファクスは、党派の「争いは［……］憲法を弱め、損なうのではなく、［むしろ］それを支え、強化する。そして全体の枠組みは引き裂かれてばらばらになるのではなく、そのように鍛えられることで、よりよく、より結束が強くなる」と述べた。わたしはそれに賛成する。[3]

わたしたちはたいていの場合、自分の感情の共同体のなかにいれば快適だ。しかし閉じこもる必要はない。実際、その繭につつまれることは、我々自身の現実と、その個人的・政治的可能性を否定することでもある。我々は喜んでそのそとに出よう（ただしあまり怒りすぎないように）。

謝辞

最初に、本書の属するシリーズの編者であり、執筆の各段階で揺るぎない励まし、有用なアドバイス、具体的な支援を与えてくれたリチャード・ニューハウザーとジョン・ジェフリーズ・マーティンに礼を述べたい。また、最終稿になる前に、出版社によって選出された匿名の外部読者たちからは、思慮深くありがたいコメントをいただいた。アンドリュー・ビ?ティー、ジュリア・ブレイ、ダグラス・ケアンズ、ジェシカ・カリコート、エリズ・デゴラン、ロバート・デンタン、ジャン・デュモリン、ルーク・フェルナンデス、ズハイル・ガザル、アレックス・ゴラブ、ジェイミー・グレイヴス、リン・ハント、マイケル・リーブ、スーザン・マット、デミアン・パトリック・ネリス、ジャン・プランパー、ローズ・スパイカーマン、デュオニソス・スタカコポロス、フェイス・ウォリス、グレアム・ウィリアムズの惜しみない助言と援助にも大いに助けられた。執筆のすべてにかかわり協力してくれたリッカルド・クリスティアーニに本書を捧げる。姉のナオミ・ホネットの励ましの電子メールに、そしてすばらしい夫トムの本書の草稿に対する意見、何よりもその変わらぬ愛と支援に感謝する。

訳者付記

本書はイェール大学出版局より二〇二〇年六月に出版されたバーバラ・H・ローゼンワインの*Anger--The Conflicted History of an Emotion* の全訳です。本書の序論を寄稿したリチャード・ニューハイザーとジョン・ジェフリーズ・マーティンの編纂による、同出版局の新シリーズ〈Vices and Virtues（悪徳と美徳）〉の一冊として書かれました。

ローゼンワインは、「怒り」についてのさまざまな、ときに相矛盾する考えの変遷をたどり、歴史学、哲学、人類学、社会学から縦横にその知識や経験を引用し、誰もがよく知ると思っている「怒り」の歴史を概説します。

本書で使われる用語、とくに広義の〝感情〟をあらわすいくつかの言葉の訳語について説明しておきます。emotin は「情動」、feeling は「感情」（身体感覚を指すときには「感覚」）、passion は「情念」と訳し分けました。「感情労働 emotional labor」や「感情の共同体 emotional community」など一部の術語については、初出でルビをつけました。同様に、おもに「感情」と訳した sentiment にもルビをふってあります。本文中〔 〕で囲った部分は訳注です。

著者バーバラ・H・ローゼンワインはシカゴ大学で博士号を取得、ロヨラ大学シカゴの名誉教授。専門とするヨーロッパ中世史から感情史へと研究を発展させてきました。

おもな著作

Rhinoceros Bound: Cluny in the Tenth Century (1982, University of Pennsylvania Press)

To Be the Neighbor of St. Peter: The Social Meaning of Cluny's Property, 909-1049 (1989, Cornell University Press)

Anger's Past: The Social Uses of an Emotion in the Middle Ages (Edited)(1998, Cornell Paperbacks)

Negotiating Space: Power, Restraint, and Privileges of Immunity in Early Medieval Europe (1999, Cornell University Press)

Emotional Communities in the Early Middle Ages (2006, Cornell University Press)

Generations of Feeling: A History of Emotions, 600-1700 (2015, Cambridge University Press)

What Is the History of Emotions? (Co-authored with Riccardo Cristiani) (2017, Polity Press)『感情史とは何か』(岩波書店　二〇二一年)

The Middle Ages in 50 Objects (Co-authored with Elina Gertsman) (2018, Cambridge University Press)

Anger: The Conflicted History of an Emotion (2020, Yale University Press) 本書『怒りの人類史』

"A Short History of the Middle Ages", "Reading the Middle Ages: Sources from Europe, Byzantium, and the Islamic World"、"The Making of the West: Peoples and Cultures"（共著）等、教科書も執筆しています。

註

序文

(1) Emily Katz Anhalt, *Enraged: Why Violent Times Need Ancient Greek Myths* (New Haven: Yale University Press, 2017).

第Ｉ部　（ほぼ）完全に否定された怒り

1　仏教

(1) "Akkosa Sutta: Insult," in *Samyutta Nikaya: The Grouped Discourses*, 7.2, ed. Access to Insight, at https://www.accesstoinsight.org/tipitaka/sn/index.html. Here and for all other references to the *Tipitaka: The Pali Canon*, see Access to Insight (BCBS Edition), 30 November 2013, at www.accesstoinsight.org/tipitaka. Most are trans. Thanissaro Bhikkhu.

(2) "Kakacupama Sutta: The Simile of the Saw," in *Majjhima Nikaya: The Middle-length Discourses*, 21, ed. Access to Insight, at https://www.accesstoinsight.org/tipitaka/mn/index.html.

(3) "Anapanasati Sutta: Mindfulness of Breathing," in *Majjhima Nikaya*, 118.

(4) "Pacittiya: Rules Entailing Confession," in *Bhikkhu Pātimokkha: The Bhikkhus' Code of Discipline*, 8.75, ed. Access to Insight, at https://www.accesstoinsight.org/tipitaka/vin/sv/bhikkhu-pati.html#pc-part8.

(5) "Kodhavagga: Anger," 221, in *Dhammapada: The Path of Dhamma*, XVII, ed. Access to Insight, at https://www.accesstoinsight.org/tipitaka/kn/dhp/index.html.

(6) See "Yoga Sutta: Yokes," in *Anguttara Nikaya: The Further-factored Discourses*, 4.10, ed. Access to Insight at https://www.accesstoinsight.org/tipitaka/an/index.html.

(7) "Kakacupama Sutta," in *Majjhima Nikaya*, 21.

(8) *The Mahavamsa or the Great Chronicle of Ceylon*, trans. Wilhelm Geiger, quoted in Michael Jerryson, "Buddhist Traditions and Violence," in *The Oxford Handbook of Religion and Violence*, eds. Michael Jerryson, Mark Juergensmeyer and Margo Kitts (Oxford: Oxford University Press, 2013), Oxford Handbooks Online (www.oxfordhandbooks.com).

(9) "Murder with Skill in Means: The Story of the Ship's Captain," trans. Mark Tatz, in *The Skill in Means (Upayakausalya Sutra)* (New Delhi: Motilal Banarsidass, 1994), 73–4.

(10) Thich Nhat Hanh, *Anger: Wisdom for Cooling the Flames* (New York: Riverhead, 2001).

(11) C. Peter Bankart, "Treating Anger with Wisdom and Compassion: A Buddhist Approach," in *Anger-Related Disorders: A Practitioner's Guide to Comparative Treatments*, ed. Eva L. Feindler (New York: Springer, 2006), 231–55.

(12) Francis Wade, *Myanmar's Enemy Within: Buddhist Violence and the Making of a Muslim "Other"* (London: Zed Books, 2017), 269.

2 ストア学派

(1) Seneca, *Letters on Ethics to Lucilius* 12, trans. Margaret Graver and A.A. Long (Chicago: University of Chicago Press, 2015), 48.

(2) Seneca, *On Anger*, trans. Robert A. Kaster in *Anger, Mercy, Revenge*, trans. Robert A. Kaster and Martha C. Nussbaum (Chicago: University of Chicago Press, 2010), 3–129, at 14.

(3) Ibid., 91.

(4) The term "command center" is Margaret R. Graver's, whose *Stoicism and Emotion* (Chicago: University of Chicago Press, 2007) is a definitive guide to the topic.

(5) Seneca, *On Anger*, 20.

(6) Ibid., 18.

(7) Ibid., 19.

(8) Ibid., 24.

(9) Ibid., 37.

(10) Ibid., 36.

(11) Nancy L. Stein, Marc W. Hernandez and Tom Trabasso, "Advances in Modeling Emotion and Thought: The Importance of Developmental, Online, and Multilevel Analyses," in *Handbook of Emotions*, eds. Michael Lewis, Jeannette M. Haviland-Jones and Lisa Feldman Barrett, 3rd ed. (New York: Guilford Press, 2008), 578.

(12) Seneca, *On Anger*, 15.

(13) All quotations are from Seneca, *Medea*, ed. and trans. A.J. Boyle (Oxford: Oxford University Press, 2014), 5–79.

(14) William V. Harris, *Restraining Rage: The Ideology of Anger Control in Classical Antiquity* (Cambridge: Harvard University Press, 2001), chap. 9.

(15) M. Tullius Cicero, *Letters to his brother Quintus*, ed. and trans. Evelyn S. Shuckburgh, at https://bit.ly/2ZxzxxZ.

(16) Sallust, *The Catilinarian Conspiracy* 51, at https://bit.ly/2IPsZoh, my translation.

(17) M. Tullius Cicero, *Against Catiline*, ed. and trans. C.D. Yonge, at https://bit.ly/2ZpT1V7.

(18) Cicero, *For Marcus Caelius* 21, ed. and trans. C.D. Yonge, at https://bit.ly/2Ztz5AF.

(19) Martin of Braga, *Anger*, in *Iberian Fathers, Volume 1: Writings of Martin of Braga, Paschasius of Dumium, Leander of Seville*, trans. Claude W. Barlow (Washington: The Catholic University of America Press, 1969).

(20) Gregory of Tours, *The History of the Franks*, trans. Lewis Thorpe (London: Penguin, 1974) offers a lively translation.

3 暴力と新ストア学派

(1) Justus Lipsius, *On Constancy:* De Constantia *translated by Sir John Stradling*, ed. John Sellars (Exeter, Devon: Bristol Phoenix Press, 2006), 37.

(2) Johann Weyer, *De ira morbo*, in *Ioannis Wieri Opera Omnia* (Amsterdam: Petrum vanden Berge, 1660), 770–875. See Karl A.E. Enenkel, "Neo-Stoicism as an Antidote to Public Violence before Lipsius's *De constantia:* Johann Weyer's (Wier's) Anger Therapy, *De ira morbo* (1577)," in *Discourses of Anger in the Early Modern Period*, eds. Karl A.E. Enenkel and Anita Traninger (Leiden: Brill, 2015), 49–96. All translations from *De*

ira morbo are my own.

(3) Weyer, *De ira morbo*, 804.

(4) Ibid., 807.

(5) René Descartes, *The Passions of the Soul*, §65, trans. Stephen H. Voss (Indianapolis: Hackett, 1989), 55.

(6) Ibid., §28, 34.

(7) See Michael Krewet, "Descartes' Notion of Anger: Aspects of a Possible History of its Premises," in *Discourses of Anger*, 143–71.

(8) Descartes, *Passions*, §204, 129.

(9) Ibid.

(10) Timothy J. Reiss, "Descartes, the Palatinate, and the Thirty Years War: Political Theory and Political Practice," *Yale French Studies* 80 (1991): 108–45, at 109.

(11) Susan C. Karant-Nunn, "'Christians' Mourning and Lament Should Not Be Like the Heathens'': The Suppression of Religious Emotion in the Reformation," in *Confessionalization in Europe, 1555–1700: Essays in Honor and Memory of Bodo Nischan*, eds. John M. Headley, Hans J. Hillerbrand and Anthony J. Papalas (Aldershot: Routledge, 2004), 107–30, at 107, 111.

(12) The information about word frequency here is gleaned from the Ngram browser provided by Early English Books Online.

(13) John Warren, *Mans fury subservient to Gods glory: A Sermon preached to the* Parliament *at* Margarets Westminster *Febr. 20, 1656* (London: Nathanael Webb and William Grantham, 1657), 1, 7, 8, 16, spelling and punctuation updated, but italics in original.

(14) Helkiah Crooke, *Microcosmographia: A Description of the Body of Man* (Barbican: W. Jaggard, 1616), 272.

(15) *Jane Anger her Protection for Women. To defend them against the scandalous reportes of a late Surfeiting Lover* (London: Thomas Orwin, 1589), A, B4, C.

(16) Gwynne Kennedy, *Just Anger: Representing Women's Anger in Early Modern England* (Carbondale: Southern Illinois University Press, 2000).

(17) Howard Kassinove and Raymond Chip Tafrate, *Anger Management: The Complete Treatment Guidebook for Practitioners* (Atascadero: Impact Publishers, 2002), 1 (italics in original).

(18) Raymond Chip Tafrate and Howard Kassinove, "Anger Management for Adults: A Menu- Driven Cognitive-Behavioral Approach to the Treatment of Anger Disorders," in *Anger-Related Disorders: A Practitioner's Guide to Comparative Treatments*, ed. Eva L. Feindler (New York: Springer, 2006), 115–37, at 118–19.

(19) Ibid., 132.

(20) Martha C. Nussbaum, *Anger and Forgiveness: Resentment, Generosity, Justice* (Oxford: Oxford University Press, 2016).

(21) Ibid., 7.

(22) Ibid., 118. The title of chap. 4 is "Intimate Relationships: The Trap of Anger."

(23) Seneca, *On Anger*, 19.

(24) Nussbaum, *Anger and Forgiveness*, 124.

4 平和の王国

(1) *Visio Baronti monachi Longoretensis*, trans. J.N. Hillgarth, in *Christianity and Paganism, 350–750* (Philadelphia: University of Pennsylvania Press, 1969), 195–204.

(2) Dante Alighieri, *The Divine Comedy: Paradiso*, canto XXVII, 1.52–55, 1: *Italian Text and Translation*, trans. Charles S. Singleton (Princeton: Princeton University Press, 1975), 305.

(3) Robert Knox Dentan, "'Honey Out of the Lion': Peace Research Emerging from Mid-20th- Century Violence," in *Expanding American Anthropology, 1945–1980: A Generation Reflects*, eds. A.B. Kehoe and P.L. Doughty (Tuscaloosa: University of Alabama Press, 2012), 204–20, at 204; Idem, "Recent Studies on Violence: What's In and What's Out," *Reviews in Anthropology* 37 (2008): 41–67, at 46.

(4) Robert Knox Dentan, *The Semai: A Nonviolent People of Malaya* (New York: Holt, 1968), 55.

(5) Clayton A. Robarchek, "Frustration, Aggression, and the Nonviolent Semai," *American Ethnologist* 4/4 (1977): 762–79, at 776.

(6) Clayton A. Robarchek, "Conflict, Emotion, and Abreaction: Resolution of Conflict among the Semai Senoi," *Ethos* 7/2 (1979): 104–23, at 109–10.

(7) Clayton A. Robarchek and Robert Knox Dentan, "Blood Drunkenness and the Bloodthirsty Semai: Unmaking Another Anthropological Myth," *American Anthropologist*, new series 89/2 (1987): 356–65, at 361.

(8) Jean L. Briggs, *Never in Anger: Portrait of an Eskimo Family* (Cambridge: Harvard University Press, 1970).

(9) Ibid., 47.

(10) Ibid., 42.

(11) Ibid., 181, 335.

(12) E. Richard Sorenson, "Cooperation and Freedom among the Fore of New Guinea," in *Learning Non-Aggression: The Experience of Non-Literate Societies*, ed. Ashley Montagu (Oxford: Oxford University Press, 1978), 12–30, at 15, 24; Idem, *The Edge of the Forest: Land, Childhood and Change in a New Guinea Protoagricultural Society* (Washington: Smithsonian Institution Press, 1976), 143.

(13) Carol Zisowitz Stearns and Peter N. Stearns, *Anger: The Struggle for Emotional Control in America's History* (Chicago: University of Chicago Press, 1986), 211.

(14) Michael Potegal and Gerhard Stemmler, "Cross-Disciplinary Views of Anger: Consensus and Controversy," in *International Handbook of Anger: Constituent and Concomitant Biological, Psychological, and Social Processes*, eds. Michael Potegal, Gerhard Stemmler and Charles Donald Spielberger (New York: Springer, 2010), 3.

(15) Primo Levi, *If This Is a Man*, trans. Stuart Woolf, in *The Complete Works of Primo Levi*, ed. Ann Goldstein, 3 vols. (New York: Liveright, 2015), 1:129.

(16) Ibid., 159.

(17) Ibid., 39.

(18) Ibid., 41.

(19) Ibid., 12.

(20) Ibid., 50.

(21) Ibid., 63.
(22) Ibid., 113.
(23) Ibid., 69.
(24) Ibid., 86.
(25) Ibid., 101.
(26) Ibid., 112.
(27) Varlam Shalamov, *Kolyma Stories*, trans. Donald Rayfield (New York: New York Review of Books, 2018).
(28) Ibid., xv, 204.
(29) Ibid., 206, xvi, 170, 174–5.
(30) Ibid., 16, 13, 15–16, 12, 22.
(31) Ibid., 20–21, 25.
(32) Ibid., 19, 20.
(33) Jason Horowitz, "Italy's Populists Turn Up the Heat as Anti-Migrant Anger Boils," *The New York Times* (February 5, 2018), at https://nyti.ms/2nF8cbM.

5　怒りの言葉

(1) William M. Reddy, *The Navigation of Feeling: A Framework for the History of Emotions* (Cambridge: Cambridge University Press, 2001), 128.
(2) *The Instructions of Amenemope*, chaps. 3 and 9, in *Ancient Egyptian Literature: A Book of Readings*, ed. Miriam Lichtheim, vol. 2: *The New Kingdom* (Berkeley: University of California Press, 2006), 156, 158–9.
(3) Alex Ross, "True West: California Operas by John Adams and Annie Gosfield," *New Yorker* (December 11, 2017), 82.
(4) *The Digest of Justinian* 48.16.1 (5), ed. and trans. Alan Watson (Philadelphia: University of Pennsylvania Press, 1985).
(5) *The Theodosian Code and Novels and the Sirmondian Constitutions* 9.1.5, trans. Clyde Pharr with Theresa Sherrer Davidson and Mary Born Pharr (Princeton: Princeton University Press, 1952).
(6) *Digest of Justinian* 50.17.48.
(7) *Codex Justinianus* 4.20.14, trans. Fred H. Blume, at https://bit.ly/2XEBN4o.
(8) *Theodosian Code* 9.39.3.
(9) Robert Mannyng, *Robert of Brunne's Handlyng Synne*, lines 1252–84, ed. Frederick J. Furnivall (EETS, rpt. 2003), at https://bit.ly/2GH0pUu.
(10) William Peraldus, *Summa de vitiis IX: De peccato linguae*, in William Peraldus, *Summa on the Vices: An Outline*, prepared by Richard G. Newhauser, Siegfried Wenzel, Bridget K. Balint and Edwin Craun at http://www.public.asu.edu/˜rnewhaus/peraldus (all quotes are my translations from this source).
(11) Quoted in Sandy Bardsley, "Sin, Speech, and Scolding in Late Medieval England," in *Fama: The Politics of Talk and Reputation in Medieval Europe*, eds. Thelma Fenster and Daniel Lord Smail (Ithaca: Cornell University Press, 2003), 153. I have modernized the Middle English.
(12) *Select Cases on Defamation to 1600*, ed. R.H. Helmholz (London: Selden Society, 1985), 1:4–5.
(13) Ibid., 6–12.
(14) Fay Bound [Alberti], "'An Angry and Malicious Mind'? Narratives of Slander at the Church Courts of York, c.1660–c.1760," *History Workshop Journal* 56 (2003): 59–77, at 69.

(15) Richard Allestree, *The Ladies Calling in Two Parts*, 4th printing (Oxford, 1676), 11–12, 48–9.

(16) R.H. Helmholz, "Canonical Defamation in Medieval England," *American Journal of Legal History* 15 (1971): 255–68, esp. 256.

(17) Cases in Bound [Alberti], "'An Angry and Malicious Mind'?" 70–2.

(18) Henry Conset, *The Practice of the Spiritual or Ecclesiastical Courts*, 2nd ed. (London: W. Battersby, 1700), 335.

(19) J.H. Baker, *An Introduction to English Legal History*, 4th ed. (Oxford: Oxford University Press, 2007), 530.

(20) *Select Cases*, 1:22.

(21) Allyson F. Creasman, "Fighting Words: Anger, Insult, and 'Self-Help' in Early Modern German Law," *Journal of Social History* 51/2 (2017): 272–92, at 277.

(22) Allyson F. Creasman, *Censorship and Civic Order in Reformation Germany, 1517–1648: "Printed Poison & Evil Talk"* (Farnham: Ashgate, 2012), 28.

(23) Katie Rogers and Maggie Haberman, "Trump's Evolution From Relief to Fury Over the Russia Indictment," *The New York Times* (February 18, 2018), at https://nyti.ms/2C7hgPg.

(24) Vanessa E. Jones, "The Angry Black Woman: Tart-Tongued or Driven and No-Nonsense, She Is a Stereotype That Amuses Some and Offends Others," *Boston Globe* (April 20, 2004), at https://bit.ly/2GBAfBp.

(25) Wendy Ashley, "The Angry Black Woman: The Impact of Pejorative Stereotypes on Psychotherapy with Black Women," *Social Work in Public Health* 29 (2014): 27–34, at 28.

(26) Trina Jones and Kimberly Jade Norwood, "Aggressive Encounters and White Fragility: Deconstructing the Trope of the Angry Black Woman," *Iowa Law Review* 102 (2017): 2017–69, at 2037, 2044, 2056–8.

(27) Gregory S. Parks and Matthew W. Hughey, *12 Angry Men: True Stories of Being a Black Man in America Today* (New York: New Press, 2010).

(28) Adia Harvey Wingfield, "The Modern Mammy and the Angry Black Man: African American Professionals' Experience with Gendered Racism in the Workplace," *Gender and Class* 14 (2007): 196–212, at 204.

(29) Arlie Hochschild, *The Managed Heart: Commercialization of Human Feeling* (Berkeley: University of California Press, 1983).

(30) Benjamin Chew, *Journal of a Journey to Easton*, quoted in Nicole Eustace, *Passion Is the Gale: Emotion, Power, and the Coming of the American Revolution* (Williamsburg: University of North Carolina Press, 2008), 151.

第II部　悪徳として、そして（時には）美徳としての怒り

6　アリストテレスとその後継者たち

(1) Aristotle, *Nicomachean Ethics* 2.6.20, in Aristotle, *Complete Works*, ed. Jonathan Barnes (Oxford: Oxford University Press, 2014). All references to Aristotle's works are from this edition.

(2) Aristotle, *Rhetoric* 2.2.14.1370b1.

(3) Aristotle, *Nicomachean Ethics* 4.5.1125b1–1126a1.

(4) Aristotle, *Rhetoric* 1.1.15–25.1354a1.

(5) Ibid., 2.1.20.1378a1.

(6) Aristotle, *On the Soul* 1,10,403b1.

(7) Aristotle, *Problems* 2,26,869a1; ibid. 27,3,30.

(8) For this and further examples, see Barbara H. Rosenwein, *Generations of Feelings: A History of Emotions, 600–1700* (Cambridge: Cambridge University Press, 2016), chap. 4, here 136.

(9) Aelred of Rievaulx, "A Rule of Life for a Recluse," trans. Mary Paul Macpherson, in *The Works of Aelred of Rievaulx*, I: *Treatises; The Pastoral Prayer* (Spencer: Cistercian Publications, 1971), 81, 88.

(10) Thomas Aquinas, *Summa Theologica*, Ia-IIae, question 46, article 5, at http://www.newadvent.org/summa/2046.htm#article5.

(11) Magda B. Arnold, *Emotion and Personality*, vol. 1: *Psychological Aspects* (New York: Columbia University Press, 1960), 171–2.

(12) Ibid., 257, italics in original.

(13) Lisa Feldman Barrett, Christine D. Wilson-Mendenhall and Lawrence W. Barsalou, "The Conceptual Act Theory: A Roadmap," in *The Psychological Construction of Emotion*, eds. Lisa Feldman Barrett and James A. Russell (New York: Guilford Press, 2015), 86.

(14) Aristotle, *Rhetoric* 1.1.15.1354a1.

(15) Lisa Feldman Barrett, *How Emotions Are Made: The Secret Life of the Brain* (Boston: Houghton Mifflin, 2017), chap. 11.

7　地獄から天国へ

(1) I use here *The Schocken Bible*, vol. 1: *The Five Books of Moses*, trans. Everett Fox (New York: Schocken, 1995).

(2) Michael C. McCarthy, "Divine Wrath and Human: Embarrassment Ancient and New," *Theological Studies* 70 (2009), 845–74, at 847.

(3) Aristides, *Apology on Behalf of Christians* 1, 7, trans. D. M. Kay, at http://www.earlychristianwritings.com/text/aristides-kay.html.

(4) Tertullian, *Against Marcion* 1:27, trans. Peter Holmes, rev. and ed. Kevin Knight, at http://www.newadvent.org/fathers/03122.htm.

(5) Robert E. Sinkewicz, *Evagrius of Pontus: The Greek Ascetic Corpus* (Oxford: Oxford University Press, 2006), 98.

(6) Prudentius, *Psychomachia* ll. 155–59, ed. Jeffrey Henderson, in *Prudentius*, vol. 1, Loeb Classical Library (Cambridge: Harvard University Press, 1949), 290.

(7) John Cassian, *The Conferences of John Cassian*, I, conference 5, chap. 2, 135, trans. Christian Classics Ethereal Library, at http://www.agape-biblia.org/orthodoxy/conferences.pdf.

(8) Gregory the Great, *Moralia in Job* 31.45.88–89 (*Corpus Christianorum Series Latina* 143B), 1610.

(9) Ibid., 5.45.78, 276.

(10) Tertullian, *Against Marcion* 1:25, trans. Peter Holmes, at http://www.newadvent. org/fathers/03122.htm.

(11) Ibid., 2:16.

(12) Lactantius, *On the Anger of God* 17.20, in Lactance, *La*

colère de Dieu, ed. and trans. Christiane Ingremeau (Paris: Cerf, 1982), 180.

(13) Ibid.

(14) Augustine, *The City of God against the Pagans* 15.25, trans. Henry Bettenson (Harmondsworth: Penguin, 1972), 643.

(15) McCarthy, "Divine Wrath," 867.

(16) Augustine, *Enarrationes in Psalmos, Psalmus* 2, 38.4, line 10, eds. E. Dekkers and J. Fraipont (1956), online at *Library of Latin Texts - Series A* (Turnhout: Brepols, 2017) http:// www.brepolis.net.

(17) Gregory, *Moralia* 5.45.82, 279.

(18) Ibid., 5.45.83, 280.

(19) Alcuin, *De virtutibus et vitiis* 24, in *Patrologia Latina*, ed. J.-P. Migne (1863), 101:631.

(20) Lester K. Little, "Pride Goes before Avarice: Social Change and the Vices in Latin Christendom," *American Historical Review* 76 (1971): 16–49, at 16.

(21) Gregory, *Moralia* 4.30.57, 201.

(22) Lester K. Little, *Benedictine Maledictions: Liturgical Cursing in Romanesque France* (Ithaca: Cornell University Press, 1993), 22–3.

(23) *Raoul de Cambrai*, ed. and trans. Sarah Kay (Oxford: Clarendon Press, 1992).

(24) Paul Freedman, "Peasant Anger in the Late Middle Ages," in *Anger's Past: The Social Uses of an Emotion in the Middle Ages*, ed. Barbara H. Rosenwein (Ithaca: Cornell University Press, 1998), 171–88, at 171.

(25) *Chronique du religieux de Saint-Denys, contenant le règne de Charles VI, de 1380 à 1422*, ed. M.L. Bellaguet (Paris: Crapelet, 1839), 1:20.

(26) Urban II's speech at Clermont (1095), as reported by Robert the Monk, *Historia Hierosolymitana*, in *The First Crusade: The Chronicle of Fulcher of Chartres and Other Source Materials*, ed. Edward Peters (Philadelphia: University of Pennsylvania Press, 1971), 2–5.

8　道徳感情

(1) Peter Sloterdijk, *Rage and Time: A Psychopolitical Investigation*, trans. Mario Wenning (New York: Columbia University Press, 2010), 81.

(2) J.B. Schneewind, "Seventeenth- and Eighteenth-Century Ethics," in *A History of Western Ethics*, eds. Lawrence C. Becker and Charlotte B. Becker, 2nd ed. (London: Routledge, 2003), 78.

(3) Hugo Grotius, *The Rights of War and Peace*, Book 1, eds. Jean Barbeyrac and Richard Tuck (Indianapolis: Liberty Fund, 2005), 1:79, at https://bit.ly/2UXbJod.

(4) Ibid., 85–7.

(5) Ibid., 83–4.

(6) Thomas Hobbes, *The Elements of Law Natural and Politic*, part 1: *Human Nature*, ed. J.C.A. Gaskin (Oxford: Oxford University Press, 1994), 52.

(7) Thomas Hobbes, *Leviathan*, ed. J.C.A. Gaskin (Oxford: Oxford University Press, 1996), 197.

(8) David Hume, *A Treatise of Human Nature* 2.1.1.1, eds. David Fate Norton and Mary J. Norton (Oxford: Oxford

University Press, 2000). I have modernized spelling and punctuation.

(9) Ibid., 2.1.4.3.

(10) Ibid., 2.2.2.2.

(11) Ibid., 2.2.6.3.

(12) Ibid., 2.2.7.1.

(13) Ibid., 2.1.11.2.

(14) Ibid., 3.3.3.4.

(15) Ibid., 3.3.3.7.

(16) Ibid., 3.3.3.8.

(17) Adam Smith, *The Theory of Moral Sentiments*, eds. D.D. Raphael and A.L. Mafie (Oxford: Clarendon Press, 1976), 10, 22.

(18) Ibid., 21.

(19) Lab studies: see Elaine Hatfield, John T. Cacioppo and Richard L. Rapson, *Emotional Contagion* (Cambridge: Cambridge University Press, 1994), 79–127; Facebook: Adam D.I. Kramer, Jamie E. Guillory and Jeffrey T. Hancock, "Experimental Evidence of Massive- Scale Emotional Contagion through Social Networks," *Proceedings of the National Academy of Sciences of the United States* 111/24 (2014): 8788–90.

(20) Smith, *Moral Sentiments*, 24.

(21) James Russell, "Mixed Emotions Viewed from the Psychological Constructionist Perspective," *Emotion Review* 9/2 (2017): 111–17.

(22) Jean-Jacques Rousseau, *Émile ou de l⊠ ducation. Livres I, II et III* (1762), 34, digitized Jean- Marie Tremblay, at https://bit.ly/1PiOj3T.

(23) Rousseau, *Émile ou de l⊠ ducation. (livres 3 à 5)*, 307, at https://bit.ly/2XKO7QN.

(24) Patrick Coleman, *Anger, Gratitude, and the Enlightenment Writer* (Oxford: Oxford University Press, 2011), 7.

(25) Source: French Revolution Digital Archive, at https://frda.stanford.edu.

(26) *Archives parlementaires de 1789 à 1860: recueil complet des débats législatifs & politiques des chambres françaises*, eds. J. Madival, E. Laurent et. al. (Paris: Librairie administrative de P. Dupont, 1862), 8:275, at https://bit.ly/34GkiEB.

(27) Ibid., 73:410, repeated in similar terms at 412.

(28) Ibid., 75:281, "just anger" was repeated frequently.

(29) Ibid., 72:490.

(30) Ibid., 74:88.

(31) "La grande colère du Père Duchesne," No. 266 (1793), at https://bit.ly/2voivEu.

(32) William Wordsworth, *The Prelude 1805* 10:312–24, in *The Prelude 1799, 1805, 1850*, eds. Jonathan Wordsworth, M.H. Abrams and Stephen Gill (New York: Norton, 1979), 374–6.

(33) Edmund Burke, *Reflections on the French Revolution*, at https://bit.ly/2GGn6Iu, 244.

(34) Ibid., 36.

(35) Ibid., 138.

(36) Andrew M. Stauffer, *Anger, Revolution, and Romanticism* (Cambridge: Cambridge University Press, 2005).

(37) Burke, *Reflections*, 29.

(38) Ibid., 111.

(39) Thomas Paine, *The Rights of Man; Being An Answer to Mr.*

Burke's Attack on the French Revolution (London: W.T. Sherwin, 1817), 1, at https://bit.ly/2vlShlZ.

(40) Thomas Paine, *Common Sense*, at https://bit.ly/2L5LSGj.

(41) Eustace, *Passion Is the Gale,* 152 and see esp. chap. 4, "Resolute Resentment versus Indiscrete Heat: Anger, Honor, and Social Status."

(42) Ibid., 167.

(43) Ibid., 183.

(44) Zac Cogley, "A Study of Virtuous and Vicious Anger," in *Virtues and Their Vices*, eds. Kevin Timpe and Craig A. Boyd (Oxford: Oxford University Press, 2014), 199–224.

(45) Ibid., 210–11.

(46) Alasdair MacIntyre, *After Virtue: A Study in Moral Theory*, 3rd ed. (Notre Dame: University of Notre Dame Press, 2007), x.

第三部　自然な怒り

9　初期の医学的伝統

(1) Galen, *The Art of Medicine*, ed. and trans. Ian Johnston (Cambridge: Harvard University Press, 2016), 249.

(2) Quoted in P.N. Singer, "The Essence of Rage: Galen on Emotional Disturbances and their Physical Correlates," in *Selfhood and the Soul: Essays on Ancient Thought and Literature in Honour of Christopher Gill*, eds. Richard Seaford, John Wilkins and Matthew Wright (Oxford: Oxford University Press, 2017), 161–96, at 162, 191–92.

(3) See Heinrich von Staden, "The Physiology and Therapy of Anger: Galen on Medicine, the Soul, and Nature," in *Islamic Philosophy, Science, Culture and Religion: Studies in Honor of Dimitri Gutas*, eds. Felicitas Meta Maria Opwis and David Reisman (Leiden: Brill, 2011), 63–87, at 75–6.

(4) Quoted in Singer, "Essence of Rage," 177–8.

(5) William James, "What is an Emotion?" *Mind* 9 (1884): 188–205, at 193, online at https://psychclassics.yorku.ca/James/emotion.htm.

(6) See the long list of these and similar phrases in George Lakoff, *Women, Fire, and Dangerous Things: What Categories Reveal about the Mind* (Chicago: University of Chicago Press, 1987), 380, 382.

(7) "The Wisdom of the Art of Medicine," trans. Faith Wallis, in *Medieval Medicine: A Reader*, ed. Faith Wallis (Toronto: University of Toronto Press, 2010), 18, 22.

(8) Ariel Bar-Sela, Hebbel E. Hoff, Elias Faris, ed. and trans., "Moses Maimonides" Two Treatises on the Regimen of Health,' *Transactions of the American Philosophical Society* 54/4 (1964): 3–50, at 36.

(9) Ibid.

(10) Ibid., 25.

(11) I owe the following observations and translations to the kind permission of Faith Wallis, who allowed me to see part of her edition of Bartholomaeus' commentary now in preparation for the Edizione Nazionale La Scuola Medica Salernitana (Florence: SISMEL).

(12) Thomas Willis, *The Anatomy of the Brain*, in Thomas Willis, *Five Treatises*, trans. Samuel Pordage (London, 1681

[orig. pub. 1664 in Latin]).

(13) Susan James, *Passions and Action: The Emotions in Seventeenth-Century Philosophy* (Oxford: Clarendon Press, 1997), 89.

(14) Descartes, *Passions*, §200, 126.

(15) William Clark, *A Medical Dissertation Concerning the Effects of the Passions on Human Bodies* (London, 1752), 37.

(16) Ibid., 38.

(17) Ibid., 40.

(18) Ibid., 40–1.

(19) Lakoff, *Women, Fire, and Dangerous Things*, 383–5.

(20) Luca Passamonti et al., "Effects of Acute Tryptophan Depletion on Prefrontal Amygdala Connectivity While Viewing Facial Signals of Aggression," *Journal of Biological Psychiatry* 71 (2012): 36–43.

(21) Ibid., 40.

10 実験室のなかで

(1) Edward Hitchcock and Valerie Cairns, "Amygdalotomy," *Postgraduate Medical Journal* 49 (1973): 894–904.

(2) Alan J. Fridlund, *Human Facial Expression: An Evolutionary View* (San Diego: Academic Press, 1994), 129.

(3) Charles Darwin, *The Expression of Emotions in Man and Animals* (1872), in *From So Simple a Beginning: The Four Great Books of Charles Darwin*, ed. Edward O. Wilson (New York, 2006), 1255–477.

(4) Charles Bell, *The Anatomy and Philosophy of Expression as Connected with the Fine Arts*, 3rd ed. (London, 1844), 121.

(5) Charles Darwin, "M Notebook," line ref. 122–3, at *Darwin Online*, https:// bit.ly/2UDNAyi.

(6) Darwin, *Expression of Emotions*, 1267.

(7) On the sources he drew upon, ibid., 1267–70.

(8) Barrett, *How Emotions Are Made*, 157.

(9) Darwin, *Expression of Emotions*, 1474.

(10) Paul E. Griffiths, *What Emotions Really Are: The Problem of Psychological Categories* (Chicago: University of Chicago Press, 1997), 65.

(11) Darwin, *Expression of Emotions*, 1301–2, 1338.

(12) Fernand Papillon, "Physiology of the Passions," trans. J. Fitzgerald, *The Popular Science Monthly* 4 (1974): 552–64, at 559–60.

(13) Geoffrey C. Bunn, *The Truth Machine: A Social History of the Lie Detector* (Baltimore: Johns Hopkins, 2012), 118.

(14) Antoinette M. Feleky, "The Expression of the Emotions," *Psychological Review* 21/1 (1914): 33–41, at 36.

(15) Silvan S. Tomkins, *Affect, Imagery, Consciousness*, ed. Bertram P. Karon, vol. 1: *The Positive Affects* (New York: Springer, 1962), 111–12, 204–5, 244, 337. In vol. 3: *The Negative Affects: Anger and Fear* (1991), xviii, he proposes nine by separating contempt and disgust.

(16) Silvan S. Tomkins and Robert McCarter, "What and Where are the Primary Affects? Some Evidence for a Theory," *Perceptual and Motor Skills* 18/1 (1964): 119–58.

(17) Giovanna Colombetti, *The Feeling Body: Affective Science Meets the Enactive Mind* (Cambridge: MIT Press, 2014), 39.

(18) Paul Ekman and Wallace V. Friesen, "Constants across

Cultures in the Face and Emotion," *Journal of Personality and Social Psychology* 17/2 (1971): 124–9.

(19) Sorenson, *The Edge of the Forest*, 140–2.

(20) The fullest critique is Ruth Leys, *The Ascent of Affect: Genealogy and Critique* (Chicago: University of Chicago Press, 2017). See also Jan Plamper, *The History of Emotions: An Introduction*, trans. K. Tribe (Oxford: Oxford University Press, 2012), 147–63.

(21) Ian S. Penton-Voak, Jamie Thomas, Suzanne H. Gage, Mary McMurran, Sarah McDonald and Marcus R. Munafò, "Increasing Recognition of Happiness in Ambiguous Facial Expressions Reduces Anger and Aggressive Behavior," *Psychological Science* 24/5 (2013): 688–97.

(22) Kathleen R. Bogart, Linda Tickle-Degnen and Nalini Ambady, "Communicating without the Face: Holistic Perception of Emotions of People with Facial Paralysis," *Basic and Applied Social Psychology* 36/4 (2014): 309–20.

(23) Lisa Appignanesi, "Dr. Death," *New York Review of Books* 65/12 (2018): 32–4.

(24) Today autism is called "Autism Spectrum Disorder" and is classed among Neurodevelopmental Disorders in *Diagnostic and Statistical Manual of Mental Disorders*, 5th ed. (=DSM-5) (Arlington: American Psychiatric Association, 2013), 50–9.

(25) D. Vaughn Becker, "Facial Gender Interferes with Decisions about Facial Expressions of Anger and Happiness," *Journal of Experimental Psychology: General* 146/4 (2017): 457–63.

(26) Thomas F. Denson, William C. Pedersen, Jaclyn Ronquillo and Anirvan S. Nandy, "The Angry Brain: Neural Correlates of Anger, Angry Rumination, and Aggressive Personality," *Journal of Cognitive Neuroscience* 21/4 (2008): 734–44.

(27) James, "What is an Emotion?" 190.

(28) Wilhelm Wundt, *Outlines of Psychology*, trans. Charles Hubbard Judd, 3rd rev. Engl. ed. from 7th rev. German ed. (Leipzig: Wilhelm Engelmann, 1907), 191, 205 (emphasis in the original).

(29) Lisa Feldman Barrett and Eliza Bliss-Moreau, "Affect as a Psychological Primitive," *Advances in Experimental Social Psychology* 41 (2009): 167–208, at 172.

(30) Barrett, *How Emotions Are Made*, 59.

(31) Barrett, Wilson-Mendenhall, Barsalou, "The Conceptual Act Theory," 86–7.

(32) Yinan Wang, Feng Kong, Xiangzhen Kong, Yuanfang Zhao, Danhua Lin and Jia Liu, "Unsatisfied Relatedness, Not Competence or Autonomy, Increases Trait Anger through the Right Amygdala," *Cognitive, Affective, and Behavioral Neuroscience* 17 (2017): 932–8, with references to some earlier work. Although dealing with "trait anger"—what earlier thinkers would have called "irascible personalities"—the authors were seeking locations for momentary anger rather than for the personality trait.

(33) Barrett, Wilson-Mendenhall, Barsalou, "The Conceptual Act Theory," 89.

(34) Colombetti, *The Feeling Body*, 30.

(35) Jaak Panksepp, "Neurologizing the Psychology of Affects: How Appraisal-Based Constructivism and Basic Emotion

Theory Can Coexist," *Perspectives on Psychological Science* 2/3 (2007): 281–96, at 286.

(36) Fausto Caruana and Marco Viola, *Come funzionano le emozioni. Da Darwin alle neuroscienze* (Bologna: Il Mulino, 2018), 85.

(37) Suresh Bhatt, Thomas R. Gregg and Allan Siegel, "NK1 Receptors in the Medial Hypothalamus Potentiate Defensive Rage Behavior Elicited from the Midbrain Periaqueductal Gray of the Cat," *Brain Research* 966/1 (2003): 54–64, at 56.

(38) Jaak Panksepp and Margaret R. Zellner, "Towards a Neurobiologically Based Unified Theory of Aggression," *International Review of Social Psychology/Revue internationale de psychologie sociale* 17/2 (2004): 37–61, at 42–4.

11 社会の子供

(1) For its deeper roots, see Plamper, *History of Emotions*, 80–98.

(2) James R. Averill, "What Should Theories of Emotion Be About," in *Categorical versus Dimensional Models of Affect: A Seminar on the Theories of Panksepp and Russell*, eds. Peter Zachar and Ralph D. Ellis (Amsterdam: John Benjamins, 2012), 203–24, at 208.

(3) James R. Averill, *Anger and Aggression: An Essay on Emotion* (New York: Springer, 1982).

(4) C. Terry Warner, "Anger and Similar Delusions," in *The Social Construction of Emotions*, ed. Rom Harré (Oxford: Basil Blackwell, 1986), 148, 163.

(5) Michael Boiger and Batja Mesquita, "The Construction of Emotion in Interactions, Relationships, and Cultures," *Emotion Review* 4/3 (2012): 221–9, at 221. (Italics in original.)

(6) The incident and its documents are discussed in Richard E. Barton, "'Zealous Anger' and the Renegotiation of Aristocratic Relationships in Eleventh- and Twelfth-Century France," in *Anger's Past*, 153–70.

(7) Stearns and Stearns, *Anger*, 36.

(8) Ibid., 39, quoting advice literature from 1846 and 1874.

(9) Bankart, "Treating Anger," 244.

(10) Lundy Bancroft, *Why Does He Do That? Inside the Minds of Angry and Controlling Men* (New York: Berkley Books, 2002), 319.

(11) Ibid., 321–22; Eminem, "Kim," at http://bit.ly/2DGGVxq.

(12) Hannelore Weber, "Explorations in the Social Construction of Anger," *Motivation and Emotion* 28/2 (2004): 197–219.

(13) Stephen D. White, "The Politics of Anger," in *Anger's Past*, 127–52, at 144.

(14) Rosenwein, *Generations of Feelings*, 134.

(15) Kathleen M. Higgins, "Biology and Culture in Musical Emotions," *Emotion Review* 4/3 (2012): 273–82, at 281.

(16) Catherine A. Lutz, *Unnatural Emotions: Everyday Sentiments on a Micronesian Atoll and Their Challenge to Western Theory* (Chicago: University of Chicago Press, 1988), 3–4.

(17) Anna Wierzbicka, "Emotion and Culture: Arguing with Martha Nussbaum," *Ethos* 31/4 (2004): 577–600, at 580.

(18) Zoltán Kövecses, "Cross-Cultural Experience of Anger: A Psycholinguistic Analysis," in *International Handbook of Anger:*

Constituent and Concomitant Biological, Psychological, and Social Processes, eds. Michael Potegal, Gerhard Stemmler and Charles Spielberger (New York: Springer, 2010), 157–74, at 161.

(19) Summarized in Heli Tissari, "Current Emotion Research in English Linguistics: Words for Emotions in the History of English," *Emotion Review* 9/1 (2017): 86–94, at 89.

(20) Kövecses, "Cross-Cultural Experience of Anger," 161.

(21) Gerhard Stemmler, "Somatovisceral Activation during Anger," in *International Handbook of Anger*, 103–21.

(22) Greg Downey, "Being Human in Cities: Phenotypic Bias from Urban Niche Construction," *Current Anthropology* 57, suppl. 13 (2016): S52–S64, at S53–54.

(23) Boiger and Mesquita, "The Construction of Emotion," 226, quoting an unpublished study made in 2010.

(24) Andrew Beatty, "Current Emotion Research in Anthropology: Reporting the Field," *Emotion Review* 5/4 (2013): 414–22.

(25) Andrew Beatty, "The Headman's Defeat," unpublished MS kindly provided by the author.

(26) Renato Rosaldo, *Culture and Truth: The Remaking of Social Analysis* (Boston: Beacon Press, 1989), 3–4, 9.

(27) Reddy, *The Navigation of Feeling*, 129.

(28) Amanda Taut and Max Fisher, "Facebook Fueled Anti-Refugee Attacks in Germany, New Research Suggests," *The New York Times* (August 21, 2018), at https://nyti.ms/2JfNsD4.

12　称賛される怒り

(1) Pankaj Mishra, *Age of Anger: A History of the Present* (New York: Picador, 2017).

(2) Stearns and Stearns, *Anger*, 211.

(3) Mishra, *Age of Anger*, 2.

(4) Uffa Jensen, *Zornpolitik* (Berlin: Suhrkamp, 2017).

(5) The lyrics of "Rise" are at Public Image Ltd, https://gnius.com/Public-image-ltd-rise-lyrics.

(6) John Lydon, with Andrew Perry, *Anger is an Energy: My Life Uncensored* (New York: HarperCollins, 2014), 3 for "shitstem."

(7) Ibid., 1.

(8) On the origin and history of the phrase, see https://bit.ly/2DB8BUm.

(9) Kavanaugh hearing: Transcript (September 27, 2018) at https://wapo.st/2PwCnyl.

(10) Ben Riley-Smith, Gareth Davies and Nick Allen, "Brett Kavanaugh, Supreme Court Nominee, Gives Evidence—Latest Updates," *The Telegraph* (September 27, 2018), https:// bit.ly/2voMaxc. For Trump on weakness, see Bob Woodward, *Fear: Trump in the White House* (New York: Simon & Schuster, 2018), 175.

(11) Jennifer Weiner, "The Patriarchy Will Always Have Its Revenge," *New York Times. Sunday Review* (September 23, 2018), https://nyti.ms/2N0V6iY.

(12) Arthur de Gobineau, *The Inequality of Human Races*, trans. Adrian Collins (New York: Howard Fertig, 1967), 150.

(13) U.S. Census Bureau, "Race," https://bit.ly/1sjmNd1.

(14) See http://bit.ly/2IOG9Te.
(15) Renaud Camus, *Le Grand Remplacement (Introduction au remplacisme global)* (Plieux: Renaud Camus, 2017), 22.
(16) Jensen, *Zornpolitik*, 115–17.
(17) Jared Taylor, "NYT: The 'Religion of Whiteness' is a Threat to World Peace," *American Renaissance* (August 31, 2018), https://bit.ly/2vpiEaw.
(18) Arlie Russell Hochschild, *Strangers in their Own Land: Anger and Mourning on the American Right* (New York: The New Press, 2016).
(19) Wade, *Myanmar's Enemy Within*, 1.
(20) Ibid., 5–6.
(21) Ibid., 12.
(22) Mishra, *Age of Anger*, 12.
(23) "The First Convention Ever Called to Discuss the Civil and Political Rights of Women," Seneca Falls, July 19, 20, 1848, at Library of Congress website, http://www.loc.gov/resource/rbnawsa.n7548.
(24) Alanna Vagianos, "The 'Me Too' Campaign Was Created by a Black Woman 10 Years Ago," *Huffpost* (10/17/2017), https://bit.ly/2gO4j0F.
(25) "Votes for Women Broadside," January 28, 1911, at Library of Congress website, http://www.loc.gov/item/rbcmiller002522.
(26) Kavanaugh hearing: Transcript, https://wapo.st/2PwCnyl.
(27) Rebecca Traister, "Fury Is a Political Weapon. And Women Need to Wield It," *New York Times. Sunday Review* (September 30, 2018), https://nyti.ms/2IrmuWF.
(28) For Graham's outburst, see https://cnn.it/2XDfiNk.
(29) Christina Prignano, "A Northeastern graduate confronted Jeff Flake in an Elevator," *The Boston Globe* (September 28, 2018) https://bit.ly/2GGCUv0.
(30) Sandra Hochman, *Year of the Woman: A Fantasy* (1973), at https://www.youtube.com/watch?v=yYKi5pk4eyk&t=1s (no permanent url).
(31) Audre Lorde, "The Uses of Anger: Women Responding to Racism," 1981, at BlackPast, http://bit.ly/2J7qKwA.
(32) Rebecca Traister, *Good and Mad: The Revolutionary Power of Women's Anger* (New York: Simon & Schuster, 2018), xxviii.
(33) Quoted in ibid., xxx.
(34) See https://nyp.st/2E3xWcy.
(35) Giulia Sissa, *Jealousy: A Forbidden Passion* (Cambridge: Polity Press, 2017), 37.
(36) Quoted in Aleena Gardezi, "America Ferrera at Women's March: We Are All under Attack," *Diverge* (January 23, 2017), https://bit.ly/2ZC19BN.
(37) Jenna Wortham, "Black Tweets Matter: How the Tumultuous, Hilarious, Wide-Ranging Chat Party on Twitter Changed the Face of Activism in America," *Smithsonian Magazine* (September 2016), http://bit.ly/2ZN11je.
(38) At https://blacklivesmatter.com/about/what-we-believe.
(39) Jelani Cobb, "The Matter of Black Lives: A New Kind of Movement Found its Moment. What Will Its Future Be?" *The New Yorker* (March 13, 2016), https://bit.ly/2k6Am0a.
(40) Joel Anderson, "Ferguson's Angry Young Men," *BuzzFeed. News* (August 22, 2014), http://bit.ly/2PGZrdL.

(41) Johnetta Elzie, "Ferguson Forward," *Ebony* (2014), https://bit.ly/2Vsx5JI.

(42) Keeanga-Yamahtta Taylor, *From #Blacklivesmatter to Black Liberation* (Chicago: Haymarket Books, 2016), 189.

(43) At https://blacklivesmatter.com/about/what-we-believe.

(44) Rebecca Traister and Alicia Garza: Good and Mad Women, video at http://bit.ly/2PO2fpT.

(45) Traister, *Good and Mad*, 209.

(46) Laura Kipnis, "Women are Furious. Now What?" *The Atlantic* (November 2018), https://bit.ly/2voMufo.

(47) Soraya Chemaly, *Rage Becomes Her: The Power of Women's Anger* (New York: Atria, 2018).

(48) Rebecca Traister and Alicia Garza: Good and Mad Women, video at http://bit.ly/2PO2fpT.

(49) J. Giles Milhaven, *Good Anger* (Kansas City: Sheed & Ward, 1989), 62–64.

(50) Quoted in Aleena Gardezi, "America Ferrera at Women's March," https://bit.ly/2ZC19BN.

(51) Aristotle, *Rhetoric* 1.9.15.1370b1.

(52) Traister, *Good and Mad*, xxiii.

結論　わたしの怒り、わたしたちの怒り

(1) *The Federalist Papers: No. 10*, at https://bit.ly/1L3guuV.

(2) Reddy, *The Navigation of Feeling*, 128.

(3) George Savile, Marquess of Halifax, *The Character of a Trimmer*, in *The Complete Works*, ed. Walter Raleigh (Oxford: Clarendon Press, 1912), 63.

参考文献

Alberti, F. B., 2003, "'An Angry and Malicious Mind'? Narratives of Slander at the Church Courts of York, c.1660–c.1760," *History Workshop Journal*, 56: 59–77.

Anderson, J., 2014, "Ferguson's Angry Young Men," *BuzzFeed. News*. https://bit.ly/2PGZrdL.

Anhalt, E. K., 2017, *Enraged: Why Violent Times Need Ancient Greek Myths*, New Haven: Yale University Press.

Appignanesi, L., 2018, "Dr. Death," *New York Review of Books*, 65/12: 32–4.

Arnold, M. B., 1960, *Emotion and Personality*, vol. 1: *Psychological Aspects*, New York: Columbia University Press.

Ashley, W., 2014, "The Angry Black Woman: The Impact of Pejorative Stereotypes on Psychotherapy with Black Women," *Social Work in Public Health*, 29: 27–34.

Averill, J. R., 1982, *Anger and Aggression: An Essay on Emotion*, New York: Springer.

Averill, J. R., 2012, "The Future of Social Constructionism: Introduction to a Special Section of *Emotion Review*," *Emotion Review*, 4/3: 215–20.

Averill, J. R., 2012, "What Should Theories of Emotion Be About," in P. Zachar and R. D. Ellis (eds.), *Categorical versus Dimensional Models of Affect: A Seminar on the Theories of Panksepp and Russell*, Amsterdam: John Benjamins, 203–24.

Baker, J. H., 2007, *An Introduction to English Legal History*, 4th ed., Oxford: Oxford University Press. 〔J・H・ベイカー『イギリス法史入門　第2部』深尾裕造訳、関西学院大学出版会、二〇一四年〕

Bancroft, L., 2002, *Why Does He Do That? Inside the Minds of Angry and Controlling Men*, New York: Berkley Books. 〔ランディ・バンクロフト『DV・虐待加害者の実体を知る――あなた自身の人生を取り戻すためのガイド』高橋睦子・中島幸子・山口のり子訳、明石書店、二〇〇八年〕

Bankart, C. P., 2006, "Treating Anger with Wisdom and Compassion: A Buddhist Approach," in E. L. Feindler (ed.), *Anger-Related Disorders*, 231–55.

Banks, A. J., 2014, *Anger and Racial Politics: The Emotional Foundation of Racial Attitudes in America*, Cambridge: Cambridge University Press.

Bardsley, S., 2003, "Sin, Speech, and Scolding in Late Medieval England," in T. Fenster and D. L. Smail (eds.), *Fama: The Politics of Talk and Reputation in Medieval Europe*, Ithaca: Cornell University Press, 145–64.

Barrett, L. F., 2017, *How Emotions Are Made: The Secret Life of the Brain*, Boston: Houghton Mifflin. 〔リサ・フェルドマン・バレット『情動はこうしてつくられる――脳の隠れた働きと構成主義的情動理論』高橋洋訳、紀伊國屋書店、二〇一九年〕

Barrett, L. F. and Bliss-Moreau, E., 2009, "Affect as a Psychological Primitive," *Advances in Experimental Social Psychology*, 41: 167–208.

Barrett, L. F., Wilson-Mendenhall, C. D. and Barsalou, L. W., 2015, "The Conceptual Act Theory: A Roadmap," in L. F. Barrett and J. A. Russell (eds.), *The Psychological Construction of Emotion*, New York: Guilford Press, 83–110.

Barton, R. E., 1998, "'Zealous Anger' and the Renegotiation of Aristocratic Relationships in Eleventh-and Twelfth-Century France," in B. H. Rosenwein (ed.), *Anger's Past*, 153–70.

Beatty, A., 2013, "Current Emotion Research in Anthropology: Reporting the Field," *Emotion Review*, 5/4: 414–22.

Becker, D. V., 2017, "Facial Gender Interferes with Decisions about Facial Expressions of Anger and Happiness," *Journal of Experimental Psychology: General*, 146/4: 457–63.

Bhatt, S., Gregg, T. R. and Siegel, A., 2003, "NK1 Receptors in the Medial Hypothalamus Potentiate Defensive Rage Behavior Elicited from the Midbrain Periaqueductal Gray of the Cat," *Brain Research*, 966/1: 54–64.

Bogart, K. R., Tickle-Degnen, L. and Ambady, N., 2014, "Communicating without the Face: Holistic Perception of Emotions of People with Facial Paralysis," *Basic and Applied Social Psychology* 36/4: 309–20.

Boiger, M. and Mesquita, B., 2012, "The Construction of Emotion in Interactions, Relationships, and Cultures," *Emotion Review*, 4/3: 221–9.

Briggs, J. L., 1970, *Never in Anger: Portrait of an Eskimo Family*, Cambridge: Harvard University Press.

Bunn, G. C., 2012, *The Truth Machine: A Social History of the Lie Detector*, Baltimore: Johns Hopkins.

Camus, R., 2017, *Le Grand Remplacement (Introduction au remplacisme global)*, Plieux: Renaud Camus.

Caruana, F. and Viola, M., 2018, *Come funzionano le emozioni. Da Darwin alle neuroscienze*, Bologna: Il Mulino.

Chemaly, S., 2018, *Rage Becomes Her: The Power of Women's Anger*, New York: Atria.

Cobb, J., 2016, "The Matter of Black Lives: A New Kind of Movement Found its Moment. What Will Its Future Be?" *The New Yorker*. https://bit.ly/2k6Am0a.

Cogley, Z., 2014, "A Study of Virtuous and Vicious Anger," in K. Timpe and C. A. Boyd (eds.), *Virtues and Their Vices*, Oxford: Oxford University Press, 199–224.

Coleman, P., 2011, *Anger, Gratitude, and the Enlightenment Writer*, Oxford: Oxford University Press.

Colombetti, G., 2014, *The Feeling Body: Affective Science Meets the Enactive Mind*, Cambridge: MIT Press.

Cornelius, R. R., 1996, *The Science of Emotions: Research and Tradition in the Psychology of Emotion*, Upper Saddle River: Prentice Hall.〔ランドルフ・R・コーネリアス『感情の科学——心理学は感情をどこまで理解できたか』齊藤勇監訳、誠信書房、一九九九年〕

Creasman, A. F., 2012, *Censorship and Civic Order in Reformation Germany, 1517–1648: "Printed Poison & Evil Talk,"* Farnham: Ashgate.

Creasman, A. F., 2017, "Fighting Words: Anger, Insult, and 'Self-Help' in Early Modern German Law," *Journal of Social History*, 51/2: 272–92.

Denson, T. F., Pedersen, W. C., Ronquillo, J. and Nandy, A. S., 2008, "The Angry Brain: Neural Correlates of Anger, Angry Rumination, and Aggressive Personality," *Journal of Cognitive Neuroscience*, 21/4: 734–44.

Dentan, R. K., 1968, *The Semai: A Nonviolent People of Malaya*, New York: Holt.

Dentan, R. K., 2008, "Recent Studies on Violence: What's In and What's Out," *Reviews in Anthropology*, 37: 41–67.

Dentan, R. K., 2012, "'Honey Out of the Lion': Peace Research Emerging from Mid-20th- Century Violence," in A. B. Kehoe and P. L. Doughty (eds.), *Expanding American Anthropology, 1945–1980: A Generation Reflects*, Tuscaloosa: University of Alabama Press, 204–20.

Donini, P., 2008, "Psychology," in R. J. Hankinson (ed.), *The Cambridge Companion to Galen*, Cambridge: Cambridge University Press, 184–209.

Downey, G., 2016, "Being Human in Cities: Phenotypic Bias from Urban Niche Construction," *Current Anthropology*, 57, suppl. 13: S52–S64.

Edwards, H., 2006, "Psychopharmacological Considerations in Anger Management," in E. L. Feindler (ed.), *Anger-Related Disorders*, 189–202.

Ekman, P. and Friesen, W. V., 1971, "Constants across Cultures in the Face and Emotion," *Journal of Personality and Social Psychology*, 17/2: 124–9.

Elzie, J., 2014, "Ferguson Forward," *Ebony*. https://bit.ly/2Vsx5JI.

Enenkel, K. A. E. and Traninger, A., (eds.), 2015, *Discourses of Anger in the Early Modern Period*, Leiden: Brill.

Enenkel, K. A. E., 2015, "Neo-Stoicism as an Antidote to Public Violence before Lipsius's *De constantia*: Johann Weyer's (Wier's) Anger Therapy, *De ira morbo* (1577)," in K. A. E. Enenkel and A. Traninger (eds.), *Discourses of Anger*, 49–96.

Eustace, N., 2008, *Passion Is the Gale: Emotion, Power, and the Coming of the American Revolution*, Williamsburg: University of North Carolina Press.

Feindler, E. L., (ed.), 2006, *Anger-Related Disorders: A Practitioner's Guide to Comparative Treatments*, New York: Springer.

Feleky, A. M., 1914, "The Expression of the Emotions," *Psychological Review* 21/1: 33–41. Freedman, P., 1998, "Peasant Anger in the Late Middle Ages," in B. H. Rosenwein (ed.), *Anger's Past*, 171–88.

Fridlund, A. J., 1994, *Human Facial Expression: An Evolutionary View*, San Diego: Academic Press.

Gardezi, A., 2017, "America Ferrera at Women's March: We Are All under Attack," *Diverge*. https://bit.ly/2ZC19BN.

Graver, M. R., 2007, *Stoicism and Emotion*, Chicago: University of Chicago Press.

Griffiths, P. E., 1997, *What Emotions Really Are: The Problem of Psychological Categories*, Chicago: University of Chicago Press.

Harré, R., (ed.), 1986, *The Social Construction of Emotions*, Oxford: Basil Blackwell.

Harris, W. V., 2001, *Restraining Rage: The Ideology of Anger Control in Classical Antiquity*, Cambridge: Harvard University Press.

Hatfield, E., Cacioppo, J. T. and Rapson, R. L., 1994, *Emotional Contagion*, Cambridge: Cambridge University Press.

Helmholz, R. H., 1971, "Canonical Defamation in Medieval England," *American Journal of Legal History*, 15: 255–68.

Higgins, K. M., 2012, "Biology and Culture in Musical Emotions," *Emotion Review*, 4/3: 273–82.

Hitchcock, E. and Cairns, V., 1973, "Amygdalotomy," *Postgraduate Medical Journal* 49: 894–904. Hochschild, A. R., 1983, *The Managed Heart: Commercialization of Human Feeling*, Berkeley: University of California Press.

Hochschild, A. R., 2016, *Strangers in their Own Land: Anger and Mourning on the American Right*, New York: The New Press.〔A・R・ホックシールド『壁の向こうの住人たち――アメリカの右派を覆う怒りと嘆き』布施由紀子訳、岩波書店、二〇一八年〕

Horowitz, J., 2018, "Italy's Populists Turn Up the Heat as Anti-Migrant Anger Boils," *The New York Times*. https://nyti.ms/2nF8cbM.

James, S., 1997, *Passions and Action: The Emotions in Seventeenth-Century Philosophy*, Oxford: Clarendon Press.

Jensen, U., 2017, *Zornpolitik*, Berlin: Suhrkamp.

Jerryson, M., 2013, "Buddhist Traditions and Violence," in M. Jerryson, M. Juergensmeyer and M. Kitts (eds.), *The Oxford Handbook of Religion and Violence*, Oxford: Oxford University Press.

Jones, T. and Norwood, K. J., 2017, "Aggressive Encounters and White Fragility: Deconstructing the Trope of the Angry Black Woman," *Iowa Law Review*, 102: 2017–69.

Jones, V. E., 2004, "The Angry Black Woman: Tart-Tongued or Driven and No-Nonsense, She Is a Stereotype That Amuses Some and Offends Others," *Boston Globe*. https://bit.ly/2GBAfBp.

Karant-Nunn, S. C., 2004, "'Christians' Mourning and Lament Should Not Be Like the Heathens": The Suppression of Religious Emotion in the Reformation," in J. M. Headley, H. J. Hillerbrand and A. J. Papalas (eds.), *Confessionalization in Europe, 1555–1700: Essays in Honor and Memory of Bodo Nischan*, Aldershot: Routledge, 107–30.

Kassinove, H. and Tafrate, R. C., 2002, *Anger Management: The Complete Treatment Guidebook for Practitioners*, Atascadero: Impact Publishers.

Kennedy, G., 2000, *Just Anger: Representing Women's Anger in Early Modern England*, Carbondale: Southern Illinois University Press.

Kipnis, L., 2018, "Women are Furious. Now What?" *The Atlantic*. https://bit.ly/2voMufo.

Kövecses, Z., 2010, "Cross-Cultural Experience of Anger: A Psycholinguistic Analysis," in M. Potegal, G. Stemmler and C. D. Spielberger (eds.), *International Handbook of Anger*, 157–74.

Kramer, A. D. I., Guillory, J. E. and Hancock, J. T., 2014, "Experimental Evidence of Massive- Scale Emotional Contagion through Social Networks," *Proceedings of the National Academy of Sciences of the United States*, 111/24: 8788–90.

Krewet, M., 2015, "Descartes' Notion of Anger: Aspects of a Possible History of its Premises," in K. A. E. Enenkel and A. Traninger (eds.), *Discourses of Anger*, 143–71.

Lakoff, G., 1987, *Women, Fire, and Dangerous Things: What Categories Reveal about the Mind*, Chicago: University of Chicago Press.

Leys, R., 2017, *The Ascent of Affect: Genealogy and Critique*, Chicago: University of Chicago Press.

Little, L. K., 1971, "Pride Goes before Avarice: Social Change and the Vices in Latin Christendom," *American Historical Review*, 76: 16–49.

Little, L. K., 1993, *Benedictine Maledictions: Liturgical Cursing in Romanesque France*, Ithaca: Cornell University Press.

Lorde, A., 1981, "The Uses of Anger: Women Responding to Racism," at BlackPast. http://bit. ly/2J7qKwA.

Lutz, C. A., 1988, *Unnatural Emotions: Everyday Sentiments on a Micronesian Atoll and Their Challenge to Western Theory*, Chicago: University of Chicago Press.

Lydon, J. with Perry, A., 2014, *Anger is an Energy: My Life Uncensored*, New York: HarperCollins. 〔ジョン・ライドン（田村亜紀訳）『ジョン・ライドン新自伝――怒りはエナジー』シンコーミュージック・エンタテイメント、二〇一六年〕

MacIntyre, A., 2007, *After Virtue: A Study in Moral Theory*, 3rd ed., Notre Dame: University of Notre Dame Press. 〔アラスデア・マッキンタイア『美徳なき時代』篠崎栄訳、みすず書房、一九九三年〕

Mano, L. Y. et al., 2016, "Exploiting loT Technologies for Enhancing Health Smart Homes through Patient Identification and Emotion Recognition," *Computer Communications*, 89–90: 178–90.

McCarthy, M. C., 2009, "Divine Wrath and Human: Embarrassment Ancient and New," *Theological Studies*, 70: 845–74.

Milhaven, J. G., 1989, *Good Anger*, Kansas City: Sheed & Ward.

Mishra, P., 2017, *Age of Anger: A History of the Present*, New York: Picador.

Nhat Hanh, T., 2001, *Anger: Wisdom for Cooling the Flames*, New York: Riverhead. 〔ティク・ナット・ハン『怒り――心の炎の静め方』岡田直子訳、サンガ、二〇一一年〕

Nussbaum, M. C., 2016, *Anger and Forgiveness: Resentment, Generosity, Justice*, Oxford: Oxford University Press.

Olson, G., 1982, *Literature as Recreation in the Later Middle Ages*, Ithaca: Cornell University Press.

Ost, D., 2005, *The Defeat of Solidarity: Anger and Politics in Postcommunist Europe*, Ithaca: Cornell University Press.

Panksepp, J., 2007, "Neurologizing the Psychology of Affects: How Appraisal-Based Constructivism and Basic Emotion Theory Can Coexist," *Perspectives on Psychological Science* 2/3: 281–96.

Panksepp, J. and Zellner, M. R., 2004, 'Towards a Neurobiologically Based Unified Theory of Aggression,' *International Review of Social Psychology/Revue internationale de psychologie sociale*, 17/2: 37–61.

Papillon, F., 1974, "Physiology of the Passions," trans. J. Fitzgerald, *The Popular Science Monthly*, 4: 552–64.

Parks, G. S. and Hughey, M. W., 2010, *12 Angry Men: True Stories of Being a Black Man in America Today*, New York: New Press.

Passamonti, L. et al., 2012, "Effects of Acute Tryptophan Depletion on Prefrontal Amygdala Connectivity While Viewing Facial Signals of Aggression," *Journal of Biological Psychiatry*, 71: 36–43.

Penton-Voak, I. S., Thomas, J., Gage, S. H., McMurran, M., McDonald, S. and Munafò, M. R., 2013, "Increasing Recognition of Happiness in Ambiguous Facial Expressions

Reduces Anger and Aggressive Behavior," *Psychological Science* 24/5: 688–97.

Plamper, J., 2012, *The History of Emotions: An Introduction*, trans. K. Tribe, Oxford: Oxford University Press.

Potegal, M. and Stemmler, G., 2010, "Cross-Disciplinary Views of Anger: Consensus and Controversy," in M. Potegal, G. Stemmler and C. D. Spielberger (eds.), *International Handbook of Anger*, 3–8.

Potegal, M., Stemmler, G. and Spielberger, C. D., (eds.), 2010, *International Handbook of Anger: Constituent and Concomitant Biological, Psychological, and Social Processes*, New York: Springer.

Prignano, C., 2018, "A Northeastern Graduate Confronted Jeff Flake in an Elevator," *The Boston Globe*. https://bit.ly/2GGCUv0.

Reddy, W. M., 2001, *The Navigation of Feeling: A Framework for the History of Emotions*, Cambridge: Cambridge University Press.

Reiss, T. J., 1991, "Descartes, the Palatinate, and the Thirty Years War: Political Theory and Political Practice," *Yale French Studies*, 80: 108–45.

Riley-Smith, B., Davies, G. and Allen, N., 2018, "Brett Kavanaugh, Supreme Court Nominee, Gives Evidence—Latest Updates," *The Telegraph*. https://bit.ly/2voMaxc.

Robarchek, C. A., 1977, "Frustration, Aggression, and the Nonviolent Semai," *American Ethnologist*, 4/4: 762–79.

Robarchek, C. A., 1979, "Conflict, Emotion, and Abreaction: Resolution of Conflict among the Semai Senoi," *Ethos*, 7/2: 104–23.

Robarchek, C. A. and Dentan, R. K., 1987, "Blood Drunkenness and the Bloodthirsty Semai: Unmaking Another Anthropological Myth," *American Anthropologist*, new series 89/2: 356–65.

Rogers, K. and Haberman, M., 2018, "Trump's Evolution From Relief to Fury Over the Russia Indictment," *The New York Times*. https://nyti.ms/2C7hgPg.

Rosaldo, R., 1989, *Culture and Truth: The Remaking of Social Analysis*, Boston: Beacon Press.〔レナート・ロサルド『文化と真実——社会分析の再構築』椎名美智訳、日本エディタースクール出版部、一九九八年〕

Rosenwein, B. H., (ed.), 1998, *Anger's Past: The Social Uses of an Emotion in the Middle Ages*, Ithaca: Cornell University Press.

Rosenwein, B. H., 2016, *Generations of Feelings: A History of Emotions, 600–1700*, Cambridge: Cambridge University Press.

Ross, A., 2017, "True West: California Operas by John Adams and Annie Gosfield," *New Yorker*, December 11.

Russell, J. A., 1980, "A Circumplex Model of Affect," *Journal of Personality and Social Psychology*, 39/6: 1161–78.

Russell, J. A., 2017, "Mixed Emotions Viewed from the Psychological Constructionist Perspective," *Emotion Review*, 9/2: 111–17.

Schiefsky, M., 2012, "Galen and the Tripartite Soul," in R. Barney, T. Brennan and C. Brittain (eds.), *Plato and the Divided Self*, Cambridge: Cambridge University Press, 331–49.

Schneewind, J. B., 2003, "Seventeenth- and Eighteenth-Century Ethics," in L. C. Becker and C. B. Becker (eds.), *A History of Western Ethics*, 2nd ed., London: Routledge, 77–91.

Singer, P. N., 2017, "The Essence of Rage: Galen on Emotional Disturbances and their Physical Correlates," in R. Seaford, J. Wilkins and M. Wright (eds.), *Selfhood and the Soul: Essays on Ancient Thought and Literature in Honour of Christopher Gill*, Oxford: Oxford University Press, 161–96.

Sinkewicz, Robert E., 2006, *Evagrius of Pontus: The Greek Ascetic Corpus*, Oxford: Oxford University Press.

Sissa, G., 2017, *Jealousy: A Forbidden Passion*, Cambridge: Polity Press.

Sloterdijk, P., 2010, *Rage and Time: A Psychopolitical Investigation*, trans. M. Wenning, New York: Columbia University Press.

Sorenson, E. R., 1976, *The Edge of the Forest: Land, Childhood and Change in a New Guinea Protoagricultural Society*, Washington: Smithsonian Institution Press.

Sorenson, E. R., 1978, "Cooperation and Freedom among the Fore of New Guinea," in A. Montagu (ed.), *Learning Non-Aggression: The Experience of Non-Literate Societies*, Oxford: Oxford University Press, 12–30.

Staden, H. von, 2011, "The Physiology and Therapy of Anger: Galen on Medicine, the Soul, and Nature," in F. Opwis and D. Reisman (eds.), *Islamic Philosophy, Science, Culture and Religion: Studies in Honor of Dimitri Gutas*, Leiden: Brill, 63–87.

Stauffer, A. M., 2005, *Anger, Revolution, and Romanticism*, Cambridge: Cambridge University Press.

Stearns, C. Z. and Stearns, P. N., 1986, *Anger: The Struggle for Emotional Control in America's History*, Chicago: University of Chicago Press.

Stein, N. L., Hernandez, M. W. and Trabasso, T., 2008, "Advances in Modeling Emotion and Thought: The Importance of Developmental, Online, and Multilevel Analyses," in M. Lewis, J. M. Haviland-Jones and L. Feldman Barrett (eds.), *Handbook of Emotions*, 3rd ed., New York: Guilford Press, 574–86.

Stemmler, G., 2010, "Somatovisceral Activation during Anger," in M. Potegal, G. Stemmler and C. D. Spielberger (eds.), *International Handbook of Anger*, 103–21.

Tafrate, R. C. and Kassinove, H., 2006, "Anger Management for Adults: A Menu-Driven Cognitive-Behavioral Approach to the Treatment of Anger Disorders," in E. L. Feindler (ed.), *Anger-Related Disorders,* 115–37.

Taut, A. and Fisher, M., 2018, "Facebook Fueled Anti-Refugee Attacks in Germany, New Research Suggests," *The New York Times.* https://nyti.ms/2JfNsD4.

Taylor, J., 2018, "NYT: The 'Religion of Whiteness' is a Threat to World Peace," *American Renaissance.* https://bit.ly/2vpiEaw.

Taylor, K.-Y., 2016, *From #Blacklivesmatter to Black Liberation*, Chicago: Haymarket Books. Tissari, H., 2017, "Current Emotion Research in English Linguistics: Words for Emotions in the History of English," *Emotion Review*, 9/1: 86–94.

Tomkins, S. S., 1962–1992, *Affect, Imagery, Consciousness*, 4 vols., New York: Springer. Tomkins, S. S. and McCarter, R., 1964, "What and Where are the Primary Affects? Some Evidence for a Theory," *Perceptual and Motor Skills*, 18/1: 119–58.

Traister, R., 2018, "Fury Is a Political Weapon. And Women Need to Wield It," *New York Times. Sunday Review*. https://nyti.ms/2IrmuWF.

Traister, R., 2018, *Good and Mad: The Revolutionary Power of Women's Anger*, New York: Simon & Schuster.

Vagianos, A., 2017, "The 'Me Too' Campaign Was Created by a Black Woman 10 Years Ago," *Huffpost*. https://bit.ly/2gO4j0F.

Wade, F., 2017, *Myanmar's Enemy Within: Buddhist Violence and the Making of a Muslim "Other"*, London: Zed Books.

Wang, Y., Kong, F., Kong, X., Zhao, Y., Lin, D. and Liu, J., 2017, "Unsatisfied Relatedness, Not Competence or Autonomy, Increases Trait Anger through the Right Amygdala," *Cognitive, Affective, and Behavioral Neuroscience*, 17: 932–8.

Warner, C. T., 1986, "Anger and Similar Delusions," in R. Harré (ed.), *The Social Construction of Emotions*, 135–66.

Weber, H., 2004, "Explorations in the Social Construction of Anger," *Motivation and Emotion*, 28/2: 197–219.

Weiner, J., 2018, "The Patriarchy Will Always Have Its Revenge," *New York Times. Sunday Review*. https://nyti.ms/2N0V6iY.

White, S. D., 1998, "The Politics of Anger," in B. H. Rosenwein (ed.), *Anger's Past*, 127–52. Wierzbicka, A., 2004, "Emotion and Culture: Arguing with Martha Nussbaum," *Ethos*, 31/4: 577–600.

Wingfield, A. H., 2007, "The Modern Mammy and the Angry Black Man: African American Professionals' Experience with Gendered Racism in the Workplace," *Gender and Class*, 14: 196–212.

Woodward, B., 2018, *Fear: Trump in the White House*, New York: Simon & Schuster.〔ボブ・ウッドワード『恐怖の男 トランプ政権の真実』伏見威蕃訳、日本経済新聞出版、二〇一八年〕

Wortham, J., 2016, "Black Tweets Matter: How the Tumultuous, Hilarious, Wide-Ranging Chat Party on Twitter Changed the Face of Activism in America," *Smithsonian Magazine*. http://bit.ly/2ZN11je.

Wundt, W., 1907, *Outlines of Psychology*, trans. Charles Hubbard Judd, 3rd rev. Engl. ed. from 7th rev. German ed., Leipzig: Wilhelm Engelmann.

関連文献

序文

For an introduction to the history of emotions, see B. H. Rosenwein and R. Cristiani, *What Is the History of Emotions?* (Cambridge: Polity Press, 2018).

1　仏教

For the background and history of Buddhism, see P. Harvey, *An Introduction to Buddhism: Teachings, History and Practices*, 2nd ed. (Cambridge: Cambridge University Press, 2013). R. A. F. Thurman, *Anger: The Seven Deadly Sins* (New York: Oxford University Press, 2005)〔ロバート・A・F・サーマン『チベット仏教が教える怒りの手放し方』屋代通子訳、築地書館、二〇一一年〕maintains the Buddhist position on anger and argues its relevance for the modern world.

2　ストア学派

For an in-depth discussion of Stoic philosophy as well as its influence on early Christianity, see R. Sorabji, *Emotion and Peace of Mind: From Stoic Agitation to Christian Temptation* (Oxford: Oxford University Press, 2000). M. C. Nussbaum, *The Therapy of Desire: Theory and Practice in Hellenistic Ethics* (Princeton: Princeton University Press, 1994) discusses Stoicism as part of the ferment of moral philosophies in the classical world.

3　暴力と新ストア学派

For the historical background to Neostoicism, see R. S. Dunn, *The Age of Religious Wars, 1559–1715*, 2nd ed. (New York: Norton, 1979). For the explosion of new approaches to the emotions in the period, see S. Gaukroger, *The Soft Underbelly of Reason: The Passions in the Seventeenth Century* (London: Routledge, 1998). Disputing (rightly, in my view) the role of Neostoicism in early Protestant thought and practice is S. C. Karant-Nunn, *The Reformation of Feeling: Shaping the Religious Emotions in Early Modern Germany* (Oxford: Oxford University Press, 2010), which shows how the new confessions fostered some very passionate emotions, including anger.

4　平和の王国

For a review of the anthropology of violence and non-violence, see L. E. Sponsel, "The Anthropology of Peace and Nonviolence," *Diogenes* 6 (2017): 30–45. S. Heald, *Controlling Anger: The Anthropology of Gisu Violence* (Oxford: James Currey Ltd., 1998) discusses the relations of anger (*lirima*), masculinity, and human action among the Gisu (a people of Eastern Uganda). For the emotions at Auschwitz from the point of view of a sympathetic official there, see H. Langbein, *People in Auschwitz*, trans. H. Zohn (Chapel Hill: University of North Carolina Press, 2004).

5　怒りの言葉

On the meaning of insults in a historical context, see D.

Garrioch, "Verbal Insults in Eighteenth-Century Paris," in *The Social History of Language*, eds. P. Burke and R. Porter (Cambridge: Cambridge University Press, 1987). On sins of the tongue, see M. Veldhuizen, *Sins of the Tongue in the Medieval West: Sinful, Unethical, and Criminal Words in Middle Dutch (1300–1550)* (Turnhout: Brepols, 2017), as well as D. Cressy, *Dangerous Talk: Scandalous, Seditious, and Treasonable Speech in Pre-Modern England* (Oxford: Oxford University Press, 2010). On anger in Early Modern England, see L. A. Pollock, "Anger and the Negotiation of Relationships in Early Modern England," *The Historical Journal* 47/3 (2004): 567–90, an article equally relevant to the subjects treated in Chapter 11.

6　アリストテレスとその後継者たち

On Aristotle's notion of anger and other emotions, see D. Konstan, *The Emotions of the Ancient Greeks: Studies in Aristotle and Classical Literature* (Toronto: University of Toronto Press, 2006). For more on the Thomistic view of anger and other emotions, see R. Miner, *Thomas Aquinas on the Passions. A Study of* Summa Theologiae 1a2ae 22–48 (Cambridge: Cambridge University Press, 2009).

7　地獄から天国へ

The literature on the Christian scheme of virtues and vices is extensive. A classic on the subject is *In the Garden of Evil: The Vices and Culture in the Middle Ages*, ed. R. Newhauser (Toronto: Pontifical Institute of Medieval Studies, 2005), and on anger in particular, R. E. Barton, "Gendering Anger: *Ira, Furor*, and Discourses of Power and Masculinity in the Eleventh and Twelfth Centuries," 371–92. On virtuous anger, see S. A. Throop, "Zeal, Anger and Vengeance: The Emotional Rhetoric of Crusading," in *Vengeance in the Middle Ages: Emotion, Religion and Feud*, eds. S. A. Throop and P. R. Hyams (Aldershot: Ashgate, 2010).

8　道徳感情

For the historical context of the moral philosophers, see I. Woloch and G. S. Brown, *Eighteenth-Century Europe: Tradition and Progress, 1715– 1789*, 2nd ed. (New York: Norton, 2012). T. Dixon, *From Passions to Emotions: The Creation of a Secular Psychological Category* (Cambridge: Cambridge University Press, 2003), argues that the moral philosophers of the eighteenth century created the category of "emotions" for the many other words—"passions," "affections"—previously used. On emotions in the French Revolution, see W. M. Reddy, "Sentimentalism and Its Erasure: The Role of Emotions in the Era of the French Revolution," *The Journal of Modern History* 72 (2000): 109–52.

9　初期の医学的伝統

For Galen's historical context as well as his thinking on a great variety of topics, see R. J. Hankinson, *The Cambridge Companion to Galen* (Cambridge: Cambridge University Press, 2008), and on the emotions in particular, see P. Donini, "Psychology," 184–209. On the medieval medical view and treatment of the emotions, see N. Cohen-Hanegbi, *Caring for the Living Soul: Emotions, Medicine, and Penance in the Late Medieval Mediterranean* (Leiden: Brill, 2017). Taking the story into the Early Modern period is E. Carrera, "Anger and the Mind-Body Connection in Medieval and Early Modern Medicine," in *Emotions and Health, 1200–1700*, ed. E. Carrera (Leiden: Brill, 2013).

10　実験室のなかで

On emotions in the modern lab, see P. White, "Introduction" to *Focus: The Emotional Economy of Science* = *Isis* 100 (2009): 792–97. The history of post-War scientific work is taken up in *Science and Emotions after 1945: A Transatlantic Perspective*, eds. F. Biess and D. M. Gross (Chicago: University of Chicago Press, 2014). For the interplay of culture and scientific inquiry, see *History of Science and the Emotions* = *Osiris* 31 (2016), eds. O. E. Dror, B. Hitzer, A. Laukötter, and Pilar León-Sanz.

11　社会の子供

For a survey and critique of the social constructivist view, see Á. Sveinsdóttir, "Social Construction," *Philosophy Compass* 10/12 (2015): 884–92. Exploring the vocabulary of emotions is Z. Kövecses, *Emotion Concepts* (New York: Springer-Verlag, 1990). W. M. Reddy, "Against Constructionism: The Historical Ethnography of Emotions," *Current Anthropology* 38/3 (1997): 327–51 objects to the radical relativism in social constructivism, which tends not to judge social practices.

12　称賛される怒り

On the fable of biological race, see R. W. Sussman, *The Myth of Race: The Troubling Persistence of an Unscientific Idea* (Cambridge: Harvard University Press, 2014). For the history of the American far right movement, see J. Lepore, *The Whites of Their Eyes: The Tea Party's Revolution and the Battle over American History* (Princeton: Princeton University Press, 2010). For its European counterparts, see J.-Y. Camus and N. Lebourg, *Far-Right Politics in Europe*, trans. J. M. Todd (Cambridge: Belknap Press, 2017). Complementing Hochschild's work on the anger of the far right is M. Kimmel, *Angry White Men: American Masculinity at the End of an Era* (rev. ed., New York: Nation Books, 2017). For the role of today's media in political emotions, see Karin Wahl-Jorgensen, *Emotions, Media and Politics* (Cambridge: Polity Press, 2019). On the making of the movie *Network*, see D. Itzkoff, *Mad as Hell: The Making of* Network *and the Fateful Vision of the Angriest Man in Movies* (New York: Henry Holt, 2014).

索引

あ行
アーノルド、マグダ　125, 126
アウグスティヌス　7, 77, 141, 142, 260
アキレウス　9
アクィナス、トマス、120, 124, 125, 158
アシュリー、ウェンディ　107
アフェクト・プログラム　→　シルヴァン・トムキンス
アラスデア、マッキンタイヤ
『美徳なき時代』　173
アリスティデス　133
アリストテレス　39-42, 113-128, 129, 133, 141, 145, 150, 151, 157, 162, 170, 172, 173, 181, 182, 250, 254, 256, 257, 259, 261
アレストリー、リチャード　102
アンホルト、エミリー・カッツ　9
イアソン　49-51, 250
→　メデイア
イェンセン、ウッファ　233, 240
『医学入門』　181
怒り
アメリカと　20, 33, 35, 85, 95, 110, 169, 212, 217, 226, 227, 232, 235-242, 244-259
顔　28, 61, 63, 84, 113, 139, 179, 184, 187, 188-191, 193, 196-201, 207-210, 217, 236, 239
言語と　12, 16, 38, 81-82, 110, 134, 164-170, 187, 203-204, 207-208, 221-226
ジェンダー（性差）　33, 75, 102, 247
心臓（心拍）　14, 39, 40, 108-109, 117, 139, 177-186, 190, 195, 201, 203, 205, 207, 226
正当な怒り　15, 35, 54, 110, 129-130, 142, 150, 152, 155, 164, 165, 170, 173, 174, 197, 234, 248, 249, 255
脳　11, 12, 34, 62, 124, 127, 177, 181-185, 187, 188-190, 198, 201, 203-206, 226, 252
美徳　112, 116, 129, 133, 141, 153, 169, 171-174, 250
理にかなった　15, 23, 32, 36, 42, 224, 234, 248
→　憎しみと怒り　名誉と怒り　不正　嫉妬　狂気　マグナニミティ　忍耐　復讐　怒りの理論　怒りの治療　美徳と悪徳
怒りの理論（現代）
エナクティビズム　7, 190, 207-209, 226, 261
基本情動　7, 125, 189, 190, 191, 192, 195, 196, 198, 202, 206, 207-209, 216, 226, 261
心理学的構築主義　7, 190, 192, 202-209
RAGEシステム　207-210
イグナチオ・デ・ロヨラ
『霊操』　62
『医術の知恵』　180
イスラム教　28, 35, 118, 180, 241-243, 255, 259
ヴァイヤー、ヨーハン　59-62, 64, 65, 68, 70, 71, 72
ウィド　144-145
ウィトゥダ、U.　35-36
ウィリス、トーマス
『脳の解剖学』　184
ウェイド、フランシス　242

ウェイナー、ジェニファー　236
ヴェジビツカ、アンナ　225
ウェバー、ハンネローア　220
ウォーレン、ジョン　67-68
ウトゥク　82-86, 208, 216, 221, 223, 247
ウルバヌス2世　153
ヴント、ヴィルヘルム　202
エイヴリル、ジェイムズ　211, 212, 220, 264
エヴァグリオス、ポントスの　134-135, 139
エクマン、ポール　84, 193, 198, 199, 207, 226, 236
エベール、ジャック・ルネ（デュシェーヌ親父）166, 167
エミネム　219, 222
エモーショノロジー　→　スターンズ、キャロルとピーター
エモーショングラフ　→　、キーラー、レオナルド
オースティン、ジョンL.　94
音楽、効果　60, 178, 222-223

か行

ガーザ、アリシア　251-252, 254
カシノフ、ハワード　70
家族、怒りと　13, 16, 31, 70, 72, 76, 84, 105, 113, 123, 217, 218
カッシアヌス、ヨハネス　135-137
カバノー、ブレット　236-237, 246-248, 249
カプラン、エスター　249
カミュ、ルノー 255
『大規模な入れ代わり』 239
カラーズ、パトリッセ　251
雅量、怒りと対照的な　64　→　デカルト、ルネ
カルアナ、ファウスト　209
ガレノス　60, 176-184, 202, 226, 236, 261, 264
『医術』 177
→　情動、医学と　情動、生理学と
感情体制　→　レディ、ウィリアム・M.
感情の共同体　7, 12-13, 15, 16, 33, 34, 35, 58, 59, 65, 68, 73, 74, 85, 92, 96, 104, 130, 150, 159, 220, 221, 223, 262, 264, 265
感情労働　→　ホックシールド、アーリー
カンブレ、ラウル・デ　150
キーラー、レオナルド　196
キケロ　51-54, 95, 143, 144
気質　44, 179-181, 184, 263
キプニス、ローラ　253
共感　156, 159-162, 169, 172, 174, 245, 252
狂気、怒りと　97, 105
キリスト教　7, 54-56, 74, 118-124, 131-154, 155, 173, 183, 206, 240, 241, 248
舌の罪　95, 98-99, 100, 137, 145
人間性と　60, 67, 191
仏教と　22, 147, 152
プロテスタント　59-67, 74, 146
→　美徳と悪徳
キング、マーティン・ルーサー・ジュニア　72, 172
クィントゥス（キセロの弟）52, 144
クラーク、ウィリアム　186
グラム、リンゼー　247
クリースマン、アリソン　105, 106
グリフィス、ポール　194
クルック、ヘルキア　68, 102
グレゴリー、トゥールの　55
『十巻から成る歴史書』 56
グレゴリウス1世　137, 139, 143, 145, 146, 147, 168, 183
グローティウス、フーゴー　155-156,

157
ケヴェチェシュ、ゾルターン　225
ケネディ、グウィン　69
コールマン、パトリック　164
ゴビノー、アルチュール・ド　238
コブ、ジェラニ　251
コルディ、シャルロッテ　165
コロンベッティ、ジョバンナ　198

さ行

サザン、ローレン　239, 246, 255
ザック・コグリー　171-173
サントーリオ、サントーリオ　184
シーザー、51, 52-53
シェイクスピア、ウィリアム　192
ジェイムズ、ウィリアム　178-179, 202, 207
ジェームズ、スーザン　185
『ジェーン・アンガー　女性の擁護』　68-69
シェパード、トーマス　65-66
ジェファーソン、トーマス　152
失感情言語化症　200
シッサ、ジュリア　250
嫉妬、怒りとしての　250
社会構築主義と怒り　7, 211-213, 215-216, 218, 223-229, 231
シャラーモフ、ヴァルラーム
　『コリイマ物語』　89-91
シュニーウィンド、J.B.　155
松果体　62, 124, 185-186
情動
　医学と　60, 102, 176-187
　がある場所　14, 39, 120, 125, 177, 181-186, 187
　顔と　84, 196-202, 207, 217, 236
　生理学と　45-46, 125, 176-179, 191, 195-196, 202, 205, 225-226
　判断と　41, 44-45, 53, 54, 63-64, 110, 113, 121, 122, 124, 126-127, 160, 182, 230
　→　怒り、神経科学における
情動伝染　162, 162
ジョーンズ、ヴァネッサ・E.　107
女性
　感情労働　109
　ステレオタイプ　107-108
　に対する古い考え方　48, 113, 115
　に対する暴力　219, 244, 252
　の怒り　68-69, 75, 98, 101-102, 163, 170, 218, 234, 236, 244-250, 252-259
神経科学　10, 127, 190, 192, 201, 203, 208-209
人種差別　92, 242, 248
新ストア学派
　怒りと　58-75, 220
　→　デカルト、ルネ　リプシウス、ユストゥス　ヌスバウム、マーサC.　ヴァイヤー、ヨーハン
スターンズ、キャロルとピーター
　エモーショノロジー　15, 85, 216, 217, 232, 247
スタイン、ナンシー　46, 182
ストア学派　37-57, 206　→　キケロ　セネカ
ストーファー、アンドリューM.　169
スミス、アダム　158, 161-163, 169, 171, 172, 234
スローターダイク、ペーター　155, 165
聖ペテロ　77, 78, 92
セネカ　7, 37-61, 68, 70-75, 85, 114, 121, 139, 141, 145, 150, 152, 178, 195, 213, 228, 239, 250, 254, 260264
　『メデイア』　49-51, 150
セマイ族　79-86, 199, 208, 221, 223, 230, 247
セラピー、怒りの　70, 71, 74, 126,

189, 209, 264
仏教（現代） 33, 218
認知行動理論 70, 126-127
フロイト 126
新ストア学派 60-61, 69
ソーシャルメディアと怒り 106, 231, 244, 249
ソライヤ・シェマリ 253
ソレンソン、リチャード 84, 199

た行

ダーウィン、チャールズ 195, 202, 236, 261, 263
『人及び動物の表情について』 191-195
ダグラス、フレデリック 172
タフレイト、レイモンド・チップ 70-71
タランティーノ、クエンティン
『パルプフィクション』 216
ダルマ、ラン 27, 35
ダンテ・アリギエーリ 77
ダンヌンツィオ、ガブリエーレ 233
ツイッター 106, 244, 249
テイラー、ジャレド 240
デカルト、ルネ 68, 70, 71, 124, 156, 185-186, 260
『情念論』 62-65
デュシェーヌ → エベール、ジャック・ルネ（デュシェーヌ親父）
デュシェーヌ親父 → エベール、ジャック・ルネ
テルトゥリアヌス 133, 139, 140
デンタン、ロバート 79
動物、感情 120, 191-195, 202, 209
トムキンス、シルヴァン 198
トランプ、ドナルド 92, 95, 106, 107, 236, 237, 245, 250, 255, 257, 258
トレイヴォン、マーティン 251
トレイスター、レベッカ 246, 253, 258-259
『Good and Mad』 248, 252

な行

ナット・ハン、ティク 28, 30
憎しみと怒り 21-22, 117-118, 159, 241, 261
ニュートン、アイザック 158, 183
忍耐、怒りと対照的な 22, 57, 135, 136, 147
認知理論（認知心理学） 46-47, 70-71, 125, 126, 161, 182
→ 感情、と判断
ヌスバウム、マーサC. 72-74, 76, 220, 228
「ネットワーク」 256, 257

は行

ハーヴェイ、ウィリアム 183
バーク、エドマンド
『フランス革命の省察』 168-169
バーク、タラナ 244
バート、スレシュ 209
バートン、リチャード 215-216
パピヨン、フェルナン 195
ハリス、ウィリアム 51、34
ハリファックス、ジョージ・サヴィル 264-265
バルトロメウス、サレルノの 181-183, 184
バレット、リサ・フェルドマン 11, 110, 127, 129, 192, 194, 203
バンカート、C・ピーター・7, 30-34, 35, 218, 220
バンクロフト、ランディ、219-220
パンセップ、ジャーク 207-208
ビーティー、アンドリュー 227-228, 229
ヒギンズ、キャスリーン 222
美徳と悪徳

擬人化　135, 136, 137
ヒューム、デヴィッド　7, 158-161, 162-169, 171, 172174, 234, 260
表情と情動　→　情動、顔と
ファインスタイン、ダイアン　247
ファインドラー、エヴァ　30, 31
フィンチ、ピーター　256
フェミニストと怒り　75, 249
フェレーラ、アメリカ　250-251, 255
フェレキー、アントワネット　196, 197
フォア族　84, 198, 200, 247
フォード、クリスティン・ブラジー　236, 246
復讐　28, 41, 43, 45, 46, 47, 49, 51, 57, 72, 74, 76, 102, 110, 112, 114, 116, 141, 147, 150, 153, 155, 162, 168, 183, 191, 203, 257
不正義や不公正に対する怒り　7, 164, 172, 234, 258, 261
仏教　41, 71, 74
「怒りを捨てよ」　21, 24, 25, 34, 36, 85, 228
キリスト教と　22, 147, 152
聖典における怒り　20-23, 24-25, 28
殺生と　27-28, 35, 241-243
密教の神々 28, 29
→　セラピー、怒りの　仏教（現代）
ブッダ　20-27, 30, 32, 33, 34, 35, 37, 48, 81, 85, 121, 135, 137, 139, 152, 228, 248
ブラウン、マイケル　251
プラトン　39, 40, 42, 114, 115, 120, 212
フランクリン、ベンジャミン　108
フリードマン、ポール　151
フリードルンド、アラン・J.　189
ブリッグス、ジーン（『決して怒ることなく』）　82-83
ブリューゲル、ピーテル（父）　100
プルデンティウス　134, 147, 167
『霊魂をめぐる戦い』　136
フレイク、ジェフ　248
フロイト、ジークムント　34
怒りについての考え方　125-124
ブローニュ、デュシェンヌ・デ　192, 193
ペイン、トマス　『コモンセンス』　169
ペケ、ジャン　186
ベッカー、D・ヴォーン　200
ペラルドゥス、ウィリアム　98, 145
ベリーニ、ロレンツォ　186
ベル、チャールズ　191
扁桃体　187, 188, 204
ボイル、A.J.　49
暴力
アメリカ文化における　33
怒りと　58-59, 60, 61, 64, 66-67, 72, 74-75, 76-85, 90-93, 130, 135, 171, 212, 216, 224
家庭内の　219
言葉の　94, 100
性　244, 2531
憎しみと　92, 117-118
仏教と　26, 28, 33, 36, 242
ホックシールド、アーリー　217, 240-241, 245, 254, 261
感情労働　109, 246, 261
ホックマン、サンドラ
「Year of the Women」248
ホッブス、トーマス　156-157
ホメロス
『イーリアス』　9

ま行

マイモニデス、モーゼス　180-181
マッカーシー、マイケルC.　131, 142
マディソン、ジェームズ　262-263, 264

マニング、ロバート　97-98
マラー、ジャン＝ポール　165
マルシオン　133, 139, 140
マルティン、ブラガの　55, 56
マレー、エティエンヌ＝ジュール　196
マンデラ、ネルソン　72
ミシュラ、パンカジ　233, 243
脈波計　195, 196, 201
ミラノ、アリッサ　244
ミラバル、ライモン・デ 119, 222
ミルヘブン、ジョン・ガイルズ
　『Good Anger』　254
名誉と怒り　101, 105, 113, 151, 170, 182, 234, 240-241, 250, 255, 258
メスキータ、バトジャ　227
メデイア　49, 50, 51, 74, 150, 220, 250
　→　セネカ
メンデル、グレゴール　238

や行

ユースタス、ニコール　170
ユダヤ教　130-133, 148, 155, 180, 237

ら行

ライドン、ジョン　235-236, 249
ラクタンティウス　140, 141, 160
ラッセル、ジェイムズ　162
リウィウス　52
リケティ、オノレ・G.　164
理性、怒りと対照的な　7, 10, 39-41, 42, 43, 46, 60, 61, 63, 82, 93, 107, 114-116, 143, 160
リプシウス、ユストゥス　59, 64, 65, 68, 70, 71
ルソー、ジャン＝ジャック　7, 234
　『エミール』　163-164
ルター、マルティン　65
ルッツ、キャサリン
　「Unnatural Emotions」　223-224
レーヴィ、プリモ　85-89, 118
レディ、ウィリアム・M.　94, 229, 263
ロード、オードリー　248
ロサルド、レナード　228-229
ロットン、ジョニー　→　ライドン、ジョン
ロヒンギャ　28, 35, 241-243

わ行

ワーズワース、ウィリアム　166, 168
ワーナー、C・テリー　213-214

怒りの人類史
ブッダからツイッターまで

著　者　バーバラ・H・ローゼンワイン
訳　者　高里ひろ

2021年 2 月 10 日　第一刷印刷
2021年 2 月 25 日　第一刷発行

発行者　清水一人
発行所　青土社

〒101-0051　東京都千代田区神田神保町 1-29　市瀬ビル
［電話］03-3291-9831（編集）　03-3294-7829（営業）
［振替］00190-7-192955

印刷・製本　ディグ
装丁　大倉真一郎

ISBN978-4-7917-7359-6　Printed in Japan